家庭的觉醒

养育自主、坚韧和有觉察力的孩子

[美] 沙法丽·萨巴瑞（Shefali Tsabary）| 著

庞岚晶 | 译　谭新木 | 校

The Awakened Family

How to Raise Empowered, Resilient, and Conscious Children

上海社会科学院出版社
SHANGHAI ACADEMY OF SOCIAL SCIENCES PRESS

图书在版编目（CIP）数据

家庭的觉醒 /（美）沙法丽·萨巴瑞著；庞岚晶译．—上海：上海社会科学院出版社，2019

书名原文：The Awakened Family: How to Raise Empowered, Resilient, and Conscious Children

ISBN 978-7-5520-2918-5

Ⅰ．①家… Ⅱ．①沙… ②庞… Ⅲ．①儿童教育—家庭教育 Ⅳ．① G782

中国版本图书馆 CIP 数据核字（2020）第 036475 号

上海市版权局著作权合同登记号：图字 09-2019-833 号

家庭的觉醒

著　　者：（美）沙法丽·萨巴瑞
译　　者：庞岚晶
责任编辑：周　霈
特约编辑：陈朝阳
封面设计：主语设计
出版发行：上海社会科学院出版社
　　　　　上海市顺昌路 622 号　邮编 200025
　　　　　电话总机 021-63315947　销售热线 021-53063735
　　　　　http://www.sassp.cn　E-mail: sassp@sassp.cn
印　　刷：北京米乐印刷有限公司
开　　本：787 毫米 ×1092 毫米　1/16
印　　张：21.5
字　　数：280 千字
版　　次：2020 年 4 月第 1 版　2023 年 9 月第 11 次印刷

ISBN 978-7-5520-2918-5/G·902　　定价：48.80 元

谨以本书献给我们的孩子，
我们有幸成为他们的父母。

对他们的爱赋予了我们灵感，
我们获得宝贵的机会，
得以唤醒自己，从而解放人性。

这本书的愿景是，
让每个孩子的成长始终根植于真正的自我，
因为这是他们与生俱来的权利。

尽管本书中的例子反映的是现实生活，但它们不一定是真人真事。多年来，我与无数形形色色的父母合作过，他们面对的情形各不相同。书中的一些案例便是将他们的故事综合而成的。为了保护他们的隐私，我对客户的名字和身份都做了改动。如有雷同，纯属巧合。

赞 誉

（萨巴瑞博士）绝对是革命性的。

——奥普拉·温弗瑞

父母们，别纠结了！这儿有一把让你的家庭和教养儿女轻松起来的钥匙……（萨巴瑞）出版了一本新书，要把我们所有人从“培养”完美孩子的压力中解脱出来。

——《华盛顿邮报》

我想把这本书送给我认识的每一个人，无论他是父母、祖父母、孩子还是成年子女……每一个人。这本书不仅是我们渴望的那种家庭生活的入门书，也是成为一个人的指南——更轻松、更爱、更快乐地生活。

——伊丽莎白·莱塞（Elizabeth Lesser），欧米茄研究所（Omega Institute）的联合创始人，《打破僵局》（*Broken Open*）和《深入骨髓》（*Marrow*）的作者

沙法丽·萨巴瑞用智慧之光照亮教养儿女最应该觉悟的方面：发现孩子的个性和目标，并打开实现目标的道路。

——迈克尔·伯纳德·贝克威斯（Michael Bernard Beckwith），《生活幻想》（*Life Visioning*）的作者

畅销书作家兼演说家萨巴瑞将一行法师 1975 年的经典著作《正念的奇迹》（*Miracle of Mindfulness*）的精神与密集的家庭治疗课程相结合——结果就得到了这本任何家长都可以阅读的书。

——《书单》（*Booklist*），重点书评

有用且令人鼓舞……萨巴瑞的观点是对最近流行的“直升机式教育”等趋势的一种纠正。这本书教导人们尊重孩子作为人应有的权利，并敦促父母放手让他们茁壮成长。

——《出版商周刊》（*Publishers Weekly*），重点书评

我爱这本《家庭的觉醒》……（萨巴瑞）解释了为什么我们需要相信孩子的潜力，并认为最好的教育方式在于安静和开放。

——《书页》（*Bookpage*）

目录
Contents

第二部分　教养的迷思

第三部分　了解我们的反应机制

第四部分　新的教养技巧

前 言

觉醒家庭的使命

一个新的开始已经来到。
家，将不再是束缚我们的枷锁，
而是让我们绽放的土地，
让我们练习翱翔的天空。

不管看起来多么不同，
每一个家庭都从家长和孩子开始。
这种关系拥有如太阳一般的能量，
能够打破常规，重塑精神。

觉醒的家庭不会迟疑，
从此时此地便开始它的治愈之旅。
它意识到，这些神圣的纽带，
可以改变整个星球。

当我们开始意识到真正的自我时，我们便觉醒了。觉醒会令我们意识到，保持真实是多么自由——**做真正的自己**，而不是自己或他人认为我们应该成为的人。一旦我们与自己的心灵联结，那么为孩子创造空间，让他们与自己的心灵取得联系，便成了为人父母的重要目标。一个觉醒的家庭致力于让每位成员都表现出真实的自我。从而为孩子拥有、发现并表达自己内心的声音铺平了道路，让孩子培养起与自我和他人联结的能力。**表达真我的权利**，对他们当下和未来成为坚韧、坚强的人至关重要。带着这种认识，他们会成为全球化演变中的一分子，推动世界向着充满爱心、和谐繁荣的方向发展。

一个觉醒的家长会意识到，在现代社会，将父母看得比孩子更重要的传统观念已经过时，它会造成家庭关系的失衡与疏远。觉醒的家长愿意当新型育儿模式的建设者，在新模式里，家长与子女是平等的，沿着觉醒的道路携手成长。

在一个觉醒的家庭中，父母意识到家庭中任何关系的存在都是为了促进每个成员的成长。父母把子女视作镜子，让他们看到他们自己也需要成熟和成长。这些家长会改造自己，提升自己的成熟度和处事风度，而不是试图纠正子女身上那些父母所认为的过错。他们的关注点永远是父母意识的觉醒，而非孩子的行为。这是本书的核心观点。

当父母学会关注当下，学会和孩子们一起成长，整个家庭就会充满活力。每位家庭成员都可以自由地实现个人的追求，活得轻松自在，无惧无畏。每个人都关注自我，充满自信，敢于表达，从而可以自由自在地去探索，去发现，去表达真我。这就是觉醒家庭的使命。

Part One

第一部分

新的觉醒

第1章

学习新的一课

“我不去，妈妈，就是不想去！”个性独立的女儿抗议说，“凭什么要我参加你朋友的无聊聚会？”我的女儿玛雅对我给她下午安排的活动毫无兴趣，但我依然想让她陪我去。我还给她讲道理说，参加这样的聚会“是为她好”。

她转身走进自己的房间，砰地关上了房门。这种反应夹杂着倔强、坚持、任性，只有十来岁的孩子会这样做。

我站在原地，惊讶得合不上嘴。一方面我不得不欣赏她的坚定，是我把她培养成了一个独立的女孩，而另一方面，我却为她如此对我说话而生气。“她应该时不时地听我的话。”我听见脑海里的一个声音说道。

你也许会猜在这场斗争中，哪一方赢得了胜利，但在得出结论之前，我便愤愤地冲进她的房间，高声宣告：“不许用这种语气跟我说话。你必须尊重我。你得马上道歉，并参加聚会。”说完，我转过身，正如她刚才对我的那样，夺门而出并把房门大力甩在身后。

“哈！”我骄傲地告诉自己：“这会让她知道！我们家可不能教出这样一个不懂得尊重人的坏孩子，我叫她干什么，她就得干什么。”

这已经不是最近我跟女儿的第一次斗嘴了。她12岁以后，开始发现自己正在经历着难以理解的情绪大爆发。而像大部分女儿正处于这个时期的母亲一样，我总是陷入自己的情绪狂潮，忘记以一种平和关爱的方式来跟她交流，而这种方式正是青春前期的孩子们所需要的。

引起这一次口角的原因明显在我而不在玛雅。那天晚些时候，我冷静了下来，以一个紧紧的拥抱终结了这场不愉快。当我们回顾彼此是如何激怒对方的时，我怀着歉意坦白："作为你的妈妈和一个成年人，我本该更加成熟，而不是用这样的方式逼迫你。"

意想不到的是，女儿恳切地望着我的双眼，说："妈妈，为什么这样说呢？我不该在争论中如此无理，我也应该更加成熟，我已经12岁了！"

让我羞于承认的是，我内心的某个部分确实因为知道她同样感觉不快而感到释怀，甚至是窃喜——失控的不只我一个，她也有责任。

从那时开始，我深切地觉悟到自己有着怎样矛盾的两面性——一面与玛雅的内心力量紧密联系着，另一面却以盲目无理的方式对待她，使她反感，让我们的关系疏远。我意识到，其中一面是我的真实感受，而另一面则是我非理性的一面——我通常把它称为"自我"（ego）。

一旦我察觉到脑海里"玛雅应该听我的"这个声音并非来自真正的自己，而是来源于我的"自我"，我便不再听命于它。"我已经受够了你的使唤了，"我低声自语。

等平静下来并恢复理智后，我终于可以接受这场闹剧其实是由我的"自我"引发的。如果我忠实于自己，作为一个充满关爱的家长，我永远都不会强迫我的女儿去参加这样一场她根本不愿意去的聚会。这样的强迫完全是出于自私和对女儿的控制欲。

经过了这些年，我已经渐渐明白了我的"自我"——那个常常在我脑海中响起的带有控制欲的、苛刻的、愤怒的声音——并不是真正的我。它也不是我们任何一个人的真我。它只是一种习惯性的生活应激反应。它由情绪掌控，当我们觉察到它的存在时，便可以驯服它。

当我们学习更好地去驯服我们的"自我"，阻止它用常用的自相矛盾和负能量的话语去激发各种非理性情绪时，我们便能更好地从真我出发，与他人建立良好的关系。真我才是我们的本质，是我们真实的人格。它隐藏在我们内心深处，大部分时间都湮没在"自我"喋喋不休的聒噪和情绪反应之下。我的一位来访者曾经问我："你的意思是，我们那些盲目冲动的行为，以及脑海里的那个声音，是我们的'自我'，而不是真实的我们吗？"正是，没错。正如我在我的第一本书《父母的觉醒》(*The Conscious Parent*)中解释过的：

> 我把“自我”看作是一幅我们携带在脑海中的自画像，它所描画的我们与我们本质的存在可能大相径庭。我们所有人在成长过程中都携带着这样一幅画像。这幅画像在我们幼年时期便开始形成，很大程度上取决于我们与他人的互动。
>
> 我所使用的术语“自我”，是指认识自己的一种错觉。大多数情况下，我们通过他人的意见来认识自我。我们渐渐以为这个人就是自己，把它当作了真我。这种自我形象掩盖了我们本来的真我。如果这种自我认知形成于童年，我们倾向一辈子都维持这种印象。

觉醒的家庭教育的关键在于察觉到我们的“自我”，认识这个在脑海中挥之不去的声音，以及它的错误导向。要当好家长，我们就必须认识到“自我”不代表真我。然后，当我们学会区分这个声音，看到它的滑稽可笑，我们便不会再盲目地对待孩子，而那正是“自我”想让我们去做的。

“自我”的声音之所以让我们反应激烈，是因为它根植于恐惧之上。如果你仔细听一听脑海中的声音曾经告诉过你的关于你的孩子的无数事情，你就会发现它们大部分都起源于恐惧。无论是你对孩子有着过分夸张的愿景，还是为他们感到担心或是失望，所有这些想法都来自恐惧。

例如，你希望孩子取得成功。这为什么对你很重要呢？如果细想，你会发现，这是因为你把世界看作是一个恐怖的、互相残杀的地方，因此，你很担心孩子的未来。又或者是，你希望孩子受人仰慕，拥有某种或多种才华。这种期望的背后是什么呢？仅仅是你对孩子天赋的欣赏吗？还是你担心孩子融入不了社会，甚至可能成为一个极其平庸的、在世俗眼光中落后于大多数的人？

在这本书中，我的观点是：我们教养孩子所经历的诸多问题，根源都在恐惧，这正是“自我”的一个特点。我们的恐惧对孩子危害巨大，且他们大多数让人不满意的行为，最终都是由我们的恐惧引起的。同时，我会指出，这种恐惧其实是站不住脚的，我们不但完全不需要感到害怕，而且应该认识到我们

我们的恐惧对孩子来说危害巨大，
最终也让我们产生许多令人讨厌的行为。

有充分的理由相信孩子，相信他们的未来，因为我们生活在一个充满智慧的宇宙，它与我们共同创造着自己的生长环境。每个人的环境都是为各自的成长和发展而设计的。当然，你也许会反驳，总有些环境和人是完全邪恶的。从这种单一角度看待事物只会导致恐惧和怀疑，我则更偏向于从心理学上的细微差别来理解这些人，所以与其与人对抗，不如从更广阔的维度来认识他人的真实本质，从而更加了解自己。

善与恶亘古恒在，它们促使人类从自身寻找力量以阻止悲剧的发生。关于暴力的存在，人们找不到其他合理的解释，只知道它源于童年时的教育使头脑与心灵之间的联结被残忍地割断。这种盲目无知长久存在，因此我们有更多理由要去做个觉醒的家长。孩子在家中学到的盲目反应方式会在他们的社会生活中释放出来。因此，家长的责任是在家庭环境内抑制这种反应因子的生长，为孩子与自我、与世界建立更有觉醒意识的关系铺路。

只有在摒弃了作为家长的“自我”所做出的盲目反应之后，我们才可以教导孩子无论身在何方都能创造和谐。拥有肯定自我价值、可以自由地做真我的童年，才能开始营造一个和平的世界。

我们的“自我”是如何发展出来的？尽管它总是以暴戾的姿态出现——无论是对自己还是对他人，但它实际上都是来自精神上的绝望。它源于我们一种自我保护的需要，使我们免于受到家庭教养中那些无意识因素的冲击。从小到大，我们都被灌输了太多的“应该”，以及大量教条式的要求，以至于我们开始错误地以为那样做才是真正的自己。例如，如果小时候被父母或兄弟姐妹嘲笑我们太爱哭，我们很可能会发展出一种死板的、难以动情的个性。我们的情感忠于真实的天性，而“自我”却指使我们佯装坚强，它是我们幼年时创造的自我保护工具，用来避免和抵挡来自所爱之人的讽刺和嘲笑。或者我们可能被这样的父母养大——她们自己无法摆脱自己内心的挣扎、痛苦和伤害，因此在我们需要他们的时候无法在身边支持我们，导致我们发展出一种或顺从或叛逆的人格，使我们相信必须要变得完美或者引人注目，才可以获得家长的注意。在心理咨询的职业生涯中，我见过无数这样的案例，孩子们披起或顺从或挑衅的外衣，并非他们本性如此，而只是因为他们得到的教养方式迫使他们扮演起这样的角色。我们中的大部分人为了适应童年的处境，不得不使用错误的方法，来远离因得不到父母的爱所产生的痛苦，而这些一开始保护我们、使我们免受痛苦的方式，最终却化为把我们与痛苦捆绑在一起的锁链。

由于负罪感从小开始发展，太年幼的我们根本无法察觉到，导致我们惯于以为脑海中的声音就是我们自己，无法认识到它并非我们的真实想法或感受，而只是一种我们为了在这个世界求得生存而发展出来的错误人格。正是这种恐惧地专注于求生的错误心态指导着我们的教育方式；也正是这个虚假的自我，成了令我们和孩子疏离的元凶。它使我们远离事实，陷进了“如果是……”和“应该是……”的不安之中。我们逐渐远离了孩子们的天性，把我们的习惯、信念和恐惧强加在他们身上。我们越远离孩子的真我，我们就越否认他们的真性情。拒绝承认孩子的真实自我是对他们的彻底背叛。因为他们会想:“为什么妈妈总看不清真实的我？是因为我是个坏小孩吗？”或是:“为什么爸爸觉得真实的我很丢脸？一定是因为我是个没用的人！”

在我的育儿经历中，也曾有过无数的时刻，我对女儿的真实感受被我的“自我”反应所蒙蔽。我没有用她需要的方式和她相处，反而忙于在脑海里设想一些与当下无关的场景。

例如，几天前当她告诉我要尊重她的隐私时，我脑海里的声音就告诉我，女儿正把我拒于千里之外。事实是这完全是我的“自我”在作祟。“为什么她不需要我了？”我脑海里的声音质问道，“难道她不需要我的智慧与陪伴了吗？”这一请求是女儿随着年龄的增长自然产生的健康需求，而我脑海中的声音却编出一个“拒绝”的故事，使我迷失其中。

当我们像这样被“自我”掌控时，便不能给孩子提供真正的支持。我们真实的自己，那个真正知道如何和他人相处的自己，被“自我”劫持了。这种对自我的错误认知自然而然地导致我们也无法正确认识孩子，迫使他们为了在我们身边求得生存，而建立起同样错误的自我认知。最后，孩子们也沦为“自我”的受害者！

这也是为什么生儿育女对我们自身成长有着巨大的帮助的原因。当我们在育儿的过程中迷失的时候，孩子拥有提醒我们的能力。我的女儿正是这样帮助我的。基于自身的无力与被排斥的感觉，我们极易陷入情绪的漩涡，从而产生各种反应——厉声发令、频频惩戒，执行着我们自己也没搞清楚的所谓“纪律”。但是只要我们愿意，我们会逐渐看清我们的想法与这种情绪之间的巨大差异，并了解我们对于孩子行为以及突发情况的真实感受到底是什么。

认清“自我”的暴戾倾向和情绪活动可以使我们分辨出真实的自己。要成为一位觉醒的家长，这一点很重要。只要认识到“自我”是如何颠覆我们保持清醒的能力的，当面对某种行为或处境时，我们就可以不被恐惧支配，而是在理解孩子需求的前提下去思考怎样做才是最恰当的。

“自我”的咆哮

当我意识到那是我的“自我”在指挥我时，我用一种十二岁女孩能听懂的语言，为我的女儿解释它是如何运作的。

“当我们不愉快或害怕时，别人无法理解我们。”我说，“我们变成了一只自我保护的猛虎。你身上正在发生这种情况。当你发现我没有花时间去理解你，你在绝望中对我露出了尖牙利爪。自然，我受过的教育告诉我，这样很没礼貌！于是我也亮出了虎妈的牙齿来回应你。其实我该理解你，如果不是受惊或受困，你是绝对不会发动攻击的。”

玛雅专注地聆听着，舒了一口气，把我搂得更紧了。当她感受到了自己是被理解和欣赏的，安下心来以后，我反思了一下我是如何放任自己这样盲目地对待她的。我冲女儿说教、布道、告诫——一切都是出于认为自己全知全能的“自我”。自然而然，女儿自我保护的本能对此做出了反应。

捍卫自我的权威是人的本性。如果是来自内心深处而不是“自我”的话，这权威感便是良性的。我所说的“内心深处”，是指我们不会被敏感的“自我”制造的持续噪音或阴谋动摇的那一面。例如，当察觉到自己就要发怒了，我们依然能保持冷静，要求我们对自己和我们的孩子怀着深深的敬意。又如，当意识到“自我”准备进行恐吓或惩罚时，我们依然能压抑住这股冲动，寻求其他方法来守住立场。当我们无意中采取了不够觉醒的行为时，我们依然能觉察到。

当我女儿认为我拒绝理解她的感受，她天性强大的真我发声了。然而当我不是以自己强大的真我沉着以对，而是以“自我”来反应时，她的“自我”也被激发了。于是我们进入了一个“自我”与“自我”决斗的战场。当战况激烈时，我并没有想到女儿的某些特定行为并不是由于她本性“恶劣”，而只是针对我的“自我”攻击而做出的正当防卫。我被“自我”层层包裹，无法为她创造一个合适的空间来保留她自己的声音。

明白这一点太重要了。当孩子们没有足够的自由来发出他们真实的声音，而是被父母的条条框框所压住和湮没时，他们便会成长为焦虑而压抑的人。许多年轻人如此不被接纳，不被别人只以他们的本来面目来看待，以至于他们通过多种方式自我伤害。酗酒、吸毒、滥交，甚至自残——这些行为都是呼叫我们接受他们的信号，是他们强烈渴求被看见、被认可及被认识的表现。

读到这里，许多家长也许会为他们过去的错失而苛责自己。我希望，我的书可以给家长带来觉悟，而不是负罪感。当家长踏上觉醒的旅程，一种典型的反应会是回顾往日的错误，并感到遗憾和内疚。我必须提醒家长们，尽管这种反应是可以理解的，但这也是“自我”麻木我们的情感、使我们脱离当下的另一诡计。我鼓励家长们明白这一点：没有任何一个父母是全天候处于觉醒状态的。我们所有人都经历过令我们困惑无助的莽撞时刻。这是为人父母的必经之路。我们不应该纠结于“本该”怎么样，而是将这种意识当作一次转变的机会。如此，我们便会训练自己保持警觉，摆脱过去的羁绊，关注如何在当下的情境中回应孩子。宽恕我们愚昧的时刻，使我们拥抱当下，创造积极的改变。

像我和女儿，如果我一直坚信我是对的，而不是去纠正我的错误，我会压抑女儿的天性，扼杀她正在萌芽的独立性，并把她推上一条自我贬低的道路。在成长过程中，她对我的怨念会日益加深，最终将我俩的距离越拉越远，当她最需要我的时候，我们却无法沟通。

因此，每天练习觉醒意识很有价值。当觉醒意识提高了，人变得“觉醒”或“警觉”了，我们便会习惯性地区分“自我”引起的应激反应状态和来自真实自我的更平和、更公正的状态。随着我们学习观察情绪反应的规律，以及它们如何使我们背叛自己的内心，我们也更容易从这种恍惚的反应中逃离。甚至，时日增加，我们便不会一开始就轻易陷入这种恍惚状态。一旦察觉自己开始反应，我们就能停下来自问：我该如何和孩子相处？怎样才能把他们当作原本的样子，而不是我认为他们应该是的样子？

觉醒的父母不是一朝一夕养成的。我们需要不断练习，直到可以清醒意识到“自我”是如何迷惑我们的。庆幸的是，朝觉醒迈进一小步，亲子关系的质量会提升一大步。我们的心越觉醒，我们与孩子的心灵将越亲近。

恐惧是如何引发焦虑、愤怒，以及对孩子的其他反应的？

每个人都经历过童年，由于我们的父母大部分都没有意识到怎样的教养方式才能使我们的情绪变得成熟，我们注定面临不同程度的“不觉醒”。即使成人多年，很多人依然反应莽撞，不能冷静地处理问题。这就是我们的情绪在发展过程中出现断层的原因，尤其当我们在孩子身边时更容易出现，因为他们唤起了我们对童年经历的回忆。

我的一位客户珍妮特，对情绪发展断层带来的痛苦感受尤为强烈。她是一名 39 岁的母亲，童年的记忆经常触发她的情绪。在一次咨询时她用颤抖的声音向我诉说：“我是个失败的母亲。我压根不知道怎么当好一个大人。我内心仍感觉自己是个小女孩。我连怎么当成年人都不会，怎么照顾好我 7 岁的女儿呢？她每天在学校跟她的朋友待在一起，需要经历那么多事，我无时无刻不在担心她。这种焦虑影响了我生活的方方面面。”

我聆听着。珍妮特继续说：“我女儿哭的时候，我哭得比她还大声。她生气时，我也一起生气。她的朋友对她使坏，我觉得就像是在对我使坏。我不知道说什么，也不知道怎么做。有一半时间我感到无助，另一半时间我在恐慌和暴怒之间徘徊。”

交谈中珍妮特不断重复说：“我觉得特别焦急，我不认为我能应付得了。”她重复的这些话，我从无数其他客户那里也听到过。养育子女是件苦差事，因为我们总会担心自己出错。

我们在努力成为好父母时，误认为对孩子的担心就是关心，而没有意识到大多数教育方式的问题，恰恰在于这种担心。这种担心常常表现在对有关孩子的事情极为紧张。无论哪种具体表现形式，我们的好意都被恐惧掩埋了。现实与父母的预期南辕北辙，原因就在于我们的恐惧。

根据珍妮特的情况，我们开始深入挖掘她的经历。讨论开始不久，她便向我透露在她 6 岁前发生的两件影响她生活的大事：第一件事，是父亲失业导致全家要搬迁到另一个城市与祖父母一起住；第二件事，是这次巨变所带来的生活压力导致父母经常吵架。自此之后，她的安全感消失了。因为她只能承受着这些大人们强加给她的家庭变故，却没有任何发言权，她感到很无助。

我向她解释道："当孩子触动了你的情绪，你以为自己以大人的身份来回应着他们，其实不是。尽管你 39 岁了，你却立马回到了刚学着面对世事的年龄，化身成为那个 6 岁的小女孩，没有发言权，不懂得如何维护自己。这好比你的情绪被时间冻结了。因此你一方面感到失控，另一方面感到无助。"

当珍妮特觉察到因那些事情而残留下来的情绪，意识到自己的内心真正发生了什么以后，便开始观察现实中什么情况会触发这种陈年情绪反应。当她学着从事件中抽身出来，对事态做出理性的抉择，而不是盲目冲动地回应时，她的情绪反应渐渐平息下来。她逐渐能够以一种平静、成熟的姿态来处事，并发现自己可以妥善处理与女儿的关系，再也不为自己的过去所扰。

回想一下你因为担心孩子考试不及格而失眠，或见到孩子被欺负得痛哭流涕，自己却陷入了恐慌的时候。愤怒、焦虑、负罪感，甚至羞耻感——无论哪种形式，我们经历过的这些与孩子相关的负面情绪，它们的根源都来自恐惧。在那些恐惧占据上风的时刻，我们的成熟荡然无存，此时我们的行为只会让我们觉得自己是个失败的家长。

当事情与孩子相关时，我们会变得不理智，由恐惧导致焦虑只是其表现形式之一。凯瑟琳是我的另一位客户，她与我分享了她对女儿发火的一次经历。那是她第一次在女儿辛迪面前失去理智，她至今依然感到惭愧。那时她的女儿才 4 岁，因为不听妈妈的话把厨房弄得乱糟糟的，但这件小事却触动了凯瑟琳的神经，使她大发雷霆。

令这位妈妈至今难忘的是辛迪当时惊恐的表情。见到妈妈忽然发起疯来，小女孩惊恐万分，凯瑟琳也因此吓了一跳，脾气也消了。当她清醒过来时才意识到自己有多么失控，她惊呆了，那时的她好像被某种不知道从何而来的强大力量给控制住了。

我同意凯瑟琳“一股‘强大力量’控制了我”的这种说法，但我同时也解释了这股力量并不是“不知道从何而来”。她的情绪被激发的原因与珍妮特的相似，与她的童年经历有关。在她成长的家庭环境里，一直被父母控制，因此面对自己的女儿，她从童年发展而来的情绪模式操纵着她的反应。

当凯瑟琳目睹女儿也像自己幼年一样受罪时，她意识到是时候该好好反省了。随着慢慢回顾自己的过去，她才明白多年前发生在自己身上的经历又重现了，破坏着她眼前的生活。重要的是，就像她接纳女儿走进自己的生命一样，她以同样的方式接纳了自己，唤醒了内心那个被遗忘的自我。她明白孩子们的到来，正是要帮助我们觉醒。当然，我们有责任响应这一呼唤，重新发现真正的自我。

过去的经历对我们的影响

我们都需要认识到，我们的过去影响着我们的今天。被过去的经历所羁绊是一回事，但清醒地认识到过去的经历对今天造成了什么影响，又是另外一回事了。无休止地唠叨多年前的经历只会使我们陷得更深。同时，由于我们对过往经历所造成的影响有着不同程度的无知，我们很难为自己在孩子面前的过激反应找到合理的解释。

童年的经历给我们创造了一种样板，我们在这种样板上构建人生。这种样板衍生出我们当下的行为模式，它与我们早年的行为很是相似。如果没有觉悟到这一点，我们会继续重复这些模式。其实，我们成年后的许多经历和人际关系也是这些模式的延伸。我们长大后调整得如何，一个决定因素是我们的父母在抚育我们的过程中觉醒程度的高低。

为人父母，为我们提供了认清这些童年时期所建立的行为模式的机会。孩子与我们很相似，他们为我们提供了一面镜子。通过他们，我们得以面对面来检视我们孩提时的感受。这个过程可能是痛苦的。我们该如何处理这种痛?

我的客户康妮很好地阐释了这种两难处境:“面对这些时刻，我觉得很无助。每当我 10 岁的女儿在我面前大哭或者发脾气，而我却无法和她沟通时，我感觉我回到了和我父亲相处时的情景，再次处处受控。我讨厌这种感觉。一方面我想像小时候那样直接逃避，另一方面又因为这种情形再次发生而想尖叫着大发脾气。所以，我要么忽略她要么惩罚她。这两种方式我都讨厌，但我不知道该怎么做，我已经失控了！”

当我们感到无助或焦虑时，都倾向于将这些情绪发泄到他人身上，这时孩子就成了代罪的羔羊。用心理学的术语来说，我们把这种行为称之把痛苦“投射”到他人身上，好让他人看起来他们是造成我们痛苦的原因。孩子就像举着一面镜子，照出我们自己。觉醒的家长会从镜子里发现我们的很多行为仍表现得像孩子一样，而不是将过错推给孩子。

我们的情绪越不成熟，孩子就越会表现出复杂的个性、不安的情绪，以及行为问题。这时他们在宣告:“嘿！爸爸妈妈，我来是告诉你们，你们还需要成长。你们可否将这件事做好，好让我也能够继续前进，成长为我想要成为的人? 我帮了你们的大忙，告诉你们成为成熟的人究竟需要做些什么。你们成长得越快，我才能越早获得自由，不用继续做你们的镜子。”

承认孩子给我们提供了一面镜子，并能从镜子里检视自己，是成为觉醒的父母的标志。每一次检视，都给我们机会去摒弃旧的行为模式，以免传递给孩子。改过自新需要巨大的勇气，但要想成为觉醒的父母，和孩子们建立联系，这是唯一的方法。只有充满觉知，我们才能帮助孩子成长为最真实的自己。

是孩子，还是你自己?

你有没有试过愤怒地朝孩子尖叫? 我敢打赌，几乎没有一位父母，不曾在某种程度上对着孩子发脾气，过后又感到无比尴尬。

当我们朝孩子发怒时，就像是在情绪上被人推了个跟头。我们通常认为是孩子的行为令我们发火的。我们告诉自己，他们又吵又闹，是为了测试我们，挑衅我们，把我们逼到“极限”。为了让怒火师出有名，我们可能还会说：“看，是你逼我发火的！”同样，当我们变得焦虑、担心或害怕的时候，我们将这些感觉归咎于孩子的状况或行为。

传统的育儿方法认为，家长情绪爆发，陷入焦虑或恐慌，都是孩子的过错。当孩子的行为催化了这些情绪时，我们就会指责他们：“为什么要这样对我？”

同样老套的是对付这些行为的方法。我们对孩子实行计时隔离，或者用取消某些特权或直接打一顿屁股的方法来进行惩罚。当我们感觉被孩子推到智力或情绪的极限时，采取这些专制手段就是我们最直接的反应。一位客户有一次回想起她的儿科医师这样跟她说：“你那两岁的小孩就是个混世魔王。你最好在她变成你的噩梦之前收服她。你可考虑用计时隔离或惩罚的方式来控制她。”这些老派的育儿方法在我们心中根深蒂固，使我们觉得如果不采取这些手段来教育孩子，我们就是“坏家长”或者不称职的家长。

当然，如果用较为现代的处理方式，我们或许会用较中立的语调，或者在选词方面避免使用一些批评的用语。甚至，在感觉到要被激怒时，我们可以给自己一些时间冷静下来。有谁没用过“从 1 数到 10 再发怒”的技巧呢？还有一种流行在家长圈里的小风尚，即为了避免小风波变成大风暴，在手腕上戴上一根橡皮筋，生气时弹一下来提醒自己不要失去冷静。

不管是传统的惩罚方法还是更现代的方法都有一个共同的问题，即效果短暂。我们会发现类似的事件或更糟糕的事总是接踵而至，比如撒谎、逃课或孩子在我们的视线之外做一些违规的事。

被孩子激怒后，无论采用传统的还是更现代的应对方法之所以都无法长久有效，是因为它们都没有触及行为的根源。家长从书里、专家那里或其他家长那里学来的各种技巧只是针对特定行为，而不是行为背后的动机。这些技巧都是关于如何控制孩子的行为，使他们不能激怒我们。我们以为，只要我们让孩子“做”或“不做”某些具体的事情，我们就不会有过激反应。这就像一个游戏，父母和孩子们在竞争着谁能领先对方一步。无须赘言，这个游戏注定会以生气、焦虑、屡屡失望，甚至伤心而结束。

觉醒的教养方式打破了游戏规则，因为它试图改变的不是孩子，而是家长本身。这一理论认为只要家长创造了合适的条件，孩子会自然而然地改变，并达到更高的觉醒境界。当然，问题在于父母是否懂得去创造这些条件。觉醒的父母在教养过程中一直相信自己在做“正确的事情”，同时也觉知我们极易带着强烈的情绪来对孩子做出回应。这种觉醒的教养方式会消除许多传统方式背后所隐藏的恐惧。我们越来越清醒地看到情绪反应如何阻断我们与孩子沟通的能力，从而使我们能思考和设计出更有意识的新育儿方法。只有在觉醒意识的指引下，我们才能对孩子行为做出更精准的回应，从而让他们充分表达真我。

孩子如何帮助我们觉醒

就独立生活的能力而言，我们的孩子可能还很弱小，但在充当唤醒者的角色上，他们有着巨大的潜力。

我喜欢“唤醒者”这个词，它升华了所有对孩子的老套称呼——例如朋友、同盟、拍档、缪斯。它直接说明孩子能够启发我们，有着使我们的觉悟升华到新高度的潜力。当我开始注意到我女儿是如何做到这一点时，我被深深地震撼了。

孩子给我们带来的启发，最令人惊讶之处在于，它不是以顿悟的形式出现的，而是隐藏在日常生活中最平凡的时刻和最朴素的事件中。其实，它多半发生在我们与孩子发生冲突时，那时我们可以完全地看清不觉醒的自己所玩的把戏。因此，我鼓励家长们，与其像很多父母一样选择回避冲突，甚至极力否认家里确实存在的分歧，不如坦然接受冲突的发生是不可避免的，并且抓住它带来的启示，来促进自我的觉醒以实现未完成的成长。

我们的“自我”喜欢感到高高在上，喜欢控制，因此，能对孩子发号施令是一种巨大的诱惑。但我们也不能完全怪它对权力的迷恋，谁叫“自我”就是在专制的环境下培养出来的呢？说到底，谁能让我们获得对他们的生活几近全觉悟到眼前子女教养中的挑战，正是来自我们过去的经历里一些未解开的心结。

转移焦点

觉醒的教养方式彻底改变了游戏规则。当我们把焦点从孩子身上转移到父母内心的觉醒上时，就有机会使整个家庭从深层和根本上得到觉醒。然而对于父母而言，在日常生活中做到这样的焦点转移非常困难。由于有了孩子做镜子，从中可以发现我们对孩子的各种反应是不健康的，我们因而面临挑战，去探索自己潜意识的情感，克服内心的阴暗面。我们拒绝依赖自己童年经历过的教育方式，逼迫自己为孩子开发新的教育方式，经过日积月累，探索出与我们面前的孩子相适的相处之道。我们不得不追问自己："我如何利用与孩子相处的这一刻来更加深入地了解自己？"

我的客户珍娜，是 5 岁女孩安娜的妈妈，她正在为如何处理女儿的情绪崩溃而苦恼。几乎每天珍娜都处在绝望的情绪中，因为她没办法与安娜沟通。事情终于发展到一个节点，在经历了安娜整晚无休无止大吵大闹的折磨后，珍娜忍无可忍地爆发了，她扇了女儿一个耳光。

珍娜为自己的失控感到十分懊恼，她马上找我约了一次咨询。跟她一起仔细地回顾了这次事件后，我渐渐看清了珍娜是如何让自己深陷进去的。她告诉我："安娜发脾气时，我费尽力气去了解她的感受。我一直在问她为什么不开心，我可以为她做什么。但她不但没有告诉我，还继续哭闹，拍打我。我继续尝试安抚她，但她只顾着大叫。终于，我再也控制不了自己。"与许多家长类似，珍娜以为她在尝试拉近与女儿的距离，事实上却是在加深与孩子之间的隔阂。

我向她指出她忽略了最关键的部分："你忘记了去关注最重要的细节——你的想法与感受。你能告诉我当时你的脑海里有什么念头闪过、你整个人是什么感受吗？"

珍娜看着我，惊呆得说不出话来。一阵沉默后，她才突然说："我完全没想到！我全部的关注点都在安娜身上，完全没注意到自己有什么想法或感受。"

珍娜的回答代表了许多家长的做法。他们的焦点全放在孩子的行为上，盲目冲动地反应，而没有仔细思考这些反应背后的驱动力。很自然，这些不自觉的举动往往把情况弄得越来越糟糕。只有当珍娜把焦点转向自己，关注自己内心的感受，她才能意识到女儿的苦恼有着一部分她的责任。更重要的是，她有能力为改变创造契机。

我点评说:“每当碰到有关女儿的事情，你就会经历巨大的情绪波动。你感到无助、失控、沮丧和愤怒。这些情绪都是恐惧的表现。你没有意识到，触发你行为的是你的恐惧，而不是你女儿的表现。”

珍娜慢慢开始明白把焦点转移到自己身上的意义。静下来细想过后，她说:“天哪，真没想到比起女儿，我才是爆发得更厉害的一个。我真是完全没留意到！我只想着如何让她好起来，盲目地回应她。你说得对，整件事情使我害怕，这才是我失控的原因。”

因为觉醒的育儿方式关注的是我们自身行为的根源——我指的是我们作为父母的行为，而不是孩子们的行为——所以它避开了那些治标不治本的权宜之计，帮我们完成为人父母的转变。孩子指出了我们哪些地方需要成长。通过反复地自我检视，我们一定能逐渐成为真正的好家长——每一个孩子都值得拥有的好家长。

第2章

我们的文化如何导致家长失败

孩子不需要我们带领他们觉醒，因为他们本来就是觉醒的。我们的任务是巩固他们天生的觉醒意识，为它提供可以开花结果的土壤。要完成这个任务，父母必须转移育儿焦点，从控制孩子转向支持发展孩子的体魄、情感和心智。对孩子的控制欲根植于我们的恐惧，会阻碍孩子的成长。

孩子需要我们用与时俱进的方式鼓舞他们去驾驶自己的帆船。他们需要我们的鼓励，抓住每个机会来锻炼自己与生俱来的航行技巧。他们不想由于我们的恐惧而导致他们怀疑自己。我们必须相信，一旦孩子为自己掌舵，他们便会自发地追求自我价值的充分体现，并且找到有助于实现目标的一切资源。

从心怀恐惧、以控制方式来督促孩子，到鼓励孩子成长为能自我激励的个体，这一微小但深刻的转变为孩子的生命注入了强大的激情。因为他们成长的动力由自身而来，他们会自然而然地发展出为实现目标所需要的自律。这样，每个孩子便能实现各自的独特意志，为丰富多彩的智慧人生打下坚实基础。

只要孩子与他们最深处的自我联结起来，凭着内心无比广阔的资源，他们的上进心就会超越我们的想象。作为父母，明白这一点非常重要。我们在孩子生命中扮演的角色，就是帮助他们发挥出与生俱来的潜力，实现独一无二的自我。我们是否能做到，就要看我们有没有坚持指导他们寻求自己的内心，使他们可以遵循自己的愿望，而不是被他人胁迫着做出选择。当然，我们给予孩子的帮助，与我们给予自己的帮助是成正比的。

只要我们致力于帮助孩子实现自我，而不是逼迫他们成长为家长心目中的样子，孩子就会茁壮成长。我知道，对于家长而言，要相信这一点是非常困难的。因为这样做违背了我们的常识。我们习惯性地认为，人生是充满危险的，必须时刻保持着“主动作为”的状态。因此一开始，这个觉醒助力者的角色总让人觉得别扭，甚至让人觉得自己背弃了家长的义务。这是因为我们许多人都是在“你即你所为”的信条下成长的。我们觉得如果不尝试去控制或影响局面来得到一个理想的结果，我们的做法就是错的。家长们执迷地将行动作为治疗恐惧的良方。我们把孩子当成了一件物品，把他们推向一个我们为他们设想好的未来。只有当我们不再听从我们脑海里的声音，摒弃错误观念，把孩子看成是完全有能力书写自己人生篇章的独立个体时，他们才能展现出与生俱来的活力与勇气。

当关心变成了控制

放弃控制权非常不易。每当你尝试这样做时，你的“自我”便会连珠炮一样向你发来一系列可怕信息，提醒你最初争取控制权的种种理由。但这些信息与你眼前的孩子、与当下正在发生的事情实际上是毫无关系的。

我用一个事例来阐释以上观点——14 岁的唐雅和她的妈妈卡拉，在她们第一次接受辅导的过程中，两人都在不停争吵。卡拉列了一张表，上面都是女儿没有做到的事情，包括：

- 没有学习
- 没有洗衣服
- 没有锻炼
- 没有健康饮食
- 没有得高分
- 没有交新朋友
- 没有做志愿者
- 没有遛狗

这份清单仿佛没完没了。每当唐雅尝试为自己辩解时，妈妈就又是一阵责骂。仿佛唐雅没有一件事是做对了的。最后唐雅放弃了争辩，身子更深地瘫进沙发里，完全向妈妈投降了。女儿带着怨恨，母亲则情绪激动，母女俩之间的隔阂非常深。

我对卡拉说："我已经看到你现在有多恐慌了。你知道是什么把你吓坏了吗？"

卡拉边坦白边流泪："我唯恐唐雅上不了大学，会落后于其他人。我非常担心她找不到一份好工作，不能自食其力。我花了好多年才自立，我不想她像我这样。"她长叹了一口气，继续说："唐雅觉得我一天到晚在对她唠叨，但我只不过是想确保她获得成功。我多么希望她能看出来我是多么关心她，而不是把我当作她的敌人。"

我向卡拉解释说，她的控制欲带来的后果是，她对女儿的关心，被掩盖在一堆命令之下。在接下来的几次辅导环节中，我帮她改变了对待女儿的方式，带她摆脱发号施令的倾向，这种倾向源于恐惧，表现出的是绝望。

卡拉的焦虑阻碍了唐雅领导才能的发展——这种能力正是她希望唐雅所具备的，同时也破坏了自己在当下的情境中与女儿沟通的能力。当卡拉逐渐认识到这一点，唐雅也开始打开心扉。她慢慢明白了妈妈的所为并非如自己想象的那样是出于坏的意图，正好相反，那是妈妈深爱自己的表现。随着卡拉继续剖开她的不安全感，承认它源自于童年时期的恐惧时，她与唐雅的沟通得到很大的改善，她们可以开始真心诚挚的对话了。

我在客户当中看到过太多这样的例子，当作为父母的我们一步步地摒除自己的焦虑时，我们的孩子也会相应地一步步朝着成为自己生命主人翁的方向迈进。从此，唐雅变得积极主动，这是她妈妈一直希望看到的，而这恰恰是在她不再控制女儿之后才实现的。出乎意料的是，她所做的只是放弃了自认为能帮助女儿的控制权，便得到了想要的结果。

时间概念的冲突

卡拉和很多我认识或共事的家长相似，他们成长于强调行动的文化中，认

孩子不需要我们带领他们觉醒，因为他们本来就是觉醒的。我们的任务是巩固他们的觉醒之心，为它提供可以开花结果的土壤。

为拥有一个成功人生的唯一途径就是永远保持忙碌和掌控。卡拉转而将这种信息传递给了女儿。

我们生活的这个社会里，“成功”是用文化标尺来衡量的，因此我们从小就养成了这样的理念，认为生命就是要不断推动自己，优化自己，获得成就。当这一理念被关联在孩子身上时，关注的焦点便成了高分、优等、融入“对”的圈子——所有的这些期望，都是为了他们最终能找到一份高薪的工作。

我们是如此痴迷于实现目标，痴迷于这些目标能为孩子们带来“幸福未来”的美好前景，以至于我们不断对孩子的生活进行“无微不至”的管理。好像在学业上的压力还不够大似的，我们还强迫他们参加体育、社交、舞蹈、唱歌、乐器演奏等活动，参加各种兴趣班和俱乐部。与此同时，各种多媒体及互联网也在寻求他们的关注。在各种活动的包围下，他们在一个专注“做事”的世界中长大。

为什么我们要花这么多精力，让我们的孩子参与到所有这些忙碌的活动当中？仅仅是因为我们害怕他们会“错过”了什么，而没能成为我们希望他们成为的人——按社会标准定义的成功人士。或者是因为我们童年时也向往过这些机会，所以我们想要确保孩子能获得这些我们以前无法得到的东西。

当我们忙着带孩子从一项活动赶往另一项活动时，当下发生的事情开始变得无关紧要，甚至不受欢迎或不被接受——因此也就没有了意义。我们会习惯性地认为，下一秒发生的事情才有意义，而不是当下的事情。接着我们又想知道，为什么让孩子长时间集中注意力或反复练习很困难？

其实，要是你问我，家长与孩子之间冲突的根源是什么，我会告诉你，是时间概念的冲突。家长们是以未来为导向的，关心的是如何达到理想中的目的地。孩子们却相反，他们活在当下。大部分的父母子女间的沟通障碍都源于这个断层——一个享受着生活的每个瞬间，一个却关注往前走。

你也许会觉得不为未来考虑是不负责任的表现，这一点我同意。合理规划未来是明智之举。毕竟，如果不提前买机票和填写好正确的身份信息，你便赶不上飞机。但这与“以破坏现在的意义去关注未来”有着本质的差别。

我所指的孩子“活在当下”的能力，是指孩子能全心全意投入到他们眼前正在做的事情，包括他们其实此刻什么都没做的情况。这是孩子的本能，直到我们通过使他们忙于一项又一项活动，以至于完全没机会“存在”于在当下，从而教他们斩断与现在的联系。

当我们的孩子被允许享受当下的每一刻，而不是被密密麻麻的日程安排推着走，他们天赋的智慧、真挚的愿望、自然的天性与兴趣都会被激活。这些宝贵的品质，根植于孩子们对生命奇迹的自然感知，以及对“生活是一场伟大冒险”的信念，而绝不是源自他们对“不努力就是浪费”的恐惧。生养我们的宇宙也是以同样的规律运行的，宇宙从诞生之初就一直以丰富多彩的形式，在其创造的旅程上散发着无尽的能量。

因此，只要我们给孩子足够的空间，让他们的天性自然发展，他们就会凭着与生俱来的好奇心主动去探索世界。这就是为什么当孩子遇上感兴趣的事情时会全神贯注，埋头进去，仿佛时间停止了。他们极少会感到无聊，因为他们完成一件事后，没过一阵好奇的火花又会重新点燃，为他们注入新的能量。即使只是纯粹在消磨时间，孩子也会闲适地享受这轻松的时光，不会为无事可做而感到羞耻，而是单纯地活在当下，全然释放真挚本性。

这样长大的孩子无须他人催促他们如何过个充实而有意义的人生。他们无须别人设置目标作为动力，也无须奖赏来诱惑他们前行。作为家长需要做的就是为孩子提供一个安全的环境，让他们有时间和空间来认识自己的天性，找到表达自己独特个性的方法。即使是包罗万象的宇宙本身，最初也是从时间和空间的静止和静默中产生的。

为了激发孩子的潜能，我们必须推动他们——这整个观点是有误导性的。无论是用威逼利诱，或用“爱之深责之切”的方式来激励孩子的行动，都只能产生短期效果，最终只会事与愿违。由此而产生的怨恨不可能起到激励或启发的作用。无论它成功实现了什么目标，都远不及发挥孩子真正的巨大潜能。

孩子真正需要什么？

你猜孩子们最想从你那里获得什么？最新款的手机？新鞋子还是名牌衣

服？一次迪士尼乐园的旅行？还是顶级私立学校的学费？每个孩子都喜欢买新东西或到超赞的主题公园玩，但是，所有孩子真正渴望的东西是更深层次的，根本不是漂亮的衣服、新潮的电子产品、昂贵的旅行，甚至高昂的学费。

我认为，大部分失败的家庭教育，是由于我们对孩子茁壮成长所真正需要的东西缺乏了解。每个孩子都希望问三个问题：

- 我被看见了吗？
- 我有价值吗？
- 我重要吗？

当孩子觉得被看见，认为自己有价值，并且觉察到他们是作为一个“人”，而不是因为他们所做的事情而获得重视，他们便能感觉充满力量。这种能量会转变成他们对所关注的事物的真正热情。换句话说，他们本性的自爱会通过对生命的热爱显现出来。

孩子还小的时候，对爱、自尊和价值的感觉难免非常脆弱。他们还没有机会大胆地爱自己和表达自己，这些自然需要时间和经历才能学会。因此，尤其是在孩子成长的早期，他们需要通过我们的反馈来认识到他们有极大的潜力去成功，也完全有能力去掌控自己的生活。孩子能拥有多大的力量，是由我们如何看待他们、如何认识他们决定的。换句话来讲，在孩子成长的这个阶段，我们与他们的联系至关重要。这让他们确信，他们的存在是被肯定的。如果我们过分关注他们的表现、偶尔说过的话，或行为的某些方面，我们将错过时机，不能完成此幼龄阶段父母的首要任务——帮助孩子加强内心的自我认知。一旦自我认知没有建立好，他们便会违背真我，发展出一个替代的假象，即“自我”。

父母必须充分地与自己的内心保持联系，才可以成功地完成这个角色要求的任务。我们必须觉醒，认清内心的欲望、独特的个性倾向，坚定目标，脚踏实地。否则，我们注定感到无助、无聊，甚至孤独。

那样的结果便是我们自身变得贫乏，恰恰是因为这样，我们很容易最终利用孩子去完成我们没有实现的梦想。我们没有鼓励孩子去做他们想做的事情，转而利用他们来安抚我们的贫乏感、失落感和孤独感。当我们如此需要他们的时候，怎么能将他们的价值准确地反馈给他们呢？我们能给他们的，只是一个基于我们扭曲的自我感觉之上的扭曲形象。当然，到头来我们可以安慰自己：是整个文化教导我们必须这样做的，我们做的所有事情都是在全心全意地“服务”我们的孩子。

由于只有孩子在感觉到他们实实在在被看见和被肯定时，才能树立坚定的自我认知，父母对待孩子，一定不能把他们当作一件自己的复制品或者我们想象中他们应该变成的样子，而是应把他们看作独一无二的个体，这一点至关重要。如此，通过我们赞赏的目光、真心的陪伴、恰当的关怀而不是宠溺，孩子便能发展出强烈的自我认知感。我们通过与他们的互动，来传递“他们很重要”这一信息。

“你看见我吗？你能不能接受我就是我，而不是你梦想或期望当中的我，或是由你给我安排的那些活动所造就的我？”这是你的孩子每天都在问你的一个大问题。

孩子渴望我们尽可能地从最深层次理解他们，我认为那是他们的本我——他们最真实的存在，在他们还没有“做”任何事之前就存在的那个人。他们指望我们可以从他们偶尔不理性的行为中去芜存菁，看到他们最原始的自己。他们需要我们承认他们本性善良，哪怕偶尔他们会说坏话、做坏事。这样，他们天赋的自信就可以坚实扎根，而不被“自我”所蒙蔽。

当我们看待、聆听以及与他们说话的方式，都让孩子知道他们有多么值得被爱时，孩子的自我价值感便会大大增长。我们通过这样的方式使孩子变强，召唤出孩子内心强大的自己，它会成功地支持孩子度过一生。只有当我们把对孩子“应该”成为什么人的幻想，与孩子真实的自己区分开来时，我们才能公正地对待他们最原始的“真我”，并且不断改进我们的教育方式，好让他们的“真我”发热发光。

第3章

看不见的反应触发点

“但是要成为一个更加觉醒的父母，养育出一个觉醒的孩子，我该从哪里开始呢？”这是家长们常问的问题。他们都想知道：“我需要觉醒些什么？究竟我怎样才能觉醒？”

你说你想改变、关注当下正在发生的事，这是一回事，但具体怎么实施，又是另一回事了。问题在于，觉醒的过程是内在发生的，为它定下放诸四海而皆准的原则非常有挑战性，因而很多家长都努力想知道有没有具体步骤可以照着做。

因为觉悟的旅程是复杂的、独特的，我总会这样建议：“从观察这一刻正在发生的事情开始，仔细观察每个时刻你真正看到的事情。”

为此，我经常跟家长们做的一个练习是找到他们的反应触发点。我让他们将最让自己感到厌烦的事情列举出来。他们自然而然地认为我问的是他们的孩子是如何激怒他们的，于是他们会写下类似下面这样长长的清单：

- “当我女儿不打扫自己弄脏的地方，我就会发怒。”
- “当我儿子打他弟弟的时候，我就会很心烦。”
- “当我看到女儿到哪里都无法融入时，我感到很担心。”

家长们这些共同的抱怨反映出，我们总会自动地认为，孩子的行为是我们对他们做出负面反应的原因。所以我反过来问他们：“你发现了吗？当我问

‘你的’反应触发点是什么时，你首先将矛头指向孩子。你看到自己是多么迫不及待地将你自己行为的责任推给了孩子吗？”

家长们常常会反驳说：“难道我该假装我的孩子没有激怒我吗？”

家长们混淆概念，我并不责怪。传统的子女教养模式早已让家长们习惯性地认为，当他们被孩子激怒时，那一定是孩子的错。然而，每当与家长们谈到这个话题，我从不让步。如果一个家长拒绝承认我问及的关于他自身的问题，而将其转嫁到孩子头上，他便无法成为一名觉醒的家长，因为这个问题触碰到了觉醒式教养的基础。

自我们童年时，我们的家庭和文化传统就引导我们用机械的方式来处理生活中的事情。我甚至会说，我们的孩子从来没有激怒我们。我们的反应触发点一直在我们身上，根植于我们过去受过的伤害以及幼年时期的痛苦当中。孩子的行为，不过是一阵风，把我们内心那些情绪的余烬煽成了火焰。

听到我这样说，家长们几乎都坐不住了：“你是说孩子们不曾激怒我们？每个人都知道，孩子生来就知道惹父母生气！”我能理解家长们的愤愤不平。毕竟，每一本育儿书都在灌输孩子最懂得惹父母生气的观念。就在不久之前，我也这样认为。但经过更加深入的思考之后，我才看清了自己是如何让自己陷入“相信孩子故意设计他们的行为来刺激我们”这个隐蔽而又影响深远的误区。

我给家长们解释说：“我们的孩子都只不过是在做他们自己。他们并没有兴趣来惹我们生气，让我们感到羞愧或焦虑。恰恰相反，他们依照自己的内心行事，根本和我们没多大关系。然而，由于我们背负了许多情绪上的痛苦，内心的火焰难免偶尔会被他们点燃。这完全是出于无意的，但这是我们内心不健全的结果。触发我们情绪的不是孩子的行为，而是我们自己未解决的情绪问题。”

摒弃“孩子总是恶意地激怒我们”这个错觉，是觉醒道路上的重要一步。当我们敢于抛弃“孩子是故意惹我们生气的”这一主流思想，我们便会觉察到自身的成熟程度。现在没有他们为我们承担任何责任，我们只能被迫面对我们内心的不健全，并且发掘它存在的根源。

我们的文化盲目地设定“家长情绪被触发是孩子的责任”，这给予了家长“修理”孩子、控制孩子的权力，直到他们再也不能用这种方式激怒家长。很简单的观念是：“如果你改变孩子的行为，家长就不会被惹恼。”

而在现实中，如果我们只关注改造孩子——或其他任何人，而不是我们自己——我们最终只会发现，这好比试图用勺子舀空大海的水。因为我们相信就该这样教养孩子，我们便盲目地重复着这样的行为。但是，正如大海的浪涛接连不息，孩子也会一再惹我们生气。问题不在孩子的行为上，而在于为什么这样的行为会惹怒我们。只有去检视为什么孩子的行为会促使我们做出负面的反应，才可以改变我们与孩子之间的互动模式——这一点对任何亲密关系都适用。

我的客户莲娜因为与其16岁的女儿的关系来找我，她很恼火：“我很生气，因为她太无礼了，我就是不喜欢她说话的语气。”

我反过来问她，让她详细说明一下是什么样的“语气”。

她解释说：“你也清楚现在的孩子是怎么说话的。那种命令式的语气真的能立马惹我发火。”

我又进一步逼问：“我需要知道激怒你的具体字眼。如果你不能辨别出究竟是哪些外部刺激引发了你内心的反应，你也无法找到你的负面行为的真正源头。”

最后，莲娜说：“每次当她命令我为她做事，却不表现出丝毫感激之情时，我就感觉她把我当作她的佣人。”

最终，莲娜找到了她与女儿之间矛盾的根源。我向她解释说：“问题不在于你女儿的语气。是你内心觉得在某程度上你被迫要服侍她。每次你女儿说话带有类似的语气，你内心的‘佣人’就被启动，并且展开反击。也许你女儿根本没有把你当成佣人使唤的意思，而只是单纯表达她内心的需要和感觉？如果你可以挖掘你自己的内心感受，也许你不会把她的语气当作你情绪的触发点。”

没过多久，莲娜的眼眶湿润了。“这的确说得通。我在一个控制欲很强的母亲身边长大，所以我对任何形式的控制或霸道都很反感。我会立刻反击，正如我青少年时期反抗我的妈妈那样。”当莲娜找到她的反应触发点后，她意识到不应该把错误归咎到女儿身上，这才平静下来。

事实上，如果我们没有背负着成长过程中经历的一些痛苦，我们不会如此盲目地做出反应。正是因为我们内心对某些事情变得敏感了，我们的情绪才会被外界的某些刺激调动起来。因此，我向莲娜解释道:“你心里仿佛有一个剧本，告诉你要做一个控制者，正如你妈妈那样。这个剧本已经变成了你的咒语。每次你感觉到女儿比你更有控制权时，你就会反击。当你开始觉悟到事情的真相时，便会开始意识到你的女儿只是反映出了你的某一方面。”

孩子正是通过这样的形式映照出我们的内心。我们把目光投向内心的意愿，会给我们改变外部关系创造动能。觉醒式教养促使我们将孩子的行为当作敲醒我们走进内心的警钟。从此，我们不再让情绪建立在过去经历的基础上，并宣泄给孩子，而是选择包容自己的情绪，让其正确地反应当下的情境。这样的反省使我们可以逃离盲目反应的强大诱惑，而不再被过去控制，从而完全投入到孩子的需求中去。

触发情绪的根源

为了找到触发我们情绪的根源，仅仅停留在一些表面的解释，例如“当时我很累了”或“老板对我的工作要求太多，于是我将挫败感发泄到孩子身上”，或者就简单说“我有容易发怒的毛病，得治治了”，是不够的。

“我该怎么做？”每个家长都会问，“我该如何开始？”

我们应该从觉悟开始，这正是觉醒式教养围绕的核心。觉悟自己的想法、感受、行为——事实上，我们带进孩子生命每分每秒的所有内容，都必须去觉悟。

觉悟要求我们安装一块双面镜，一面观照内心，一面观照外界。我们许多人的成长只带着观照外界的镜子，因此我们的关注点总是在“做事”（doing）上。本书将为我们的“做事”注入“存在”（being）的优雅与智慧。在生活中，我们两个方面都离不开——“做事”与“存在”，行为及其背后的觉悟，行动及其背后的智慧。真正的觉醒是在两方面的汇合中产生的。

通往觉醒式教养之路，是由强烈和坚定的好奇心所发掘出来的生活经验，没有人能把另一个人变得更觉醒。这是一次安静深沉的个人修炼，修行者懂得“唯有学会意识到自己是如何思考，以及自己倾向于如何表达情感，才能让自己恢复平衡和平静”。毕竟，许多东西都产生于我们的想法和情绪。所以，我们的心——在如此大的程度上主宰着我们的想法和感觉的、我们赖以生存的信仰——才是改变真正开始发生的地方。

直到我开始检视我过去信奉的育儿方法，我才得以将我生活中的关注点转移。起初，我甚至觉得很难发现自己的信仰是什么，我以为那只是每个人的想法，或者至少是应该有的想法。当我开始独处静坐，只是简单地呼吸——进入一种冥想状态时，我开始慢慢地从我的思绪中分离出来，看清自己是如何错误地用它们来定义自己的。我仍然记得我的第一次顿悟，那是在我参加的一次冥想静修中，当时我想学习更多关于如何让自己内心平静的知识。我对室友说：“难以相信，原来我心里的想法和信条都不是真正的我！”

我第一次意识到，我相信的东西不过都是构建出来的，我的实际生活被“自我”构建出来的理想生活深深影响着，我仿佛经历了一次某种意义上的微型死亡。我好像一盘被打散的拼图。每一件我珍视的东西、每一根我赖以支撑生命的支柱，每一个我认为真实的界限，现在都在我日益增长的觉醒意识的审视下分崩离析。

当我深入研究我关于养育孩子的信条时，我震惊地发现它们是多么的死板、过时又有害。这些信条的设计不仅扼杀了我作为一个人的创造力和成长机会，更严重的是，它们的目的就是要一点一点地磨灭我的孩子保持自我和创新的能力。后来我发现，我的每一位客户都是如此。

我们的想法本来是中性的。让我们看一些日常的例子：“下雨了”和“现在是早上 7 点”。这些都是事实陈述，因此它们本身是中性的。然而，它们一旦与其他念头关联在一起，就开始被充入积极或消极的色彩了。例如，“下雨了”可以使人联想到“所有的计划安排都泡汤了”，再联想到“我们将度过一段痛苦的时光”，你可以看到一个中性的想法是如何迅速引起某种心情或情绪的。再例如“现在是早上 7 点”，本身也是中立客观的。然而，要是和一连串其他念头牵连起来，即使这样一个温和的想法也可以带来冲击。“我累了，筋

通往觉醒式教养之路，是由强烈和坚定的好奇心所发掘出来的生活经验，没有人能把另一个人变得更觉醒。

疲力尽”“我还有太多的家务活要做，简直不堪重负”……诸如此类的念头，都可以很快把一个中立的想法带入消极情绪的领域。

因此，由于我们的信念控制着我们的行为，如果想改变什么，就要从这里开始。正是从这里，我开始了揭开心中育儿迷思的旅程，并用觉醒式教养取而代之。我希望不再受到过去几代人过时、刻板的教育模式的支配。我踏上了一条全新的道路，由我自己决定怎样生活，怎样育儿。我手握画笔，自主创作着人生的图画。我的命运由我做主，我的今天也由我来设计。虽然一开始我感到害怕，但这条路自有方法可以毫不费力地不断照亮自己。我们只需拿着正确的地图，便很快发现它其实一直在我们手上。带着一个指导性的问题——“对于我和孩子而言，在这一刻，什么才是真实的？”——这幅地图直指我们真实的自我。

家长的“酷爱”迷汤

我们所有关于育儿的信条都来自一个源头，即大量消费一种强心剂，我将其称之为“家长的‘酷爱’迷汤”（Kool-Aid，一种著名饮料品牌）。这种“酷爱”迷汤表现为我们文化中关于如何有效教养孩子的“七大迷思”。你也许没有意识到，但每当你的情绪被触发时，你已经有意或无意地被这“七大迷思”中的一条或几条控制了。

这些迷思非常流行，已经深深融入一些社会认可的处事方式中，以致大家都忘记了去质疑它们。这些迷思潜在的危害在于，每当我们想运用它们和孩子建立联系时，它们其实是把我们的努力引向了一个完全相反的方向。

有没有可能，我们被训练而去认可的育儿方法其实正是我们经历过的、失败的亲子关系的罪魁祸首？那些我们听过了无数遍、所谓正确的教育方式其实是错的？最重要的是，我们敢不敢对这些教条抽丝剥茧，并把所有有害的、无谓的东西彻底清除掉？

尽管我们可能会对改变我们养育孩子的信念产生抵触，但仍然无法回避的事实是每个家长都与这些文化迷思有着深远的关系。这些迷思定义了我们的孩子“应该有的模样”，而这些模样通常都与孩子的真实自我大相径庭。正是这种社会理想和孩子个体之间的差距导致了父母与子女间出现了那么多裂痕。这个鸿沟助长了我们的恐惧，担心孩子达不到社会的期望，甚至会成为一个失败的人，因此导致我们对孩子施加大量压力。

令人遗憾的是，这些迷思不仅从社会官方渠道，例如政府、宗教团体和教育系统，而且从那些与我们生活紧密联系的人们那里获得了大量的支持。每个人都像喝了“家长的‘酷爱’迷汤”——我们的亲戚、朋友、老师、牧师，以及几乎整个亲子教育行业。

这些迷思，通过一代又一代的强化，在“孩子应该被如何抚养”和“孩子应该成为什么样的人”方面，引诱着我们向社会的主流指令屈服。事实上，导致这种父母集体心理形成的，其实是一种我们都身陷其中的恍惚状态。我曾到过世界各地进行讲座，发现无论在印度或加拿大，墨西哥或美国，父母都被这些文化指令的魔咒所控制。几乎在所有情况下，我们都依照社会教条行事，而不去仔细检验它们。很多时候，我们甚至没有意识到自己在这么做。

如果我们偶尔瞥见了这些教条里的错误，我们会觉得恐慌。我们害怕如果和别人做得不一样，我们就会被排斥。不仅偏离主流的念头使我们害怕，而且正如我之前提过的，我们还担心孩子的未来。我们知道，身处在有无数种方法惩罚异类的社会里，孩子会因此付出高昂的代价。

我们来谈谈成为异类的代价，由于害怕被排斥和孤立，我们跟随主流——在这里，指的是关于如何成为“好”父母的迷思。如果我们认为当异类的代价太高，我们无法承受，就表明我们无法觉悟到存在于我们内心的富足，这样一来，这些代价可能的确使人感到过于沉重。然而，当我们觉察到自己内心的力量时，我们会意识到，如果盲目跟随主流，我们实际上付出了最高的代价：失去真我。

我发现，大部分家长虽然心里恐惧，却依然非常渴望找到新的教养之道。世界渴望变革，而家就是变革开始的最好地方。因为家是孩子学习如何爱自己和爱他人的地方，学习如何解决争执，如何关心身边世界的地方。家是未来一切的播种场。如果土地上没有播下正确的种子，我们的孩子的成长将会碰壁。

要想改变我们为人父母的方式，我们必须大胆。我们将要扔掉那些过时的育儿方法，它们培养了一代又一代不健全的人。

有时别人会问我："你希望你的孩子成为什么样的人？"这个问题培养出某种错觉，以为我们可以控制孩子成为什么样的人。表面上看这个问题好像没有问题，但它燃起了家长们事无巨细地控制孩子的欲望，想把孩子变成他们制造的产品。

我对这个问题的答案总是一样的："身为家长，我的目标是把我的孩子抚养成这样一个人，坚定地根植于自身，明确自己的内在价值，能够真诚地表达自己，并与我保持着稳固的关系。"换句话说，只要她真诚对待自己，我一点都不关心她选择哪种职业或她的生活方式如何。社会尝试让她变成不同的模样的动机，丝毫不能影响到我。

成长为真实自己的孩子，将自然而然地成为对社会有用的成员，因为他们会感到有必要去照顾他们的同伴和他们所居住的星球，正如他们对待自己的内心、思想和身体一样。一个珍惜和重视自己存在的人，也同样会关心和保护他人的权利。

当我们从家长的集体心理催眠中觉醒过来，看清社会的育儿迷思时，我们就打开了看到孩子本来面目的大门。这将带来巨大的突破。我们开始和"孩子想成为什么样的人"，而不是"社会告诉我们孩子应该成为什么样的人"建立联系。当我们以这种方式跟他们联系时，我们发现自己是基于他们独特的气质、需求、问题和欲望来理解他们的，而过去我们却无法做到，因为我们并没有看到他们真实的一面。但是我们首先必须认清这些迷思，以便打破它们。

我们的孩子，我们的觉醒者

我曾幻想，我要把你抚养成为
完整的、圆满的、有价值的、
有教养的、善良的、睿智的、

拥有权力和自由的领导者。

我曾被自己的年龄和力量所迷惑，
以为自己无所不知，
以为自己万事俱备，
只待去教导你，启发你，改变你。

直到现在，在与你相处了那么多个时刻以后，
我才意识到过去的想法是多么愚昧无知，
毫无根据，不切实际。

如今，我明白了……
是你，来教导我，
指引、带领、转变和提升，
改变、唤醒和启发
我。

我现在意识到，过去我搞错了，
自上至下、由里及外地错了，
正是你，这个精心设计，清澈响亮的号角，
唤醒了我真实的自己。

Part Two

第二部分

教养的迷思

第4章

迷思之一：教养都是为了孩子

在我的工作室中，我通常会问一个问题："子女教养的主要关注点是什么？"听众们总会马上回答说："当然是孩子啊。"

现在你可以看清这个答案的问题了吧。工作室的人们常常不解，为什么我要问一个答案那么明显的问题。当我向家长们解释这种以孩子为中心的教养模式，是导致家庭里大部分的失望、担忧和不和谐的根源，他们开始反驳。

"这怎么可能呢？"听众们惊讶地问道，"关注孩子怎么会是件坏事呢？难道我们不需要支持孩子，尽最大力气把所有的机会都给他们吗？"

在家长冲上来扼住我的喉咙之前，我解释说，我不是在倡导大家要变得自负或自恋，不是要大家只关注自己而不管孩子的好坏。正好相反，我提倡的是一种给孩子提供最大的好处的育儿方式。

觉醒式教养方式大部分看起来都违背常识。开始实行阶段会非常不容易。然而，当我解释为什么旧的教养范式没有作用时，家长们开始看到这种新模式的好处。

以孩子为中心的教养方式的问题

如今，越来越多家长相信，我们必须要把孩子抚养成为一个出色的人。事实上，子女教育行业仿佛一座专家的殿堂，包括作家、心理学家、精神科医生、教育家、测试公司、辅导员、顾问、药品公司和博客写手，就是靠着家长们这些错置的、要把孩子养育得出类拔萃的执念而变得欣欣向荣。

我在工作室经常问家长："你为孩子设定的目标是什么？"他们马上就列了许多标准答案：要孩子们快乐、成功、善良、受人尊敬。他们正在无意识地传递这样的信息：他们的孩子缺乏某些东西——这些品质现在并没有在孩子身上体现出来。

现实恰恰相反。父母们看不到他们的孩子身上早已具备了这些品质。从社会的角度来看，为了未来的成长，孩子们需要发展这些品质，但我认为孩子们已经拥有了这些品质，尽管它们有时被掩藏了起来。我们的社会总是关注未来，而觉醒式教养让我们紧紧关注现在。

"目标"这个词本身就承载着对未来的规划和"创造"童年的重担，就好像"童年"是一个有着特定结果的项目。这种目的性明确的任务制造了各种压力，最终难免在我们对孩子的反应行为上流露出来，有时还能把家里的气氛推升到沸点。只有当我们能与当下的孩子建立联系，认为他们的样子就是现在这一刻他们应该成为的模样，我们才能提供他们真正需要的教育。觉醒式教育真正关注的，就是要做出这个重大转变：让我们对孩子的期望与他们的真实身份匹配，而不是把他们与我们的幻想匹配。不是让孩子适应教育方法，而是让教育方法适应孩子。

我的客户拉斐尔和苔丝，不断催促他们的小儿子加文去完成他无法实现的目标。加文有着独特的个性，无法遵循同龄人的"正常发展心理曲线"，学校的教师和辅导员都给他的父母施加压力，一定要让他达到标准水平。

自然而然，家里的气氛充满了争执与不和谐。父母越是逼迫，加文越是固执。他变得越来越沮丧，在家里和学校里崩溃的次数愈加频繁。最终，他被建议进行药物治疗。不用说，听到这个建议，父母感到很是苦恼。儿子的路究竟该怎么走？如果拒绝药物治疗，儿子是否会承担更多的风险？他们求教无门，也希望获得不同的视角，于是来向我求助。

当父母背负着沉重的压力，正如拉斐尔和苔丝那样，就应该从减压开始。我解释说，要求加文达到典型的发展性指标的压力让这个家庭几近疯狂。除非把整个家庭的能量转移，否则加文会面临精神问题的风险。毕竟，没有人能忍受长时间住在高压锅里。

我告诉这对父母，让他们停止向加文施压，以三个月为期。我不是建议他们要退让自己的底线或改变家里的生活习惯，而只是停止继续向加文施加情绪上的压力。同时，我也让他们重新评估对自己的和对儿子的期望。

随着辅导过程的深入，这对夫妇开始明白他们是怎样给加文施加超出他的能力范围的压力的。他们太专注于转变儿子这一目标，以至于错过了与眼下这个孩子建立联系的机会。当他们开始理解儿子现在是谁，而不是将来“应该”是谁时，他们开始发现了一些显著的变化——不仅体现在加文身上，而且体现在家里的氛围上。他们最终给儿子换了一所更适合他的学校。直到现在，加文依然不需要任何药物治疗。

但是，想要培养孩子成为出类拔萃的人，这到底有什么不好呢？

你有没有留意到，当今社会上，有多少孩子是在焦虑中成长起来的？现在的孩子都非常焦虑。即便是很小的孩子，诊断和药物治疗也成了常有的事。

除了焦虑，如今抑郁症在孩子中也很普遍——不仅存在于青少年当中，甚至存在于上小学的孩子当中。当我们的年轻人承担着必须以一种特定的方式来取悦父母的负担时，他们难以避免地感到高度焦虑。孩子无法自由、自然、自发地按着他们的真我本性成长，而是把他们的精力投入到“赢得父母的认可，从而获得他们的爱”里。这些孩子为了塑造自己以符合父母和文化的标准，承受着巨大的压力。

你可否想象，长期活在“你必须成为某人期望你成为的人”这一信念之下，是种什么样的感受？如果你小时候也有过这种感觉，你就能产生共鸣。也许你找到了向父母隐藏真实的自己的方法。因为你知道他们无法理解你真实的样子。

最近我 12 岁的女儿和我分享了她对一个同年级男生的感受，那是她最新的暗恋对象。女儿的一位朋友也在场。我问那个女生：“当你告诉妈妈你的暗恋对象时，你的妈妈会给你什么建议？”

她回答说：“哦，我可不会跟她说起我的暗恋对象。她不会明白我的感受。她认为我在 18 岁之前都不能恋爱。”我突然明白了，不仅是理解了她，也理解了她的母亲，因为我意识到，无论是谁，都不会体验到只有母亲和女儿在讨论内心问题时才能分享的那种美妙的联系。

我想起了另一位客户，她曾经炫耀她14岁女儿的事：“我多么幸运啊，我女儿对男孩不感兴趣，现在她是优等生。她就像个20岁的姑娘一样成熟懂事。”听到妈妈的话，她的女儿眼中流露着惊恐。

在下一次的治疗中，我问那个女孩为什么会有那样的表情。她回答说：“我妈妈以为我对男孩子不感兴趣，我不能违背她。请不要告诉她我跟你聊男孩。要是她知道我有男朋友，她一定会气死的。那是她打死也不允许的。”我向女孩保证会帮她保守秘密，同时也告诉她在她的年纪对男生有意思再正常不过了。但我看出她肩负着很大的压力，因为她在内心深深觉得背叛了母亲心中的完美形象，因此在某程度上她就是个失败者。

去问任何一个孩子，他们都会畅所欲言说他们有多么——如果没有一定的限制——讨厌被父母的规定管束。他们的内心本能地向往自主，讨厌要去适应他人的想法。这种反感使孩子成长成为叛逆的青少年，远离父母的权威。这种错置越强烈，孩子们的反叛心理和疏离感也越强烈。我们作为家长，要迫切认识到我们是如何在我们和孩子之间制造了巨大鸿沟。

“过火之灾”

我们从加文的例子中看到，如果我们尝试事事控制孩子，每当他们的焦虑过于强烈，或者他们的表现没有达到一定的标准，社会就会愈发催促我们依赖“专家”意见去“修理”他们。于是父母对孩子在社交或学业的发展中出了什么岔子怀有恐惧，就变成了完全正常的事情。

例如，许多父母发现他们常常自问自己的孩子是否：

- 过于害羞
- 过于文静
- 过于早熟

- 过于激进
- 过于冲动
- 过于散漫
- 过于不上进
- 过于无所谓
- 过于小心翼翼
- 过于敏感
- 过于不专心
- 过于懒

我把这种现象称之为“过火之灾”。以上这些和其他的“过于”的表达，反映了家长们的担心、失望，甚至负罪感，觉得自己没尽好家长的责任。所有这些情绪的根源就是恐惧。

当一个家庭面临孩子失控的情况时，这样的担忧就特别严重。在这种时候，恐惧变成了警报。我意识到，只有经历过类似处境的人才可以完全理解为人父母经历的那种无助的感觉——通常是全然的恐惧。父母无法理解发生了什么，于是感到绝望般的孤独，尤其当看着刚刚学会生活或已经成长为青少年的孩子渐渐远离这个家庭时。

当然，当真正的警报出现时，担忧是正常的。如果你不确定该采取什么措施，寻求帮助可能是一个明智的举动。你可以向教育工作者、治疗师，有时甚至是精神科医生寻求帮助。然而，如果用觉悟和觉醒的教养方式养育孩子的话，这种情况应该是罕见的例外。如果这种情况成为常态，是因为他们的父母沿用的是错误的教养方法。

事实上，当“例外”变成了“平常”时，正是由于现代社会对孩子未来是否“成功”的执迷。由大人定义的成功，要求我们的年轻人去达到不可能达到的目标，或达到无法企及的卓越水平，这样的负担对任何一个孩子的心理来说都是不健康的。

有一天我听收音机时，听到了一位家长致电一所名牌大学的招生主任，为她9岁的孩子咨询入学申请。你可以想象那孩子要承受多大的压力吗？万一孩子长大后达不到父母的期望呢？这个案例也许有些极端，但也让人瞥见了以孩子为中心的教养方式，是如何破坏众多年轻人的生活的。

我们对孩子的很多期望都是不言而喻的，即使我们不说出口，孩子也能凭直觉感受到我们希望他们变成另一个人——感受到我们想让他们成为什么样的人、做什么样的事的幻想。的确，有些孩子接受了这个挑战并取得了成功，但并非每个孩子都是这样，另外许多孩子则被压力压垮了。

孩子不能成为我们理想中的样子，要么是因为那和他们的内在天性相违背，要么则是因为那根本不符合他们内心的愿望。我们的失望会对孩子产生破坏性的影响。无数孩子因为无法达到父母满意的要求，经受着负罪感的折磨，很多人活在羞耻的阴影里。这会导致孩子寻求方法来摆脱这种自责的羞耻感。他们也许在上课时开始变得心不在焉、爆发愤怒，甚至把愤怒转化为某种形式的自我伤害。

当孩子经历这般感受时，他们不得不与自己疏离。毕竟，想象一下，如果别人不断地告诉你，你应该变成另一个样子，你会有什么感觉？很自然，你也会感到迷惘。很快，你和爸爸或妈妈之间产生了隔阂，阻断了你们之间的联系，当父母进一步催促你做他们认为你应该做的事情时，你们之间的隔阂会越来越大，以致难以修复。

如果你记不住本书的其他观点，那么请记住以下这个关于成为觉醒家庭的最基本的一点：忽视孩子自然发展的天性，把你的期望强加于他们身上的做法，很可能会让你和孩子之间产生巨大的鸿沟。随着鸿沟越来越大，焦虑感会像洪水一样涌进来——不仅有你的焦虑，还有孩子的焦虑。

教养孩子“真的”是完全无私的行为吗？

教养都是为了孩子——这个迷思的另一面就是使我们相信为孩子做的事情都是无私的，因此孩子应该感激我们。

抚养孩子这件事里的确有无私的成分，但要是说养育孩子的过程中我们完全是无私的，并不完全准确。事实上，抚养子女的过程，只有很小一部分是没有私心的。如果我们认为自己是无私的，这是绝对危险的，因为它让我们自以为站到了正义的一边，我们的心态会因此变得自以为是，这对孩子的健康成长很不利。

把孩子带到世上，往往从一开始都带有强烈的“自我”成分，而不是一种无私的行为。生孩子的决定往往源于我们内心深处的一种渴望，我们幻想拥有家庭和成为父母便可以满足这种渴望。

当然，我们的文化不认为向往拥有家庭和成为父母与我们的“自我”有很大的关系。恰恰相反，它让父母戴上了受难者的光环，诱使父母们想象自己因创造了另一个生命而变得高贵。我们成为父母本是“自我”的产物，但有关为人父母的文化认知让我们产生出对孩子拥有所有权的感觉。因此当问题发生时，例如体罚伤害了孩子，我们却会听到父母说：“这是我的孩子，没有人能对我的做法指手画脚！”

可怜的是对于孩子，许多家长都不假思索地认为，只要他们觉得有必要，他们可以对孩子做任何事情，毕竟他们是无私的。当孩子日后反叛父母的专制时，父母就会觉得自己成了受害者——仿佛孩子伤害了他们。父母还期待社会为他们不觉醒的教育方式收拾残局，通常是为孩子提供心理辅导。这是个简单的道理：核心家庭不是一个封闭的世界，家长行为的结果会影响到一连串其他社会成员。因此，家长有义务放下他们的“自我”，不要认为自己有权利随心所欲地抚养子女，而是要去寻找现有的最佳信息来帮助他们完成养育子女这项挑战。

那些感受到自己有压力去保护父母免受失望的孩子，会放弃自己内心的真实声音去取悦父母。这种放弃可能会造成深远的影响，有时会导致孩子变得任性行事。只有当父母意识到自己所采用的教养方式并不是无私的，而是对实现教养目标的渴望与执着，才能避免这些消极的暗示。

要想把家庭的方程式从强权和控制欲，转变为充满爱心和真诚，改变我们对于这个迷思的认知至关重要。我们的改变，可以令孩子摆脱需要被我们“抚养”和“修理”的思想包袱。放下了这个包袱，孩子们可以如他们所愿翱翔高

如果我们认为自己是无私的，这是绝对危险的，因为它让我们自以为站到了正义的一边。

飞，并收获他们应得的回报。

欲教养孩子，先教养自己

如果我们相信了教养都是为了孩子这个迷思，当孩子达到我们的期望时，我们理所当然地将功劳归于我们出色的教养方式，而当孩子没有达到我们的期望时，我们便轻易地把责任推到了他们身上。

觉醒式教养就是要来个大逆转，把焦点转到父母身上，需要被“教养”的应该是父母。换句话说，我们把自己而不是孩子放到严密监控之下。这是因为，如前面我们看到的，我们大部分人都是在高度不觉醒的教育方式之下成长的，我们的心灵都受到了情感的伤害。同样也是因为，我们唯一能控制和影响的人，只有我们自己。子女教养往往都是在我们把注意力放到自己身上而不是子女身上时最有成效。最好的效果正是由此而来。

我们的父母饱受自身问题的困扰，对抚养儿女也存在诸多困惑，因此就在我们小时候，对我们的教养找错了方向。我经常听见我的成年客户这样描述他们的童年：“我妈妈就是看不到真实的我。”或者是：“我爸爸总是对我生气，因为我没能成为他想象的样子。”这种“无价值”的模板不可避免地塑造了我们的世界观。我们内在的匮乏感渲染了人生中的每一次经历。尽管到了三四十岁，这些客户依然有着那种被拒绝、被否定的记忆，并因此将这种情绪带入他们目前所处的关系当中。

真实的自我被否定后，我们渴望被认可，渴望被接受，渴望获得归属。这种内心的缺乏感带来了阵痛。当阵痛得不到治愈，甚至被忽略时，它会继续扩散，于是带来了更多的痛。不觉醒招致了更多的不觉醒。痛苦犹如给我们披上了另外一层皮——渐渐地我们甚至没有意识到我们成了它的样子。我们只是以为“做人就应该是这样吧”。

除非我们对经受过的伤害有所觉悟并直接面对它，否则它不会消失，认识到这一点很重要。只有我们觉悟到我们正在重蹈儿时的覆辙这个事实，我们才可以开始找到现在不愉快的根源。

这就是人们为什么要生孩子。身为大人，如今成了父母，我们发现自己的情绪总是不经意地被自己的孩子触发出来。其实真实情况是我们过去的痛苦被重新触动了。儿时不懂得处理而埋藏起来的痛苦感受，如今重新浮现，犹如一头不再甘于处在下风的饥饿猛兽带着盛怒而来。我们那些不恰当的行为其实是被这些残留的痛苦记忆引发的，但我们通常都没有注意到这一点。

我们最亲密的关系最容易触发我们的感受，尤其是亲子关系。觉醒式教养强调我们的孩子是一面镜子，映照出我们看不见的一面。孩子让我们看到，是过去没有处理好的那些伤痛记忆，如今驱使我们用激烈的反应，并且通常以不理智的方式，来对待他们的行为。除非我们严肃看待孩子为我们揭示出我们曾经是如此受伤——以及承认我们从来没有正视过这些创伤——否则我们的孩子会延续我们这些反映出我们未解决痛苦的不成熟行为。这就是养育子女这段漫长旅程的核心所在。

家长真正的挑战，不是关注在孩子身上那些实在的或假想的瑕疵，而是带头做出改变，全然接受孩子的行为是我们的行为的直接反映。与其去“修理”孩子，我们需要转向自己的内心，检查我们的内心需要解决什么问题。

为了更好地明白我们需要怎么做，请跟我来到一个假想的“家长–教师”会议。教师说:“戴维斯太太，你的儿子需要提高注意力，我会建议你和你的伴侣参加一个三个月的课程，学习如何变得专注。这个课程会帮助你学习如何冷静，这将对你孩子的情绪有很大帮助。”

或者想象另一个场景:“琼斯先生，我非常推荐你找个组织技能专家来咨询一下，学习如何管理你的时间和增强你的组织能力。我留意到你总是不能按时出席学校的家长会，很明显你的习惯已经对你的孩子产生了负面影响。他似乎在你混乱的家庭生活状态中迷失了方向。”

“但我是个觉醒的家长啊！”许多客户回应道。一听到他们要为孩子的部分行为负责，许多家长都感到愤怒，“大部分时间我是很冷静的，而且我总是替孩子着想。”

我们都渴望成为“好”家长，大部分人都极力为自己的教养方式辩护。但这与做“好家长”“坏家长”无关，这些不过是标签。关键是要持续意识到孩子总是会将我们的能量反射回来，因此“修理”孩子意味着我们必须先修理我们自己。一旦父母认清，觉醒不是一种身份，而是一种存在方式，他们便能明白，没有完美的觉醒，只有不断的追求和持续的成长。

觉醒的教养方式是一种实践，是每一天的修行。它无关于标签，而关注人的内心状态。它要求我们留意自己的关注点在哪里，是向外，还是向内？觉醒的父母与其他父母的不同之处在于，前者能时刻校准自己的关注点。觉醒的父母也同样会犯错，但不同之处在于，他们能够面对错误，并且自问：“这些错误说明了我需要怎样成长？”

我们似乎忍不住要将孩子作为一个待修理和解决的项目，而不是将注意力集中在自己身上。只要孩子走进屋子里，我们立刻开始对他们品头评足，他们的发型、整洁程度、鞋子或其他方面。无论他们是安静地坐着，还是在忙功课，我们任意闯进他们的空间里，开始对他们进行各个方面的管理和指导。在我们眼中，我们是在关心孩子，但在孩子眼中，他们却是被强行干扰了。我们指挥、督促、提拔和管理孩子的欲望永不满足，破坏了原本可以很美好的亲子关系。

有趣的是，父母们对孩子的坏行为总是抓住不放，却很少去发现他们日常行为中值得称道的地方。我们太习惯于关注自己的负面行为，自然也会对孩子做同样的事。

我总是问父母：“你孩子的不良行为中最主要的特点是什么？”他们也许会回答是生气、不尊重别人或焦虑。许多育儿方法建议我们直接去对付这些行为。相反，我要求父母们把注意力集中在这些能量的解药上，而这些解药当然存在于他们自身当中。我问：“什么才是针对孩子负能量的解药？”他们也许会说是乐观、乐于助人、尊敬或勇气。然后我会要求他们高度关注孩子这些方面的品质而忽视其他方面。

“但是如果我的孩子极少有这些行为呢？”父母们常常会有异议。我向他们保证，这几乎是不可能的。那一定是我们的双眼被担心孩子未来的恐惧蒙蔽了，使我们看不到孩子本身有多么美好。每一个孩子，在一天中至少会有少许时刻，会表现出谦恭、安静或者任何一种可以纠正他消极行为的特质。父母的任务就是要保持警觉，敏锐地洞察到这些时刻并把它们放大。不用过多久，正面行为就会占上风，负面行为将逐渐被淘汰。

仅仅关注就能改变它——事情当然不会那么简单，这个策略并不是教我们这样做。反而，它讲述的是当我们专注于我们希望看到的行为，而不是我们不在意的行为时，我们的能量是如何发生变化的。

当我们关注我们想要的行为时，我们的精神状态就会改变。孩子会感受到我们变得轻松、冷静、自由。正如向日葵转向阳光，孩子也会转向我们。也许一开始难以察觉，但只要我们发出信任的信息，转变立刻就开始了。慢慢地，家庭成员间的互动质量发生了变化。过去只关注负面行为所带来的冲突不见了，取而代之的是家人之间的互相欣赏，享受着彼此相伴的时光。

当我们每天都花时间在“存在”的心灵空间时，孩子会感受到我们像是他们团队中的伙伴，而不是他们的老板。与其说“你必须做这件事和那件事”，我们可以说，“我听见你。我看见你。我想帮助你。你可以帮我去帮助你吗？”与其说“看你没把这件事和那件事做好，你太差劲了”，我们不如说，“你一定觉得不开心吧？我要做出哪些改变能更好地帮助你？”

回想一下有多少次，你的孩子在经过一天漫长的学习后，一上车或一进门，你就连珠炮似地向他们提问？若他们的回答只有一个字，你就认为他们是针对你，觉得他们把你拒之门外。你可能不会马上说什么，但潜意识里却把这次伤害记在了自己的小账本上。过了一阵当你感觉更加疲惫时，也许孩子口中说出的最微小的一件事已经足以触发你隐藏的伤痛并且让它迅速蔓延，你和孩子都会十分惊讶为什么你的情绪可以在瞬间达到沸点。倘若从一开始，你没有用问题轰炸孩子，为你和孩子的情绪崩溃埋下伏笔，而只是自然地迎接他们，从他们疲惫的小肩膀上卸下沉重的背包，轻抚一下他们的后背呢？倘若你并不是从他们身上得到什么，而是充当一个给予者、安慰者、爱心大使的角色呢？局面不是会迅速扭转吗？

有多少父母陷进与子女之间旷日持久的斗争中，而仅仅靠简单的一句问候就能发生改变：“我可以做些什么改变才能为你提供你需要的？为了你，我该如何变得更好？”

讽刺的是，我们的内心越是感觉不踏实、不安全，我们就会表现得越敏感，越顽固，越有正义感。这听起来挺有道理的，不是吗？说到底，我们如果被自己的担忧和恐惧深深缠住，我们又如何能够真正了解孩子呢？对成见和恐惧的依赖总会阻断我们与孩子的联系。生命，就其本质而言，要求我们接受它的“本真”，而不是模式化的期望，否则我们注定会失望。

孩子来到我们的生命中，赐予了我们一个宝贵的机会，让我们自我提升、自我成长。因此，子女教养过程中的每个时刻，都犹如觉醒的警钟。觉醒的前途是光明的，它让孩子从我们的期望中解放出来，并使他们获得力量来发展真我。

孩子的行为反映着我们自身，当我们以此来提升自我时，不仅我们的孩子可以从父母施加的负担中解放出来，我们也可以减轻负担，不再需要认为父母就必须一直管束和控制孩子的生活。这样，我们开始借着养育孩子，与我们的过去来个了断，因而也卸下那些关于孩子未来的不切实际的期望。

自我提升宣言

我全然接受：子女教养的关注点是提升自我，而不是我的孩子。

我认识到：改变的责任在我身上，而不是在孩子身上。

我意识到：我纠结的情绪是内心冲突的反映。

面对每一次挑战，我会转而自问：“这反映了我的什么问题？”

第 5 章

迷思之二：成功的孩子总是走在前面

“你的女儿被安排在芭蕾舞入门班。”附近一家有名的芭蕾舞学校的秘书这样告诉我，我开心极了。

“太好了！她可喜欢跳舞了，她一定很兴奋！”我对我 8 岁的女儿充满热忱。随后秘书悄悄地告诉我：“跟你说一声，她会和大部分都是 6 岁的孩子们一起上课。希望这没问题。”

我以为我听错了：“6 岁？”我又问了一句。“不对，你没搞清楚，我女儿 8 岁了。没有 8 岁的入门班吗？”

秘书女士同情地看着我，并耐心解释说：“我们许多学生在学前班时已经开始学习跳舞了。到了 8 岁，她们已经跳得很棒了。所以，如果你女儿要加入我们学校，她需要跟比她小的孩子一起上课。”我无言以对。我的女儿只是想学跳舞，却已经比别人落后了两年？怎么会这样呢？

身为一名母亲，同时也是一名心理学家，这次经历给了我一个启示。当我正忙于带女儿在附近的公园里玩沙子，让她在卧室里用纸板建隧道来培养她的创造力时，很显然，我制定的教养孩子的时间表已经无法与其他家长同步了——时间表里要求在孩子 6 岁时，就把他们变成专家。

我还发现玛雅不仅在社交活动中落后于别人，在学业上也是。当我在为她“涉猎广泛”而高兴，带着她烘焙饼干、用培乐多黏土做兔耳朵时，我邻居家的孩子们已经来回穿梭在各种培训班之间，如各种才艺或者手语补习班。他们的妈妈很明显阅读了大量的“如何培养天才”的书籍，而我却让我女儿无所事事。

玩耍和兴趣，对于儿童早期发展有着至关重要的作用，为什么却会变成一场追求专业的竞技赛？为什么孩子的童年被简化成了一场力争上游的疯狂竞赛？

按部就班的乐趣

当我的客户艾琳诉说着儿子进幼儿园学前班的事情使她心力交瘁时，我觉得她一定是在夸大其词。

“我真不敢相信，我儿子才 4 岁就被期望成为一个天才！他必须通过可笑的入学考试和面试，仅仅是为了进幼儿园学前班！我还为此支付了 3 万块！”她抱怨说，“不仅仅入学给他带来了很大压力，而且就因为他是 8 月份出生的（他们称为晚生的孩子），他们就劝我让他晚一年上学。所有朋友都跟我说在学校他会跟不上，会没有安全感。每当我说起他是夏天出生的，朋友们就会用可怜的眼光看着我。很明显我没有安排好时间，因为其他妈妈都计算好了什么时候受孕，以生产出最适合申请幼儿园的宝宝。”

尽管艾琳情绪比较激动，但她说的正是当今的潮流：令人不解的“红衫行为”，指父母故意让孩子迟一年上学，尤其是男孩子，因此他们可以比同龄人在体育和学习上获得优势。在遍地开花的学前班里，人们更愿意用一个温和的词叫作“重新分班”。家长愿意他们的孩子留一级的理由，就是他们不想让孩子感到没安全感或“差人一等”。

父母以“符合孩子的最大利益”来将自己的动机合理化，觉得自己有理由在这个系统里扮演上帝的角色，并满足他们所认为的孩子的“需求”。那些所谓需求不是自然所需的，而是基于社会所设想的一种人为标准的“需求”，家长们对此深信不疑。玛利娅·蒙台梭利曾经提倡一个班里应该混合不同年龄的孩子，年长的可以帮助年幼的，大家可以从挫折里树立坚强的品格——她要是泉下有知，一定不得安宁。

家长们让两三岁的孩子参与的活动，本来是因为这些活动“有趣”和“具有探索性”，但它们却很快变成了“竞争性的”，我们的孩子受到了成群师长过分的监视和过度的训练，后者把他们当作狂热竞赛里的工具，热衷于夺走孩童身上奇妙的无目的特性。大人们用秩序、组织及优化管理等观念，取代了孩子自然学习和成长的过程。

父母怎么会坚定地认为，他们两岁的孩子需要有组织的活动来充实生活的呢？大多数时候，我几乎无法解读出我蹒跚学步的孩子喜欢什么。当我在学校外或操场上访问家长，他们是如何得知孩子们的活动内容、学校生活或爱好时，以下是我得到的一些回答：

- “对我来说这件事根本不必大伤脑筋。我坚信学前班是孩子成长过程中最重要的时期，所以我把我的孩子送去私立的全日制学前班是值得的，即使那里的学费和我自己的大学学费不相上下。”
- “我认定女儿需要学习一种乐器，所以我就替她选了一种。”
- “每个孩子都需要参加体育运动，尤其是男孩子。所以，我选了我自己最喜欢的运动。”
- “我把孩子送去私立幼儿园会让她被有名的预科学校选上，日后申请大学也有优势。”
- “我是个美术老师，很自然我也想让我的孩子学习美术。”

当养育孩子不再是关于孩子和孩子的童年经历，而更多的是关于父母为孩子设想的童年时，我们就误读了抚养孩子的真正含义。

作为父母，我们自然地感受到了要把孩子养育好的压力。当然，这种压力并非始于我们这一代人。在以前的时代，如果你是一位乡村鞋匠，你希望你的儿子也成为一个和你一样擅长补鞋的鞋匠，然而到了今天，我们不再满足于我们的孩子仅仅成长得“好”，我们希望他们成为杰出的人——我们可以拿这优秀的孩子向亲戚朋友显摆，甚至可以在社交网络上炫耀。

也许你以为自己不相信所谓金牌儿童的那一套，然而，每次你把孩子赢得奖牌的照片摆在社交网络上，却从不会把他们落败的样子公诸人前时，你都正在为打造杰出儿童的迷思助力。培养一个神童的压力是如此巨大，以致我们都深陷其中。家长们焦虑不安，老师们压力重重，而我们所养育的孩子正离他们的本性越来越远。

我的一个朋友是曼哈顿一家私人俱乐部的网球教练，他对我说："我最讨厌的是教那些根本不想学，却被父母逼着来上课的孩子，他们很痛苦，我也教得不开心。总之，这样不会有什么效果。"

当我对我女儿的大提琴老师说："我希望我的孩子爱上学习乐器的过程，她不需要为她的简历或博士学位增色而学习乐器。我对你唯一的要求，就是你要专注于她对这个过程的热爱。"老师热泪盈眶。可能是因为我让她想起了自己对乐器的真正热爱，她深深吸了一口气，坦白地说："我很感激你的想法。我之前所感受到的，都是家长想要孩子成为马友友的压力。"

催促孩子尽早取得成功，往往都是完全被家长的"自我"所驱使的。他们既想要自己的教养方式取得成效，也想要给全世界展示一个活生生的、会呼吸的奖杯以显示他们自己作为父母的成功。这种"自我"只与孩子如何被他人看待有关，而与孩子的本真个性完全没有关系。对孩子来说，这可能会导致孤立感和焦虑，这与家长想要的结果恰恰相反。生活在一个过度竞争的高压环境下，并不能让我们的孩子离我们更近。孩子们会注意到我们所感受到的焦虑，并将其吸收和内化，从而相信这个世界是一个充满压力的地方。这样造成的影响可能是睡眠不好、偏头痛或胃痛。六七岁的孩子就已经有恐慌症了。一些年仅 8 岁的孩子发现自己被贴上了"狂躁症叛逆儿"的标签，越来越多不同年龄层的孩子被诊断得了注意力缺陷障碍或其他疾病。许多症状是器质性的，有些症状却是由教养方式所引起的，这种教养方式基于对未来的恐惧，而不相信当前的时刻。

排行榜无处不在

许多家长都被"由孩子的表现衡量孩子的价值"这个观念迷惑。处在排行榜领头羊位置的孩子被认为是好的家庭教养的结果。随着孩子长大，力争上游的压力愈演愈烈。单单看纽约有多少所"天才少年"学校就知道了。

到了中学阶段，许多家长都希望孩子在课外获得认可，并获得申请奖学金的机会，因此他们致力于把孩子塑造成为体育、艺术、象棋和辩论的优等生。这好比把孩子当成了一匹押了宝的赛马。你正在把孩子与他们未来的赚钱机会画等号。

我前面分享过我女儿想学跳舞时遇到的情况。人们对她年龄的反应并没有抑制她跳舞的欲望。但在很多情况下，当我们把本应令人愉快的事情变成一件严肃的事情时，就会发生这种情况。我想起了我曾有一名 14 岁的小客户想参加学校的网球俱乐部。他是在观看了一场职业赛之后，就爱上了这项运动的。他希望可以精进技艺，和队友一起比赛。但当他申请加入俱乐部时，却被告知他不够资格，因为他的水平只是个入门级。他的妈妈非常生气，质问教练说："你说他不够资格，是什么意思？这是一个兴趣俱乐部，还是温布尔登网球赛的选拔赛？"

教练怯生生地解释说，为了能加入俱乐部，学生们都已经打了至少三到四年的网球。"他根本跟不上的，"他跟这位妈妈解释说，"这里的孩子从八九岁就开始打比赛了。"从此之后，这孩子就不再想学网球了。他放弃了这个念头，拒绝再次尝试，哪怕他妈妈让他从集体班开始学起。看着儿子对网球的热情一点点地消失，她茫然若失。

在其他任何领域，力争上游的压力都没有学术领域表现得更强烈。这种压力通常会带来不良后果。我认识一位名叫斯黛拉的 17 岁的孩子，可以说是我认识的最聪明的孩子之一，但她多年来却一直被严重的胃酸倒流所困扰。最近，她的胃病恶化成了溃疡和肿瘤。医生明确告诉她，她的疾病与压力紧密相关。她对自己的学业成绩要求如此之高，以至于即使得了 98 分，她都会失望。这对她的身体健康造成了即时的危害。一直以来习惯了被当作明星学生，她无法忍受"最聪明""最优秀"以外的定位所带来的焦虑。事实上，如果她不能做到完美，她就认为自己是个失败者。看见了吗？力争上游到最后对她来说完全没有了意义，为了对付压力她已经把自己的精神搞垮了。

由于斯黛拉是班上的尖子生，几乎每次考试都名列前茅，大家自然而然地把她的成功当作理所当然，而且认为她的父母能有这样一个勤奋的女儿真是幸运。但有一天，斯黛拉向我吐露的心声，却是很多人都想不到的："你以为考试拿 100 分对我来说很容易吗？当我看到试卷上的 100 分，我内心在呻吟，我恨死它了。我根本享受不了拿好成绩的事实，因为它马上给我带来了下次也要同样考得这么好的压力。”

她的父母已经开始担心她的健康，对此她说：“当然他们现在开始担心了。他们知道自己应该负部分的责任。是他们从我还是个孩子的时候就开始催促我要变得优秀。只是当时他们还没有意识到，我会走到这个极端。”

斯黛拉就像千千万万其他的孩子一样，以为他们的全部价值就是建立在考试分数、是否有大学录取，以及哪所大学愿意录取他们之上。当事与愿违时，他们崩溃了。这是多么悲哀的事情，我们的孩子只会用肤浅的自我认知来定义自己，而没有认识到他们不需要借助任何外在的身份，因为他们原本已经是独一无二的。

“开发潜能”是把双刃剑

潜力，这个词好比一把双刃剑。它听起来好像是“充满了潜力”，但如果不明白它背后隐藏的含义，使用起来就会变得很危险。对于许多人来说，潜力意味着“你现在一文不值”。

当我们告诉孩子他们还没有释放他们的潜力时，我们是在告诉他们，眼前的你，不仅不是你能够成为的人，而且仿佛更尖锐地说：这不是你“应该”成为的人。再一次，我们没有把焦点放在此时此地孩子所展现出来的珍贵和美好，而是把焦点放在了未来的虚空中，专注于“我们认为他们应该成为什么人”的想法，而这种想法不过是建立在我们自己的幻想之上。

我反复强调过，只要愿意的话，每个人都有能力提高自己，但这与拥有某种“潜力”的概念是不同的。这种“潜力”只会让孩子毁掉父母脑海中对孩子的美好想象，当父母只看重孩子的潜力时，孩子当下自然的本性便会被低估。孩子此时此刻的真实模样被否定得体无完肤，父母只觉得那个想象中的、未来的孩子才是重要的。

尝试一下把这个情景代入你的生活中吧。想象你在为一群朋友准备晚餐。

潜力，这个词好比一把双刃剑。它听起来好像是“充满了潜力”，如果不明白它背后的隐藏含义，使用起来会变得很危险。

你精心设计了菜单，用心准备了好食材。大部分朋友都滔滔不绝地称赞着你做的菜有多好吃——除了一位，他的反应有点沉默。你想知道怎么了。难道她不喜欢你做的菜？最后，这位客人冲口而出："看得出来你很努力做了一桌好菜。但老实说，我觉得你还没发挥出你的潜力。"你会有什么感觉呢？觉得很受鼓舞要再次下厨？高兴得拥抱这位朋友？不会，你只会觉得不开心，在下次邀请她来之前，你一定会反复思量。

我曾经上过《奥普拉的生活课堂》（*Oprah's Lifeclass*）节目，我在节目上的分享感动了许多观众，因此收到了很多来信。我在节目上谈了我确定自己回家后会重新看一遍这个节目，并且几乎可以肯定我一定会自责在节目上没有表达得更好。我会批评自己的表现不够好，没有把自己的潜力全部释放出来。然而，我还接着说，毫无疑问，在录节目时，我已经按着当时的状态表现出了最好的一面。因为我知道自己已经尽了最大努力，所以我可以反击自己内心那个批评的声音，只要时机合适，这个声音一定会表达出来。

我几乎可以听到你在抗议："好吧，如果你真的没有做好准备呢？如果你没有尽全力呢？你会有什么反应？"

虽然觉醒的方法也会回顾过去，但它更多指向的是当下的体验。因此，它不允许我们沉浸在过去犯下的过失所带来的羞耻感或负罪感里。我们反而要更专注于现在，并勇于自问："做准备时我碰到了什么内心障碍？我该如何为没有尽力而承担责任呢？在此刻我能做什么来改变命运？"

像这样的自省时刻可以让我们察觉到自己行为背后的动机，帮助我们了解自身的欲求，判断在何时应付诸行动将其实现，或者是否在无意识中被欲望所伤。换句话说，我们必须承认，我们是有选择的。既可以选择为发生过的事情闷闷不乐，也可以选择从现在开始换一种方式行事。这样与自己面对面，我们可以自我宣告："我已经从过去的经历中学到了经验。我缺乏努力是在过去，这是现在。我目前可以做什么来保持这一份觉悟呢？"从这样的角度来看的话，没有真正的失败，有的只是进步的机遇。

我们每个人不仅渴望被认可，还希望自己可以因为当下的样子而受到尊重。当我们感觉到自己本来真实的模样，因为经常与一些外部标准——比如他人概念中我们的“潜力”——进行比较，而没有被看见、被听到时，我们便会感到沮丧。如果情况持续下去，沮丧就会变成怨恨。如果我们看不到孩子的真我，孩子便会倍感伤害和受到贬低。因此，我们必须要自我检视有没有把自己的期望强加在孩子身上，导致他们当下无法好好做自己，而被迫要成为与他们的本性相违的“别人”。

“没有潜质”的孩子

你知道你的孩子对于生活各个方面的真实感受吗？你确定吗？事实是，许多家长不知道。

就拿9岁的马科斯为例吧。他有抓自己皮肤的毛病，于是他的父母把他带过来向我咨询。他们把儿子描述成一个不幸无法实现“潜能”的天才儿童。

马科斯有什么感觉呢？他这样描述自己的生活：“天赋成了我的诅咒。每个人都不断跟我说，我是神童，但我根本不明白那是什么意思。我讨厌当神童。我总觉得自己不够好。每个人都觉得我可以做得更好，因为我是神童，但我根本不知道怎么做。我的生活糟糕极了。”

不仅马科斯一个人抵触他的天赋，他的父母也因此深深被困扰，因为他的老师不断向家里打报告，投诉“马科斯今天没有努力学习”，或者是“我们知道马科斯可以做得更好”。换言之，家长被迫认为他们自己也没有发挥为人父母的潜能，因为他们没有更好地激励儿子。

之前提到的斯黛拉的父母也是一样，无数的家庭正在经历类似的遭遇。父母觉得自己需要使孩子“拔尖”，如果不逼孩子努力，自己就会有负罪感——这都是源于我们深层的由恐惧驱动的理念，就是我们必须让孩子实现他们所谓的“潜能”。

实现个人潜能，这个观念需要被重新定义。我们应该将“潜能”这个词拆分理解，找到它的源头本义，而不是将其理解为孩子未来将成为什么样的人。这个词里的“能”是核心。潜能的效力不是与未来有关，而是我们孩子今天已经拥有的能力，这些能力可以帮助他们营造一个更好的明天。孩子日后发展出来的能力都是建基于孩子身上已有的那些富足充盈的品质，而不是我们试图灌输给他们的东西。查找一下“潜力”这个词，它的同义词包括“活力”“能力”“能量”“力量”和“活力”。这些词都代表了孩子此时此刻已经充分拥有的品质。因此我们想发掘孩子的潜能，就需要关注此时、此地的他们内在的这些力量，而不是一厢情愿地认为他们有一天可能“成为”什么人。

如何活在当下，年轻的孩子们才是大师。尤其在人生最初的几年里，也许是语言能力的局限，他们可以全身心地沉浸在现实环境中。他们活在当下的能力，是不管“过去怎样”和“未来会怎样”的，他们更加无视那可怕的“如果怎样”——这对我们而言是一个尖锐的提醒，告诉我们如何找到并生活在自己真实存在的时间区域里。

当我们把潜力的定义，从“关于未来”转移到认可“此时此刻孩子身上已有的品质”上时，我们会看到每个儿童既是神童，也是平凡人。也许我们对“平凡人、普通人”会有本能的抵触反应，因为这些词唤起了我们内心深处的不适感。西方文化特别希望每个孩子感到自己是“特别的”，这与东方文化不同，后者认为标新立异是罪过。然而，我们需要认识到这两种极端对孩子而言都是危险的。因为，这两者都是源自于“自我”，没有关注到孩子本真的个性。

我们的孩子身上都拥有不止一种品质，只是他们能力的表现形式不断变化，既有天赋异禀的时刻，也有平庸如常的时刻。正因如此，他们需要自由地表达自我，而不是被取悦我们的压力所拖累。我告诉家长们：“的确，在你眼中，你的孩子是独特的，需要得到你特殊的对待，但在这个世界上，你的孩子需要像其他人一样被对待。”

当自己的孩子没有受到红毯般的待遇时，许多家长会觉得气愤，但我总是对他们说：“你的孩子当平凡人也很好，是你自身的匮乏感需要孩子被贴上高人一等的标签——他们其实不需要，是你的‘自我’需要。”

当我们拥抱当下，感受它的无限可能和充沛的活力时，我们不需要再急于展望未来。当我们放下要创造一个“未来版本”的孩子的执念时，我们可以与他们一起沉浸在当下的喜悦中。想象一下，当孩子感受到父母认为他们很好，而不是在哪方面有所欠缺时，他们会有什么感觉。

可惜的是，这样看待孩子的方式，并不是世界看待孩子的方式。觉醒式教养要求父母拿出不平凡的勇气以及毅力，来面对家人、朋友、文化的反对，因为我们常常会用那些难无法达到的外部标准来衡量和比较自己。

有家长向我抱怨说："要当唯一一个不关注学习成绩、不催促孩子学习的家长，对我来说很难。"我就会告诉他们我完全理解那些压力。然后我解释说，要是他们想养育一个保持真我的孩子，就必须敢于与大众背道而驰。他们不应该按照社会规范来养育孩子，而应该调整自己来适应孩子独一无二的个性，只有这样做，我们才能找到所有问题的答案。

从不同角度看事情

我爱用 5 根手指来思考教养的优先顺序，每根手指代表孩子成长的重要方面。我把孩子的外在成就，例如学习成绩、体育成就等看成是小拇指，其他 4 根手指分别代表不同的关系——首先是与自己的关系，然后是与家人的关系，再是与社区的关系，最后才是与各种目标的关系。可悲的是，我们在小拇指上花了太多时间，以为它代表了孩子的整个人生，却忽略了其他手指所扮演的重要角色。

正是明白了这一点，我在女儿 6 岁前，没有让她投身在任何结构单一的活动中。我的朋友都警告我，说她会落后于别人。我知道他们说的有道理。我回答说，玛雅也许会落后于那个每个人都热衷见到自己的孩子成为明星的世界，但现在正是让她的情感力量发展的时候，这能够使她享受一个有意义的人生。我解释道："在我为女儿报名参加一系列活动之前，我的孩子首先要认识到她自己是谁，而不是我期望她成为什么人。我会耐心等待，直到她培养起自我认知，再根据她的需要来确定方向。"

我的方法，和我在从纽约飞往加利福尼亚的飞机上遇到的一个家庭的方法截然不同。飞机上坐在我旁边一男一女有一个十分可爱的 6 个月大的男宝宝。从聊天中我得知，他们俩的职业都是警察，他们是在工作中认识的。那位爸爸告诉我："天哪，我完全没想到养育孩子需要做那么多事情！我习惯了任何事情都在我掌握之中，要调整过来还真不容易。”

“孩子长大了事情更多，现在还算简单。”我回答。

“现在就交给我太太管，”他说，“她跟小孩子比较亲，她喜欢干这个。我在等孩子长大，这样我就可以和他做我喜欢的事情。”

“具体是什么？”我问。

“打棒球啊，”他理所当然地说，“我和我弟弟每个周末都一起打棒球，我迫不及待地想和我的儿子一起打棒球啦。”

“我希望他喜欢棒球。但要是他不喜欢呢？”我问。

他哑口无言地看着我，仿佛他从来没有考虑过这样一个荒谬的想法。

“这种情况确实有可能发生，不能就因为他是男孩子，就意味着他一定会喜欢运动。”

“我的儿子？啊，那永远不会发生。在我们家，几代人都喜欢运动。棒球存在在他的基因里。”

我看着这个小男孩自在地躺在爸爸的大腿上，全然不知道他的命运已经被决定好了。还不到半岁大，他已经被爸爸定义为体育健将——一名棒球手——毫无疑问，他会希望取悦他的父亲，如果不能，他会很失望。

如果我们能退一步，等孩子的内在个性慢慢展现，我们给予孩子的就是珍贵得无法估量的、发展自我的礼物。他们能够接受真实的自己，并从自我认同中找到自信，也会为自己的生命做主。他们的内心会为他们指引方向，使他们能够应对任何情境，因此他们享有自主的选择权。

在亲子关系辅导里一个最常见，也被认为最重要的话题是“纪律训练”。传统的育儿方法支持各种管教孩子行为的技巧和策略。当然，重点是通过不断推动孩子使他们到达一个特定的地方。我们通常不是支持孩子挖掘他们的自控能力，而是对孩子奖罚俱用、恩威并施，深信恐惧或诱惑最终能使孩子学会分辨对错。在我的另一本书《父母的觉醒 2》里，我阐明了纪律是如何成为控制孩子的另一种手段的。这样做，已经背离了原本想通过明智的引导来教育孩子的初衷。

我们需要把孩子的注意力转向内在，帮助他们调整自己的情绪及动机，而不是寻求下一步的纪律干预。随着他们与自己的内心一起成长起来，他们开始对他们的选择拥有更大的所有权。当他们拥有自己的选择时，会产生涟漪效应。由于我们为他们的自我抉择铺平了道路，在合理的范围内，孩子的自主性会自然而然地发展起来。这种从外部控制到内部控制的转变，让他们可以通过自己的选择来思考，而不是被我们强迫服从。

当孩子把我们看作他们坚定的支持者时，他们会以一种健康的方式依靠我们，把我们视作亲近的家人，有时还会找我们出谋献策。这样既增强了彼此之间的联系，又增加了他们的自信和自我价值感。涟漪效应还会向外扩大，自我认同会提高孩子们的创造力、积极性、自信心。所有这些正面效应都来自家长的一个决定——抛弃我们设想的孩子的形象，让孩子探索真正的自我。

争当领头羊的观念宣称，被别人定义为更好、更有成就，会使我们获得成功和快乐——其实不会。它既不能带来热爱，也不能带来安全感。相反，它会把一个知道如何去爱惜自己的人所享有的、与生俱来的自信心消除殆尽，使他严重丧失自我。

新的争先宣言

我敢于：

- 重新定义成功，少以成绩来衡量，多用精神来衡量。
- 让我的孩子掌控自己的生活，引领自己的兴趣和动力。
- 让孩子享受童年，尽可能少占用他们的时间和空间。
- 让孩子享有有趣及自发的兴趣爱好，而不把它们变成竞争性的活动。
- 告诉孩子他们唯一需要遵循的是来自他们内心的呼唤。
- 允许我的孩子当一个平凡人。

第6章

迷思之三：孩子有好坏之分

受到童话故事和文化传统的影响，我们常把孩子分为“好”孩子和“坏”孩子。当我在世界各地举办研讨会时，常常请家长为这样的词下定义，他们总会不约而同地列出相似的清单。

社会认为“好”孩子就是那些不爱惹是生非的，最好是有礼貌、懂得自我控制的孩子。好孩子是那些听话、好学，能够安静坐着、注意力集中的孩子。换句话说，当我们仔细看时，可以发现，好孩子的“好”，是以他们的行为有多么配合我们的生活来衡量的。同样，被贴上“温和”标签的孩子是因为他们使我们的生活很容易。那些“顺应主流”的孩子受到称赞，是因为他们遵循的是我们的规矩。我们很自然地发现，顺从的孩子更容易相处。这就是为什么我们常常不自觉地被那些不去挑战我们的做事方式或根深蒂固的信念的孩子所吸引。我们爱“好”孩子，因为他们使我们感觉一切都在掌握之中。由于他们不会迫使我们面对不愉快的事情，我们总是用更优厚的待遇来奖励他们。

与“好”孩子相反，那些我们眼中的“坏”孩子，是过分好动，容易分神，爱吵闹，爱顶嘴的。这样的孩子常常不听话，把事情弄得很糟糕。不“听话”、爱打闹，或者态度“不恭敬”的孩子会受到惩罚。暴力行为总是不对的，家长们必须马上处理它。然而，家长们越是想扑灭这些行为，越是会用极端的手段，最终导致孩子怨恨情绪增长，愈发闹事。显然，家长们常常反应过激，是由于孩子的行为没有尊重他们的安排，扰乱了他们的秩序感。

孩子才一岁的时候，家长就期望他们“行为得体”。到了两岁的时候，甚至是“两岁”这一事实也被视为一个问题，因此我们称这个年龄为“可怕的两岁”。幼小的孩子会被引导着感到，他们的正常成长——有时表现为抗拒、发脾气，甚至公然反抗——是一种麻烦，因此感到羞愧。

无论是“好”还是“坏”，都是我们用来描述孩子行为的典型标签，但这还不是我们给他们贴标签的唯一方式。因为我们的“自我”总是给世事归类，我们心中有很多标签，一部分是基于孩子的行为，但更大一部分是基于孩子给我们带来了什么感觉。诸如“懒惰”“乖巧”或“害羞”这些标签，其实会给还没有形成牢固的自我认知的孩子带来沉重的负担。

毫无疑问，我们每个人都会记得在孩提时代被贴过的标签——就好像套在我们脖子上的一根绳索，多年后还会令我们因羞耻而喘不过气来。我的一位成年客户艾连娜透露，她至今仍依然记得小时候被妈妈的朋友喊过“猪小姐”。她至今依然无法摆脱当时感到的羞耻。可悲的是，我们总是对负面的标签念念不忘，而往往把正面的赞美和鼓励抛诸脑后。这是因为我们在很小的时候，内在的自我价值感就已经被削弱了，导致羞耻感会立刻让我们感到熟悉，我们的心不假思索地就吸收了。假如我们的父母是觉醒的，羞耻感便完全没有机会在我们的情感中找到立足之地。当有人对我们说出羞辱的言论时，我们能够轻易地将它们从意识中抛弃，因为我们不会对它们产生熟悉的感觉。

就在几天前，我女儿玛雅告诉我，每天上学她都会被学校里的女生取笑，因为她穿的是瑜伽裤，不是最近流行的品牌。她是这样回应她们的:“我才不管你们怎么看我。我喜欢瑜伽裤。”假如她对自己的外貌和时尚感有一丝的不安，其他女生的话就会刺进她的心里，使她为自己感到羞耻。然而，她能够看清朋友的评论只不过是她们自己的观点，与她需要如何着装完全无关。这就是为什么拥有一个坚实的内心基础是避开他人的无意识投射的关键。

由于我们大部分人都在羞耻感和缺乏安全感的氛围中成长，来自他人的标签和评语会对我们产生巨大影响。社会给一个孩子贴上什么标签，不仅影响孩子，还严重地影响他的父母。例如，如果一个孩子被老师贴上了“不合作”的标签，老师向家长投诉，要求家长管教好孩子，家长就会感受到压力，觉得真的要修理孩子，甚至会把孩子带去治疗。

杰米还记得，当儿子的老师告诉她，除非把儿子带去进行药物和行为治疗，否则她的儿子将会一事无成，那时她感到多么的崩溃。她为儿子的前途深感忧虑，责怪自己是个无能的母亲。当她带着 12 岁的儿子亚当来接受治疗时，我却看到了一副完全不同的景象。作为一个阳光、充满活力的男孩，亚当需要运动和锻炼。他承认自己实在无法坐得住，但他坚定地为自己辩护说："我已经拿到足够好、爸爸妈妈也满意的分数。我加入了两个运动队。只是要我坐得很久，我就感觉很无聊。难道这也是罪过吗？"

亚当的愤怒是合理的。老师长期训斥他过分活泼好动使他无法忍受，他甚至想过以后在家里上学算了。"这不公平。我比我大部分朋友都学得好，但就因为我上课无法集中注意力或者在书本上涂鸦，陷入麻烦的总是我。"亚当与许多男孩子一样，对老师蛮横地加诸他们身上的标签十分反感，却无力为自己辩护。他们渴望大人尊重他们原本的样子，而不是给他们贴上负面的标签。

当孩子们缺乏某种技能，需要帮助来获得这些技能时，任何人都不能想当然地认为凭一个简单的标签就可以定义孩子的性情，尤其当这个标签带有"好"或"坏"的色彩时。万一孩子的老师们陷入了这种不觉醒的思维，我们应该承担起倡议者的角色。这样做难免使我们重新拾起学生时代在学校里曾经历过的窘迫感。被叫到校长办公室里，每个孩子都会紧张，担心被批评，我们也会有同样的感受，这种感受会使我们却步，而没有勇气和孩子的老师坦率地沟通交流。

当杰米开始意识到自己内心的不安时，她才清楚地看到为什么自己会那么在意老师的评语。她开始慢慢从内心的脆弱中解脱出来，逐渐能够教导儿子不要用周围文化强加的标签来定义自己。亚当本来就在尝试这样做，因此他很快做出反应，表现出了自信。接受自己与别人不同，而这种"不同"并不代表一种局限。杰米慢慢引导儿子把他的活力用到合适的地方去，他的好动不再是一种羞耻，而是值得庆祝的恩赐。

得到社会尤其是孩子老师的认可，这种愿望使每位家长都饱受折磨。当我们的孩子得到差评时，我们也会感觉自己被中伤。我们可能为自己的育儿技巧感到羞愧，或是为孩子达不到标准而生气。无论是哪一种感觉，外部的压力都

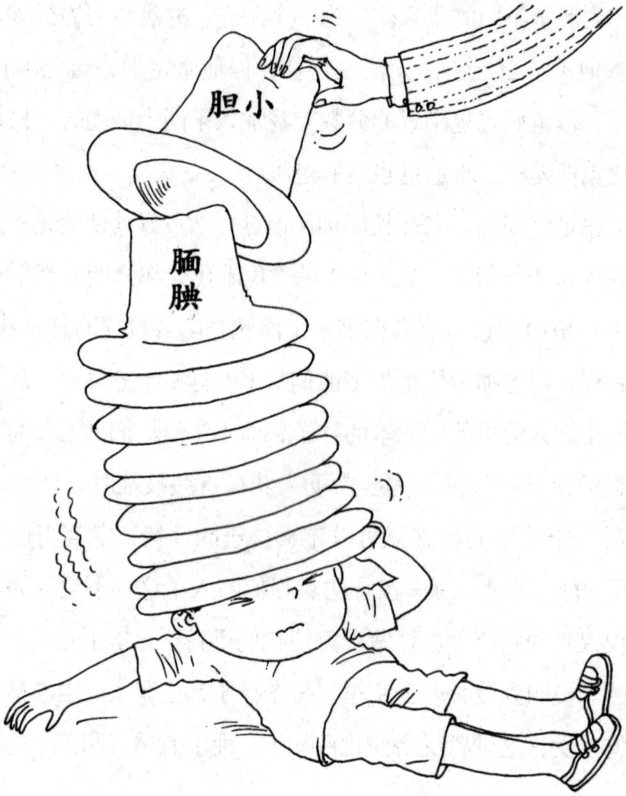

毫无疑问，我们每个人都会记得在孩提时代被贴过的标签——就好像套在我们脖子上的一根绳索，多年后还会令我们因羞耻而喘不过气来。

破坏了我们与孩子真实的自我交流的能力，阻止了我们帮助孩子发展他们成长为真实的自己所需要的技能。

是叛逆，还是自卫？

任性、固执和叛逆的孩子，会挑战我们，让我们重新评估自己的信念。当然，给孩子贴上标签，比怀疑我们的想法容易得多。当孩子让我们面对自己时，我们总会惩罚孩子去面壁或静坐思过。

但讽刺的是，许多孩子事实上并没有那么任性或者叛逆，只是因为他们的精神力量强大到与我们的个性发生了冲突。许多时候，问题在于，是我们不愿意在正当的挑战前让步，因为我们大多数时候都被困在我们的“自我”里。加上我们的文化在亲子关系中把权力赋予了假定为全知的父母一方，孩子只好成了被贴标签和被惩罚的一方。

米卡是一名个性很强烈的 13 岁女生，她总是因为“太吵闹”或“太叛逆”而受到管教。父母越是惩罚她，越想镇压她的张扬个性，她的抵抗越是升级。他们带她来治疗，是因为他们的家庭生活已经到了出现危机的程度。在学校里，米卡和一群行为不良的青少年交往，过早地经历了一些超出她的情绪发展范围的行为。

经过几个月与这个家庭的相处，我越来越清楚米卡只是一个对现实感到失望、情绪得不到安抚的孩子。她的父母关于“对”和“错”的行为都有着严格的规定。这套规定在他们的小儿子约翰身上发挥了作用，因此他们以为这套方法是正确的，对谁都适用。结果是，米卡发现自己不像弟弟那样守规矩时而总会受到警告。她的父母没有意识到，他们的规矩在子女身上产生如此大的不同，是因为约翰本性胆小，非常听话，又或者是因为见到父母这样对待姐姐，约翰不敢不学乖。

当米卡的父母开始明白，女儿只是需要被聆听和被认同，他们改变了方法。他们首先修正了对女儿行为的理解。他们不再把女儿看作是叛逆少女，而是意识到，女儿不过在保护自己。仅仅是这一角度上的小小转变，便使得这对父母可以用一种全新方式和女儿相处。现在，他们不再把所有责怪都归咎于女儿，而是会自问："为什么我的女儿需要这样保护自己？我们可以怎样去帮助她？"他们开始检视父母的角色，慢慢地，女儿从"叛逆少女"的负担中解脱了出来。

从另一个角度看待米卡的行为，使她的父母能够重新定义她的行为。面对女儿的踩界行为，父母不是惩罚她，而是把它解读为女儿对自主的渴望。于是，父母渐渐认识到她对独立自主的需求，而不再以"不许那样做！""你必须马上停止你的坏行为！"这样的警告来回应她。他们会说："我们看出来了，你被我们的规矩压得喘不过气来。我们坐下好好聊聊吧，一起找出大家都认同的地方。我们不希望你感觉到被父母控制了，就像我们不希望让自己觉得无法发自内心地说话一样。"米卡见到父母变得开明，认同了自己想自立的愿望，也逐渐放下防备，对父母敞开心扉。

随着父母的规矩减少，米卡的反抗也减少了。当父母后退时，米卡开始向前靠近。我通常把这种互动比作跳舞，就像一位舞伴在领舞，另一位在配合。领舞者不一定是跳得更好的那一位，只是在那个时刻需要担当领舞的角色。要跳好这支舞，需要两位舞者的合作，但双方不能同时领舞。当一位舞者明确地在领舞的时候，另一位必须懂得退让。

当父母看到孩子想担当领舞者的角色时，他们应该留心退让，稍微放手一点。这不意味着要他们过分宠溺孩子，而是让他们意识到相对于解决问题，他们的能量更多的是制造混乱。与孩子的能量正面冲突只会加速情况的恶化。

米卡的父母惊讶地发现，他们的能量上的微小变化，给他们与米卡的关系带来了巨大的变化。父母越是给女儿机会表达自己的声音，越多地认同女儿的感受，女儿越不需要通过危险的方式来表达自己。令这对父母大开眼界的是，当女儿"不听话"时，并不意味着她是"坏"孩子，实际上是因为她格外头脑清晰、个性强大。父母教养方式的改变使得整个家庭重新焕发了活力，亲子之间相处越来越和谐。

孩子来到我们的生命里，我们总期望看到他们按部就班地成长。如果孩子的个性允许自己这样成长，我们会感到欣慰，并为自己的教养方法感到自豪。

然而，许多孩子的个性不允许他们遵循我们喜欢的方式成长。有着这种个性的孩子有一股内在的动力促使着他们为自己发声，为自己的人生掌舵。父母常常对这样的孩子缺乏准备。带着“坏孩子”的标签成长，这些孩子长大后以为自己是问题所在。这会给这些年轻人带来无谓的羞耻感和不安全感。

那些挑战界限、破坏规矩、制造混乱的孩子，常常会感到自己被忽视以及愿望得不到满足。父母要训练自己，把这些行为解读为孩子希望与外界建立更加深层的联系的呼唤，这样才可以放下纪律检查员的角色，从而成为孩子的支持者。

双重标准

当我们把孩子的行为作为衡量“好”或“坏”的标准时，我们对他们造成了巨大的伤害。试想一下，朋友因为你忘记了他们的生日而指责你太粗心或对他们太刻薄，或者是你的伴侣认为你“很差”或“很邋遢”，而你只不过是因为太累，在洗碗前小睡了一会儿而已。

事实是，在行为上，我们对孩子的期望，要比我们对自己、对配偶或对朋友的要求还要高。这不就是双重标准吗！孩子摔了一跤，我们有些人会马上责备他们，有时还会用最不礼貌的方式给他们贴上标签。孩子没有听我们的话，我们就开骂。孩子忘记带午餐盒，忘记做作业，或是把请假条给丢了，我们的反应就犹如世界末日来临。我们忘记了自己也总忘记带钥匙，没有回复别人的电话，或者未在截止日期前把事情做好。

这种双重标准对我们的孩子有巨大的影响。如果我们对自己诚实，我们就会认识到我们也总是在犯错、做错误的决定。然而当我们未成年的孩子们犯错的时候，我们会觉得他们的行为很过分。如果我们未及时付账单，忘了还信用卡，或者被开超速罚单，我们会为自己找合理的解释：那是因为我们压力太大了。但如果孩子晚交作业，考试没好好复习，或者被罚留堂，我们就很恐慌。现实是，我们害怕如果他们不能达到所有“好”的标准，就会在生活中失败。我们想象，要是他们能做到力所能及的“好”标准，他们就能实现最好的自己。所有这一切，都只是我们的恐惧抬起它那丑陋的头，驱使我们不理智，而且极端不公平地对待孩子。

无论我们面对的问题是什么，身为父母，我们都得好好问自己："我该怎么改善家里的条件，来帮助女儿更加集中精力呢？"或者："我该如何在日常生活中体现出更多的平静，令我的儿子学会专注呢？"这些才是真正值得研究的问题。它们的答案拥有完全改变亲子关系的力量。

随着我们的觉醒程度越来越高，我们看到了远离那些"好"和"坏"的标签的重要性，而不是关注顺从和服从，以及孩子让我们看起来如何或是感觉如何。我们开始关注这些事，比如：

- 我的孩子是否能够自由表达自己？
- 我的孩子有没有聆听他们内心的声音？
- 我的孩子有没有关注自己的需求，而且想办法去实现这些需求？
- 我的孩子是否敢于犯错，而且找到改正错误的方法？
- 我的孩子是否可以不害羞、不害怕地说出真话？
- 我的孩子是否能不受我或其他人的干涉，去追求自己的内心？

当我们把关注点从孩子的外在表现转移到提升真正的自我表达时，责骂和告诫便会消失，取而代之的是与孩子内心的意义非凡的联系。我们不再关注如何修正孩子的行为，而是能认识行为背后的感受，确信只要情感得到认识和表达，行为会自动改善。

换言之，当我们真正放下"好"与"坏"的二元标准，放下这些标签所制造出的恐惧，我们才能拥抱与孩子当下相处的美丽时刻，与孩子建立真正的联系。

从“好”走向真

我不会:

- 痴迷于从众、完美的行为和外表——而是鼓励我的孩子真诚。
- 赞扬顺从——而是赞扬保持真实自我的勇气。
- 要求孩子顺服——而是鼓励他们表达自己。
- 根据孩子的表现来定义她的未来——而是基于她内心的力量来定义。

第7章

迷思之四：好家长是天生的

也许为人父母与我们的生物性相关联，我们相信它是一种自然现象。成为父母被看作是人生经历的一部分，人们没有过多地去考虑它的长期后果。然而，如果我们把所有的微小事件连接起来，看看不觉醒的教养方式给自己的家庭和社会带来了多具毁灭性的影响，我们就会意识到，“我们天生就能当好父母”这种想法是多么的幼稚。

我经常不理解，为什么不强制性要求所有的家长参加育儿课程。毕竟，我们结婚需要领证，开车需要通过考试，成为一名理发师需要接受培训，找工作需要面试。凭什么当父母就什么都不用，只需要两名成年人同意进行亲密行为就可以？

为人父母可以说是我们生命中最要求关注当下，最要求脚踏实地，并且最考验情绪控制的任务。这些技能，与其他的技能一样，都是可以学习的，但要融入我们日常的长期的行为中，就需要我们实现一定程度的觉醒。

举个例子，对孩子大吼大叫。每个家长都知道他们不应该对孩子吼叫。尽管如此，所有的家长有时也难免触犯并感到惭愧。为什么？因为了解某件事与把它融入生活是非常不同的。前者需要知识，而后者需要智慧和时间。为人父母，一方面需要方法和策略方面的专业知识，另一方面需要一定程度的成熟的情绪，才能有效而强有力地去执行这些方法和策略。简而言之，为人父母需要一生致力于每时每刻的改变和成长。

也许是因为为人父母通常和我们与配偶或伴侣的关系有关，人们把它看作私密的事情，因此不列入常规控制的范围。也许又因为生儿育女的经验已经传承了许多世代，我们以为自己自然而然地就会懂。然而，认为父母本能地知道要说什么，以及在任何特定的时刻都知道怎样看待自己的孩子，这是一种误解。同样错误的是，将养育子女想象成一件简单、有趣和充满回报的事。做父母的经历的确包括这些方面，但我相信，我们文化里这种广为流传的观点给家长们带来了巨大的压力。

从为人父母的幻想中回到现实

妈妈们尤其会把“成为母亲”这件事浪漫化。我们想象着哺育婴儿的美好时光，或是花好几个小时与我们蹒跚学步的孩子一起涂鸦出一幅杰作。当孩子再大一点时，我们愉快平静地想象他们过山车式的情绪和起伏的荷尔蒙变化。而爸爸们，也爱幻想他们能教给孩子的所有事情，期盼着孩子长大后令他们感到骄傲的那一天——正如我们之前提到的那位确信他的儿子愿意打棒球的爸爸一样。

许多人不仅将生儿育女想象成为生命中最美好的经历，甚至还会把它当作修正自己过去的错误或失望的机遇。我们没有意识到，在现实生活中，抚养孩子是一项艰巨的任务。父母们每天要做各种决定——这些决定常常使我们感到困惑，甚至不知所措。我家刚学走路的小孩手上的伤痕是淤青还是骨折呢？我家青春期的孩子拒绝参加足球训练，是说明她需要别人来推动，还是源自她内心深层的想法，意味着她应该退出？

你也许在怀疑：“我还有没有可能像我承诺的那样爱我的孩子？”尤其是当我们的孩子和我们的想象完全不一样时，这种怀疑的心情更加深刻。万一我们不知道如何跟孩子沟通，或者完全不能理解他们呢？万一孩子的个性和我的性格冲突呢？万一孩子跟我小时候完全不一样呢？其实父母与子女之间，并不一定天生就会彼此相像，更不用说彼此喜欢了。基因没有携带这个保证。

当现实与幻想的鸿沟越来越大，我们会觉得仿佛整个世界都在崩塌。当我们在育儿的道路上遇到各种各样的困难，意识到自己对其中的曲折毫无准备

事实是，为人父母不是一种天生的技能。

我们不是自动自发就知道如何去做父母的。

时，我们犹如被驱逐到了无人之境。为什么没有人提前警告我们呢？为什么没有人告诉我们，育儿的漫长旅程，不仅要求我们有超人的体力——开始头几年都睡不上好觉，还要求我们有佛陀般的高超智慧呢？我们震惊于为了迎接这个挑战必须做出如此大的改变，这可能让我们感觉受到了欺骗。随着我们的幻想一个接一个破灭，我们的“自我”便一次次地跑出来作怪。

我依然记得在为人父母之前，自己曾经编织过何等巨大的幻想。我眼中的自己犹如圣母，被置于至高无上的地位，我的孩子就是一个全面的天才。我幻想中的孩子迫切地拉着我穿过卢浮宫，哀求着要看更多的名画。当然，他们还会喜欢冥想和做瑜伽，经常吵嚷着要我指导他们灵修。

当我真正成了一名母亲，意识到这些幻想都不会成真时，我才意识到自己对这次旅程的准备是多么的不足。我只预备好做我幻想中的那个妈妈，却不知道如何做我眼前这个孩子的妈妈。

我多么希望有人来告诉我，当父母的头几年是一个复杂的学习过程，我注定要经历巨大的心理、生理和财政压力。当时我以为我是唯一一个有这种感觉的人。随之而来的羞耻感在我的内心不断翻腾，使我变得不合群，把经历隐藏起来。我归咎于自己不适合当母亲，不适合走上这段艰辛的育儿旅程。我完全不知道，我所经历的事情再正常不过，太普遍了。

妈妈们喜爱把自己放进理想的泡沫中，因为她们太害怕被人看到自己的局限了，但这个泡沫最终必然破灭。是时候让我们来坦诚分享彼此的经历，好让下一代父母为这段旅程做好适当的准备。

事实是，为人父母不是一种天生的技能。我们不是自动自发就知道如何去做父母的。过去有个错误的观念，认为育儿与个人品德联系在一起——如果你是个好人，你就会是一个好家长。要是有那么简单就好了。成为一个好家长，与我们待人友善完全没有关系。教养子女是一种需要多年培养的技能。就如身体健康，需要我们每天关注饮食，持续自律进行锻炼。子女教养也一样，我们需要让准父母们意识到这份承诺之深远，这样他们才不会编织幻想，而是明白觉醒地教养子女需要艰苦的努力。

与其被告知为人父母是第二天性，还不如说那犹如到了外国，没人懂我们的语言，会更有帮助。我们不能理所当然地假定我们可以即时与孩子建立联系、感受到伟大的爱，而是需要知道：建立联系的基础和学习去爱都是需要时间的，过程也许很崎岖，会经历过山车般的情绪起伏，有时甚至会有肢体冲突。

我们的孩子来到这个世界不是为了取悦我们，大部分时间他们恰恰会做与之相反的事情，知道这一点会令准父母们受益。

当家里添了第二或第三个孩子，每位新生儿都需要父母不再用之前的方式来对待他们，因为在一个孩子身上起作用的方法，并不代表会对第二个孩子起作用。在我们的童年时奏效的方法，也不代表今天能同样起作用。我们只有接受子女教养中的“遗忘”和“再学习”，才能准备好做一个能让孩子发挥他们独特天性的家长。

从幻想走进现实

我会做出以下改变：

- 从相信自己天生就能当好家长，到明白大部分时间我会像个菜鸟。
- 从要求自己和孩子变得完美，到关注彼此的成长。
- 从希望为人父母是件容易和意料之中的事情，到接受它其实是件充满压力，使人筋疲力尽的事情。
- 从认定自己是个天生的百事通，到明白觉醒式教养的技能需要大量训练才能具备。

第8章

迷思之五：有爱就是好家长

我还记得我的奶奶曾经说过，我将会是一个好妈妈，因为我充满爱心。她使我确信热心与宽容都是当一个好家长的关键品质。因此，在我当上妈妈之前，每当我看到一名不听话的孩子，我都认为那一定是因为他们来自没有爱心的家庭。

经过多年在工作中接触无数家庭，之后自己也成为一名家长，如今我意识到，我过去的想法不仅单纯，而且被严重误导了。从那时开始，我重新修正了我对爱的理解以及对“关爱和奉献的家长”的定义。

爱，无疑是联结人的重要元素。除非过去的经历压抑了我们对孩子的自然感情，不然，爱最有可能成为我们与孩子之间联系的特征。尽管我们前面已经知道父母的爱并不是全然无私的，但却是没有边界的，这就是为什么孩子会唤醒我们内心强烈的忠诚感，我们甚至乐意为他们牺牲自己。

然而，尽管我们对孩子充满爱心，但在残酷的现实中，我们却常常对他们做出一些与爱相违背的行为。孩子常常感觉到我们无休止地在抱怨他们，纠正他们，对他们发脾气。后果就是，许多孩子活在害怕令我们失望的恐惧中，甚至惧怕我们。

让我们羞于承认的是，由于我们的恐惧驱使我们对孩子采取行动，这让孩子常常把我们当作爱的对立面，他们把我们当作头号惧怕的人，并最终发展成怨恨。正因为这个原因，他们经常向他人诉说父母给他们带来的感受，却从来不与我们分享他们的想法。我们想不通，为什么我们内心对孩子充满着爱，换来的却是孩子的疏远冷漠。

爱仅仅是个开端

几乎每个我认识的人都在某种程度上宣称自己是个有爱心的人，至少对他们的家人是如此。家人之间有时也会大打出手，对彼此撒谎，相互八卦，甚至诋毁对方——现实是，伴随着爱而来的还有压力与争吵，通常还会发展到极端的程度。

你有没有想过，为什么有时我们会憎恨那位我们称作“最爱”的人？虽然爱是一种欣赏的感情，它却会被“自我”的欲望所污染，从而滋生出恐惧，使我们的控制欲和占有欲蓬勃生长。这种爱的扭曲会不可避免地发生，是因为我们对所爱之人有依恋。我们对他们的依恋创造出一种共生关系，使我们不再基于他们本来的样子，而是基于他们让我们产生的感觉来与他们发生联系。

尤其是我们的孩子，我们对自身的感受，与他们对自我的感觉交织在一起。我们为他们担惊受怕，于是试图控制他们。然而，我们真正想控制的不过是我们自己的恐惧。我们无法让自己从孩子的人生中解脱出来，给他们制造了各种各样的投射，使我们没有能力将孩子培养成真正的自己。恐惧不断攻击我们，使我们为未来担忧，这不可避免地破坏了我们在此时此地与他们在一起的能力。

只要我们足够爱孩子，就可以为他们提供所需，这是另一个迷思。仅仅因为我们爱孩子，并不意味着我们知道如何在当下与他们相处，与他们的内心世界达到同样频率，或者有能力帮助他们认识真实的自我，当然更不代表我们知道如何驾驭自己的焦虑，控制自己的反应，或利用我们的理性和客观的一面来帮助孩子。

尽管我们是出于最单纯的目的，我们的爱却很容易变得不再是爱，取而代之的是强烈的恐惧，滋生出控制欲和占有欲。事实上，纯粹的爱很难找到。即使我们经历了这样的爱，也仅仅是有效养育孩子的开端而已。

孩子所需要的家长，不仅要有爱心，而且要体现出一种与他们相协调的存在方式。他们需要父母井井有条，对待他们始终如一，面对情绪爆发时能保持冷静。他们需要感受自己最深刻的情感和内心的需求，而不仅仅是物质方面的需求被仁慈而快乐地满足。

为了成为这样的家长，我们的情感工具箱里需要很多工具，爱只是其中的一样。专注、乐观、善于表达感情、坚定且灵活，以及相对没有压力的环境，也是帮我们成为好家长的其他几样必要工具。

这意味着，如果我们想以孩子想要的方式提供他们的所需，我们就必须成长到这样的水平，那时我们有着相对平静的内心、完整无缺的自我，以及敏锐的觉醒意识。爱，在抚养子女的过程中，无疑是不可或缺的角色，但是要养育出一个茁壮成长的孩子，它也仅仅只是其中的一个方面而已。

当孩子们感受不到我们的爱时

“我爸爸总是大声骂我，”山姆，一个 16 岁的男孩告诉我。他爸爸带他来找我做心理辅导。“在他的眼中，我总是做错事。一开始他让我加入曲棍球队，我加入了，他又不喜欢我在队里的位置。他又叫我去橄榄球队，我去了，现在他又嫌弃我，说我打得不够好。不是说我运动不好，就是说我功课不好；不是说我功课没做好，就是说我态度有问题，我真的追不上他的要求。无论我做什么，都是错的。”

菲尔，山姆的爸爸，听到儿子的话时简直无法相信自己的耳朵。他完全没想过儿子竟然隐藏了这么多感受。菲尔可以发誓再没有人比他更爱儿子了，他感觉自己已经牺牲了无数时间来帮助山姆成为一个成功的人，花了大量金钱和精力在每一项他认为儿子会喜欢的事情上。那么，菲尔所认为的爱，为什么到了山姆这儿竟然被诠释为苦恼呢？

我曾辅导过无数家庭，家里的孩子都有过被否认、伤害，最终怨恨父母的经历。在我和女儿的关系中，我看到过这些影子。我可能认为我这样做是出于爱，但女儿却认为我的行为绝对不是出于爱。

我们没有意识到这一点，但是这种与孩子的相处模式，与孩子本身的关系

我们的动机也许是爱，但并不代表我们的孩子接收到的也是爱。相反，很多时候，我们认为我们是在爱孩子，而孩子感受到的是控制。

较小，而与我们自身的不觉醒程度关系更大。我们自身童年时那些不被聆听、不被认可的经历导致我们去操纵孩子来满足我们现在的需要，从而让自己感到有力量、被倾听。而孩子也有着同样的需要，因此精神上的冲突便不可避免。

12 岁的斯凯拉，第一次辅导时全程都在哭诉："感觉好像我的整个生活就是为了让妈妈开心。"她吐露道，"但无论我做什么，总是不够。总有更多的事情要我去做。如果我在某方面搞砸了，妈妈的反应就像是世界末日。"斯凯拉的感受与我辅导过的其他一百多位孩子的感受一样。他们大部分人都感觉自己生存在世上的目的是为了达到父母的标准，并以此来换取父母的爱。

父母一边打骂孩子，一边宣称："我这样做仅仅是因为我爱你。"我们的动机也许是爱，但并不代表我们的孩子接收到的也是爱。相反，很多时候，我们认为我们是在爱孩子，而孩子感受到的是控制。因此为人父母的关键一课，是学会如何让孩子好好接收到我们的爱。

觉醒式教养的一个重要部分，就是明白我们的出发点与孩子接收到的信息之间的差异。孩子并不会过多关注我们的出发点，而是关注我们的反应给他们带来的感受——就是在感受这个层面上出了问题。只有当我们关注孩子的感受而非我们自己的感受时，我们才能了解他们每时每刻所表现出来的精神。要实现这一点，我们必须走出自己的内心，实现觉悟。

缺乏觉悟的爱——缺乏教养觉悟的亲子之爱，或者说缺乏教养意识的爱——会迅速变成欲求与自私。事实上，如果我们足够诚实，我们会承认那称之为"爱"的感觉，往往是我们和别人在一起时我们对自己的感觉。这与对方是否让我们觉得自己可爱和有价值有关。这样的爱是有很高条件的。

那么，最大的陷阱来了。我们的许多爱其实是爱自己，只是伪装起来成了爱别人。这是因为我们大多数人进入人际关系时，都在寻求从他人那里获得使自己"感觉良好"的体验。我们爱那种能在我们身上呼唤出这种心情的人，而对于那种不能使我们感觉良好的人并不关心甚至讨厌他们。例如，我们爱孩子，尤其是婴儿，是因为他们使我们感受到被需要、被渴望、被爱。

传统意义上，真爱全然是关乎我们爱的对象。我要挑战这种观点。爱他人，必须从爱自己开始。在我们学会爱自己之前，我们所有的关系甚至亲子关系，都会让我们感到是有条件的、被迫的，并且最终得不到满足，因为那都是基于我们从他人身上获取需要，而不是单纯地与他们分享真实的自己。

想一下你对孩子的爱，以及在每天的日常生活中干扰着你的爱的种种麻烦事，你也许会决定转变一下角度。我们表达爱的方式，不仅关乎孩子带给我们的感受，还关乎我们对待孩子的方式是否尊重了他们应有的、做一个独立的人的权利——是的，即使这会给我们带来不好的感受。这样做的话，我们对孩子的爱就超越了只是口头上告诉他们我们有多么爱他们，以及他们对我们有多么重要。这样的爱，会通过我们日常的陪伴和我们的反应方式，被孩子的每一个细胞吸收。而在孩子看起来似乎最不值得得到爱的时候，这样的爱就更是会被他们吸收。

孩子需要我们像对待一个首次见面的人那样对待他们。他们需要我们改变焦点，不再以爱之名来塑造他们，而是为他们创造空间，让他们根据自己的需求表现自己，即使他们看起来既不理性又喜怒无常。孩子们想要的无非是感受到我们在任何时候都允许他们表达当下的自己。注意，我不是建议盲目宠溺孩子，而是建议为他们表达完整的自我创造必要的条件。当我们给予孩子自由时，他们便仿佛置身于辽阔的、无边际的空间去发现自己，最终成就自己。他们感受到的是我们的爱，而不是由我们的恐惧所滋生出的控制欲。

永远关注孩子向我们发出的信号，我们才能看清藏在爱之下的恐惧，这是为人父母的神圣使命。当我们可以全心全意拥抱孩子的真我时，我们就可以和他们建立最深刻的联系。

重新定义爱

踏上觉醒式教养的旅程，我们必须对生活和对爱的方方面面有着觉醒。我们需要严肃地问自己："我说我爱我的孩子是什么意思？""我的爱由什么组成？"我们对于爱的定义必须清晰且坚定，从我们的安全感所需转向孩子所需。我们的反应，不应是基于我们的恐惧，而是基于我们愿意为孩子成长为"真实的我"提供条件，注意到这一点很重要。

爱，我的定义是，一种能够全面地看见、接受且尊重他人本来面貌的能力。有觉悟地爱他人，就是要增强这种能力，走出自我，与他人持续联系在一起。这意味着我们不要求对方同样爱我们，也不为他们对我们的爱设置条件。换句话说，我们的感觉是不包括在其中的。

这听起来，好像我是在提倡自我克制甚至自我贬低。远非如此。这种爱的定义，挑战我们去尊重自己，使我们感到自我满足，满足到无须他人来帮忙实现这种满足。

这与自我否定也是相反的，这种对爱的理解，让我们享受到一种广阔的自爱，使我们感到完整。进而，他人也可以沉浸在自爱里。当我们实现这种程度的自爱时，我们对生命中有交集的人，尤其是我们的孩子，就会释放信任与成就感的信号。

觉悟的自爱，意味着我们持续与内心的灵魂对话，同时对我们的黑暗面显示出极大的同情。它意味着我们深刻地认清了自己的不足和局限，从而不断进行自我关怀和自我安慰。这使我们整个身心成为一体，我们不再把自己视作是个受伤的、委屈的，因此需要帮助的人。

学会如此深刻地爱自己，很自然地我们也会向周围的人，尤其是我们的孩子释放同样的能量。如今，我们学会以同样的态度以及深刻的理解去爱他们的优点，也爱他们的缺点；不再为他们感到害怕，即使他们缺乏天赋，我们也接受他们原本的样子。换言之，我们对自己的人文关怀也会推广到他人身上。我们的孩子也不再需要为了得到我们的赞许而证明自己。他们不再害怕被抛弃，而是和我们步伐一致，全然接受自己。

除非我们把爱自己变成日常习惯，不然我们的孩子感受到的依然是我们由恐惧而产生的控制欲和占有欲，而不是爱。许多家长来找我咨询，向我诉说他们多么爱孩子，我提醒他们爱和恐惧是不能同时存在的。

这个概念也许不容易理解，让我举个例子来说明，说说罗素的故事吧。他有一个 16 岁的儿子叫西恩。罗素对儿子未来上大学的事情担惊受怕。他害怕儿子会做出错误的决定甚至会辍学。虽然西恩在许多方面都是一个正常的孩子，罗素却似乎认为他的儿子在很大程度上是个失败者。需要提到的是，经过自己的努力，罗素在他的职业生涯中已经达到了非凡的成就，他对成功和失败的看法与大多数人都不相同。

在我们的一次谈话中，罗素异常害怕。他描述了父子俩最近的一次争吵。

“西恩讨厌我对他指手画脚。他把我对他说的话当作是一种控制。我不断告诉他，我这样做只是因为我太爱他了。”

我质问:“要是西恩不改变现状，你会怎样？要是他永远都成不了你想要的样子呢？你还会爱他吗？”

罗素立刻反驳:“当然爱！这问题太傻了！”

我再问:“那么为什么你不从现在开始爱他呢？”

罗素为自己找理由说:“因为他没在做他力所能及的事。”

我立刻打断他，让他不用继续往下说。“当我们用‘因为’这个词来解释我们的动机时，我们就已经不再处于爱的状态了。我们为爱提供了附加条件，已经走偏了。爱不是有条件的。它不需要一系列具体的期望得到满足后才被表现出来。西恩感受不到你的爱，是因为他从你那儿听到的都是否定。如果你爱他，你应该爱此时此刻的他。只要你开始真心接受他，他就会对你敞开心扉。你为他担惊受怕，这是你的感受，不是他的感受。除非你学会驯服你的恐惧，但不是通过让他达到你的标准来实现，否则你将无法与他沟通。”

和许多家长一样，罗素也在这个问题上苦苦挣扎。他无法理解为什么他的好意会被接收成其他信号，而不是爱。经过一段时间的治疗后他开始说出他的父母在他成长过程中设置了大量的条件，这意味着在他的家庭里“接受”的同义词就是“成就”。他开始看清，他是多么不喜欢自己平凡的一面，而只爱自己不平凡的一面。这转变了他的态度。最终，他开始以一种全新的方式来与儿子相处。如今，他不再对儿子说“你不是这样的”或“你不是那样的”，他开始用一种全新角度与西恩沟通，这个角度让他欣赏儿子的成长，并随时准备发现他的价值，无论这种价值以何种形式体现出来。

对孩子的爱，从接纳开始。这并不意味着我们认可他们常见的一些缺点，例如行为粗鲁，缺乏学习动力，甚至他们的坏习惯。它意味着我们接受孩子有权利做自己。我们的职责不是去评价他们，而是鼓励他们找到自己的价值。认识到自己价值的孩子，会自然避开阻碍与我们建立联系的、不让他们最大程度地表达自己的行为。获得父母认同其价值的孩子会自然地远离那些破坏亲子关系的行为。尽管家长与孩子的冲突也许依然存在，但彼此之间的联系总是强大深远的。

有些家长关于爱的观念正好与罗素的相反，不是对孩子百般控制，而是竭尽全力去取悦。他们抚养孩子时没有明确的界限。这些父母无法对孩子说“不”，他们认为爱就是要“当好人”，就是永远不让孩子觉得有半分不舒服。这些孩子无法忍受任何形式的不适。因为他们的父母教导他们觉得不舒服是“坏事”，因此，为了逃避不适感，他们经常沉迷上瘾。这再一次证明，我们对于爱的理解足以抑制我们的能力，使我们不能真正满足孩子对我们的需求。

从爱走向觉悟

我将转变：

- 我的爱的基础，从恐惧到信任。
- 我的爱，从自我专注到联结彼此。
- 我表达爱的方式——如果我们孩子感受到的不是爱。
- 我的爱，从需求到觉醒。

第9章

迷思之六：父母的使命是培养快乐的孩子

许许多多人认为，养育出一个成功的孩子是父母所应追求的最高目标。虽然我们或许会不遗余力地这样做，但我们默认的愿望是孩子要过得快乐。不过，我们没意识到的是，追求快乐其实对孩子也有负面影响。这是因为我们被这样一个观念迷惑了，以为快乐就像是藏在彩虹尽头的财宝金罐有待我们去寻找，是对我们所有努力和奋斗的奖赏。这种关于快乐的观点往往导致无尽的烦恼。

这些“我要快乐”或“我的孩子值得拥有快乐”的想法，来自我们“当下存在某种匮乏”的感觉。换句话说，我们通过一个“缺乏”的镜头来看待生活，注意力全部放在我们所没有的东西上，而不是宇宙已经赐予我们的丰盛资源。所以，独立宣言赋予我们每个人“追求幸福”的权利，但我们没有意识到这并不能带来幸福，相反，它滋生了烦恼和失望。

在旅行中你会体会到这一点。当旅途一切顺利时，你感觉满意和“快乐”。然而，如果航班延迟了，或者护照被放错了地方，你突然间就会变得不快乐。换句话说，你的存在状态依赖于变幻的世事，而我们都知道世事无常，常常在人的控制之外。

有人以为觉醒式教养意味着我们天天和孩子黏在一起，孩子的每个愿望我们都尝试满足，孩子因此觉得满足和自在。相反，这才是根植于恐惧与不觉醒的教养方式。觉醒式的教养，反过来，完全不惧怕令孩子觉得不舒服，如果这正是他们成长所需经历的感觉的话；也不惧怕对孩子说“不”，如果这是能带给他们最大利益而他们必须听到的回答。这种教养方式不会为家长或孩子寻找简单的方法，它寻求的是最适合他们成长时期的方式。它关注的重点永远是怎样令孩子成长为最有韧性和最强大的自我，而不是怎样令他们在任何时刻都觉得快乐和舒服。这里包含了一种觉悟，就是生命不会永远是快乐和舒适的，无论我们多么希望它是。不经过磨砺，我们就不会成长。

我告诉我的客户：“生命是无常的。期望生活不会变化，就犹如期待下雨不会淋湿。”尽管知道这个道理，我们总是要等到出了岔子才会意识到自己过去是多么依赖“一切都应该顺利进行”的信念。

在这样的时刻，我们该怎么办才好呢？假设这样一种观念，我们可以从不确定性中找到幸福，虽然我们希望这些不确定性从我们的生活中消失。如果我们接受这个观念，那么我们便有可能发现自己处在永恒的幸福状态。问题是，我们在不知不觉中把幸福等同于事情的结果，而不是过程。我们把事情的结果当作衡量幸福的标准。我们在自己与生活的关系中设置了很多条件，而这正是阻挡我们，使我们找不到那永恒的内心安宁的原因。

也许我们不知道幸福的精确状态是什么，但至少我们告诉自己，那意味着免于痛苦的经历，即我们感到舒服自在。虽然我们并不能打包票，但我们相信，一个人越成功，他就越有机会避开苦难。于是，我们引导孩子年纪轻轻就要走向成功，这样他们就可以避开苦难；我们对自己说，如果我们能越早帮助孩子努力，他们就有可能取得成功，从而大大地提高获得幸福的机会。

在为孩子们制定争取成功计划的同时，我们还要求他们有一个定位，一个让他们把自己视为成功者的定位，因为不知道自己该如何定位会导致安全感缺失甚至导致被排挤。因此，青少年常常被以各种定位来分类，比如戏剧儿童、极客、运动员或“受欢迎”的孩子。我们认为年轻人会通过这些外在的“身份”找到安全感。我们从来没有想过，他们应该被允许“自然存在”。但我们认为，人怎么能只是“自然存在”呢？

真相是，我们永远无法逃脱我们将经历痛苦的可能性。潜在的伤痛随时都有可能发生。即使是成人，对生活有了一定的控制能力，我们有时也难免受伤。朋友背叛、伴侣离开、让人抓狂的工作、龙卷风造成大破坏、酒驾司机开车迎面而来，或是洪水、大火摧毁了家园。只要活着，痛苦是无法避免的。

我们认为受伤是“坏事”，因为它强迫我们去调整、去应付。面对意料之外和不愿意发生的情况时，我们可能不得不结交新朋友、经历离婚、重新找工作，或拿出巨大的韧性来处理发生在我们身上的事情，这些看起来可能非常困难。我们感觉自己似乎完全无力按环境的要求提升自己，我们害怕自己会因此一蹶不振。

习惯于按某种方式生活的我们，在面对不顺时显得很无助。这时，我们可能会觉得无力重塑自己。只有把内在与外在分开，我们才会认识到，无论外在的情况如何变更，我们真正的内心，是有能力继续调整并重新迸发活力的。当我们有了这个领悟，我们内心就会把生活里的挑战看作是动力，而不是伤害；是勇气，而不是恐惧。

也许迎着生活的巨浪起舞，迎着潮起潮落航行，相比于逃避风浪，前者才正是生命的意义？也许认真生活的艺术，就是在于同时拥抱高峰与低谷呢？要是孩子从你身上学会了如何沉浸在自己的每一次经历中，从而让他们真实地迎接生命的曲折起伏、悲伤荣耀，这样孩子的人生将会多么不一样啊！

我们的挑战是把生活中的快乐和痛苦视为神圣的平等——它们会给我们带来同样的机会。如果我们以这种方式对待人生，并且教会孩子怎么去做，我们便可以停止对幸福的追求，因为我们已经明白，投入到生命安排的所有过程已经是最大的圆满。

这种认知上的转移意味着，当孩子考试得了低分的时候，并不代表孩子注定要失败。我们鼓励孩子接受这个分数给他们带来的感觉，面对它，找出它给他们带来什么启发。我们帮助他们认识到，分数并不能定义他们，相反，他们可以从中学习和成长。这个科目是否需要他们更努力地去学习吗？他们是否需要帮助？或者说，孩子在这个科目上没多大天赋，因此需要接受这一事实并考虑他是否可以寻找其他的人生道路？

关键是要教育孩子与自己内心的力量保持联系，并且不要在生活面前觉得被打败。要做到这一点，我们要帮助他们看到，他们有能力把每种情况变为机遇，来提升勇气和增广见闻。只有当家长有全然拥抱苦难的力量，把它视作一次转变的契机的时候，我们才可以让孩子自由地去探索他们与苦难之间的关系。

投入生活本来的模样：顺其自然 vs 指引方向

儿童生来就知道如何投入生活原本的样子。他们会哭、会闹脾气，但他们不会把价值观与可能发生的事联系起来。除非大人们教他们别的做法，当生活使他们跌倒时，孩子们随时准备自己站起来。正因为这个原因，有很多家长在困难时期会说："他们是孩子，他们会自我调整。"我们意识到，无论在什么情况下，孩子都有能力享受生活的乐趣。原因是孩子与成人有着完全不同的心态。他们接受生活原本的样子，而我们却忘记了这样做。

什么叫作接受生活原本的样子呢？它意味着察觉到每个时刻都包含着好的一面和坏的一面，有喜有悲，有痛苦也有快乐。我把它看作"非痛苦 vs 快乐"，因为一旦打上"快乐"或"不快乐"这些标签，这些经历的价值就会被扭曲。儿童想哭就哭，想笑就笑。他们并不为各种际遇写下高兴或不高兴的剧本。他们感受着自己的感受，然后继续生活。这种随遇而安的能力，在许多大人身上找不到。我们爱把世事分门别类，这阻止了我们投入到当下生命的馈赠中去。我们就是不会像孩子那样，本能地顺应生命的变幻。我们受困于固有的思维模式，找不到创造性的方法来适应，也无法对生活的高低起伏做出有意识的反应。我们害怕离开已知之境，幻想着生活是在自己的控制之下。当生活，尤其是我们的孩子，挑战这种幻觉时，我们觉得毫无防备、没有足够的能力去应对，只好把这种无力感以愤怒或焦虑的形式发泄到孩子身上。要是我们能拥抱生活原本的模样，不被"好"或"坏"的感觉影响，那就好了，我们便能以更加优雅的姿态迎接它的未知。

要做到这一点，关键不是以我们的感受评价生活，而是充分探索它由光明和黑暗共同构成的丰富多彩的织锦。我们不再像那些沉迷毒品的人一样，追求一种特定的感觉方式，而是放弃寻找与当下感觉不同的另一种感受的期望，选择体验当下的"现状"。

什么叫作接受生活原本的样子呢？它意味着察觉到每个时刻都包含着好的一面和坏的一面，有喜有悲，有痛苦也有快乐。

如果我们教育孩子“力量来自于为某种外在的东西而奋斗”，例如一个具体的分数、一项成就所带来的荣誉，那么，我们给他们传递的信息就是“生命的结果比过程更重要”。他们学习到的心态是，只有取得成就，生命才有意义，而不是享受每时每刻的人生。

如果把孩子训练成为以结果为导向的人，凭着某些特定体验带给他们的“好的”或“不好的”感受去生活，那么我们就是在教育他们，他们要去做那些带来快乐的事，如果一件事情不符合要求，他们就不应该去做。因为我们害怕孩子会经历苦难，所以也使他们错过了对生活的即时体验。这是多么可悲！我们本来可以教孩子找到自己强大的内心，来度过不愉快的经历，而我们却把自己的恐惧加在孩子身上，教导他们不惜一切代价逃避痛苦。

每当孩子被迫经历不愉快时，不只孩子，家长也会把情况解读为“一定是出了什么差错”。然后，在我们和孩子心中，一出由恐惧和绝望组成的戏剧上演了。这些全是因为孩子没有意识到生活的原本模样，没有意识到要过一个有意义的人生，他们要做的就只是认识到他们自身存在着应对任何情况的力量，以此为支撑，全心全意地投入到生命的体验中去。

我的小客户罗梦娜正在读 6 年级，她与学校里的小伙伴们发生了一些问题，她的妈妈珍因此无法接受。当罗梦娜与一系列复杂的情绪做斗争时，有时她会哭——对一个少女而言，这是成长的宝贵经历。她的妈妈却试图插手女儿的事情，浇灭她的所有情绪，她会说：“明天我就要去学校找到那些坏孩子。我不许你这个不高兴的样子再继续下去，我要告诉学校的辅导员马上处理这件事。”

当珍和我讨论起这次事件时，我建议：“可不可以试着不要去修正或改变你女儿的各种情绪，而任由它们存在呢？你之所以不忍心见到她被孤立，是因为你把他人的拒绝看成是在说她没有价值。如果试着把两者分开呢？也许你可以教导她，有时被小伙伴排斥是我们交友中不可避免的经历，但这与一个人的自身价值毫无联系。不是每个人都会对我们好，或者喜欢我们，他们没有这个义务。他人的价值观、观点和对我们的感觉都是别人的权利。这是他们的特权。我们反而没有权利控制他人如何对待我们。”

珍反驳说:“但这伤害了她的感情啊!”

我同意道:“的确是这样。而且你试图帮助她避免受伤，因为你觉得这与她的自身价值有关。然而，她会产生这样的感觉，是因为她相信她的价值与她的社会认可度捆绑在一起，但其实这种认可度与她是个怎么样的人是完全没有关系的。”

让孩子融入某个团体的目标是个误导人的观点。与其逼孩子融入某个小团体，还不如教会孩子与那些不关心他们的人划清界限，这对他们更有益。我们应该帮助孩子辨别他人身上那些与自己合拍的特质，而不是教孩子为了迎合他人而伪造自己身上没有的品质。毕竟，这难道不是大部分成年人也做不到的问题吗?——不懂得划清界限并远离不尊重自己的损友。这都始于一个事实：我们教会孩子们社交，却没有给他们提供能够帮助他们在日后的生活中发展健康关系的工具。

珍难以相信，原来她就是女儿痛苦的来源之一。她说:“我以为，鼓励女儿去交朋友和融入群体是对的，我以为那样会令她开心。如今你使我看到，这种把关注点放在他人身上的做法实际上是在侵蚀她的自我意识。我可以把这个重担从她和我的身上卸下来了。”

妈妈和女儿同时觉悟到，我们的自我价值不是从朋友身上借来的，并且，只要我们允许孩子全身心投入到生活的经历里，孩子就会变得越来越勇敢和坚强，从而，也更有能力面对人生的起落。家长的目标，也不再是“修复”孩子的痛苦经历，而是让孩子更深刻地去体会。罗梦娜从这次经历中变得更加勇敢和坚强，她逐渐不再依靠她的朋友来获得自我价值和身份认同。

从孩子身上学习快乐的真谛

要明白什么是真正的快乐，我们只需要观察年幼的孩子。他们是无须苦苦追寻就能获得快乐的高手。让他们到外头玩，没过一会他们就会从大自然最平凡的东西里找到乐趣。玩泥巴让人着迷，松鼠也令人好奇，小棍子、橡果子、小石头也能让他们忙上好几个小时。

小孩子几乎可以瞬间进入快乐模式。即使被大雨淋湿，他们也会享受全身湿透的感觉。即使天气又热又潮湿，他们也会享受浑身黏糊糊的感觉。他们无须把生活的经历当作是日后“成功”的前提。他们接受生活本来的样子，即使生活没有按照“计划”进行，他们也不会感到不快。从出生到四五岁之间，孩子能抓住生活中纯粹的喜悦。过了这个年龄，我认为大部分人都不能再感受到这个程度的喜悦了。这就是为什么我把年幼的孩子称作最好的老师的原因之一。如果我们愿意，孩子能带领我们找到我们失去了的东西。

由于孩子尚未被主流文化污染，他们无须从自己身外寻找快乐。他们无须等到有钱了，变瘦了，变漂亮了，或者到了“正确的”社交圈子里才感到快乐。他们既不为过去感到愧疚，也不对将来感到恐惧或抱有幻想，而是全然感受着当下生活本来的模样，而无须为生活添加标签或评价，他们想哭就哭，想唱就唱，当他们不想再哭泣或唱歌时，就会停止。

成年人的标志或许就是“忙忙碌碌”，而“活在当下”则是孩子的域名。就是这种对生活的全然投入，使年轻人活得自由，充满探索和冒险精神。这些不正是我们希望孩子长大后拥有的品质吗？

要培养这些品质，我们必须让孩子去做最擅长的事情，那就是做自己。当我们不再成为他们成长道路上的阻碍时，他们就可以自然地发展追逐梦想的决心，而无须我们无休止地唠叨。

停止追逐快乐，开始活在当下

我宣誓：

- 感受当下，而不是寻找另外的体验。
- 不再需要寻找快乐的体验，而是寻找使我成长的体验。
- 不把注意力放在我没有得到的事物上，而是反省我选择给予什么。
- 不再用结果来诠释生命的体验，而是用过程来衡量。
- 拒绝批判生活或自身的不完美，而是去拥抱缺陷美。

第10章

迷思之七：家长需要控制一切

无论孩子是我们亲生的或收养的，我们在孩子小的时候就开始了教养的旅程，这难免让我们产生占有感，觉得对他们拥有所有权。出于这个原因，我们在亲子关系中的投入，比我们其他任何关系的投入都要多。尽管这种投入是父母身份的宝贵标志，但也从一开始就给我们埋下了地雷，其中最大的一个就是“我们可以控制他们”的感觉。

我还记得我临产期间得到的领悟。为了迎接这个小生命，我参加了所有我能报名的产前辅导班，阅读了所有我能找到的给准妈妈的文献资料，我觉得自己已经完全预备好迎接生产过程中可能遇到的问题了。然而，分娩没开始多久，我就逐渐发现，无论我觉得自己知道多少，我对整件事的控制只是一个幻想。分娩中出现的并发症导致我必须放弃我理想中的顺产，迫使我必须接受药物治疗，而我曾经发过誓怎么也不会向药物屈服的。在极大的痛苦中，我的思想还在和我必须接受帮助才能顺利完成这次分娩的现实做斗争。我用力地呼吸，使劲，最后大哭。我多么想用自己的方法生孩子，该死，我要为我的幻想战斗到底。

最终，我觉悟过来，也许我肚子里这个没出生的孩子为我预备了其他的安排。她准备用她的方法，而不是我为她准备的方法来到这个世界。她觉得原本的生产过程使她不舒服，她希望她的妈妈做出改变。我越想坚持，她越是抗拒，最后还通过在我体内排胎便的方式来发泄她的不满。正是这样医生建议我需要剖腹产。我难以接受。“怎么会是我？我完全可以顺产的啊！”我向医生哀求，希望可以扭转局面。我的医生给了我一点时间，但最后还是严肃地警告我："你的孩子现在不安全，我们需要进入手术室。"我的丈夫看着我受苦，理解我有多么失望。他也知道是时候把我从理智混乱的状态中叫醒，让我改变看法了，他敦促我说："你必须接受这个过程，你必须想想女儿。现在已经不是关于你和你的幻想，而是关于女儿了。"

从那一刻起，到后来生活中的无数时刻，我意识到了一个事实，那就是养育我们的孩子，很少会按照我们预定的计划进行。我们不是在"制造"孩子，让他们按照某种方式、形状、形式来成长，我们只是在鼓励他们去生活，去经历童年，然后找到他们自己定义的生活。当我们被误导"我们该为孩子成为什么人而负责"时，我们便无法领会到与孩子之间形成的伙伴关系的本质。

理解我们的控制是有限的

艾米是 3 个小于 7 岁的孩子的母亲，在接受心理辅导的过程中感叹说："一方面，你告诉我必须为孩子做的所有事情负责，而另一方面，你又说我没有控制权。那究竟什么事情是我能控制的？我被搞糊涂了！"

我回答说："你需要负责的是自己在孩子身边时的表现，但你对孩子没有控制权。觉醒式教养的艺术在于明白我们无法完全控制自己的孩子，而当你越认为自己拥有控制权，孩子就越不听管教。确保孩子的人身安全和幸福安康的确是家长的重任，但这有清晰的界限。如果我们没有意识到界限在哪里，我们会错误地以为我们可以控制孩子的本性。"

和许多父母一样，艾米没有认清她的角色。她觉得自己要对孩子的成功和幸福负责，便认为她需要控制孩子的心情、行为和选择。直到她开始深入钻研身为妈妈的"职责描述"以及其所限定的范围，她才开始弄清，原来她把引导孩子和控制孩子这两件事搞混了。

作为父母，我们唯一能控制的事情，就是我们自己的情绪和反应，以及我们布置的家里的环境。我们的问题是，我们不知道如何管好自己或家里的环境，导致我们转而去控制孩子。

孩子带着他们自己独特的蓝图来到我们身边，即他们生来就有一种特殊的气质和与世界联系的方式。有些孩子活泼好动，有些则文静内向。有的人暴躁多病，有的人快乐轻松。我们不能只保留孩子身上那些我们喜欢的品质，而抛弃那些我们不喜欢的品质。当然，我们可以帮助孩子去发展那些与他们的真我相符合的品质，但绝不是通过控制和强迫。他们就是他们自己。只有我们接受这一点，我们才可以和孩子步伐一致，满足孩子情感的需要。顺服孩子的内在天性，包括他们的天赋与局限，是助力我们与孩子建立尊重和有意义的关系的前提。

当我们认识到我们的控制仅限于我们自身和我们家里的环境时，我们就把需要做出任何改变的责任从孩子们身上转移到我们自己身上。我们应当对自己责任范围内的事全权负责。一旦我们接受了“是我们创造了孩子的生活环境”，我们就可以开始问自己这样的问题：

- 我正在营造环境的方式会促进和谐还是造成不和谐？
- 我要做什么，或停止做什么，才可以引导我的孩子做出某种行为呢？

举个日常生活的例子，我们不能强迫孩子喜欢刷牙，但是我们有责任创造条件来帮助孩子认识到刷牙是每天生活里的重要部分。我们铺好路，让孩子选择如何在这条路上与我们同行。只要我们把精力集中在铺好一条符合孩子个性的道路上面，我们就很好地完成了我们的工作。

我在奥普拉的“生活课堂”上发表的其中一段话引起了很多观众的共鸣。我说：“我们不能控制孩子。我们只能为他们的成长创造条件。”这意味着，我们需要停止投入精力在试图控制孩子当下要做什么以及他们未来会成为什么人上面去。无论我们在这方面投入多少，这都是一场必败之战。真正的挑战是把我们的注意力放在那些我们真正能控制的因素上面——我们自己，以及整个家庭的运作。

重新定义“控制”的概念，培养孩子成为真正的“人”

我们往往忘记了，在成为“我们的孩子”之前，我们有幸拥有的孩子首先是作为“人”而存在的。当我们沉迷于把孩子变成我们教养的产物时，我们会忘记这样一个事实：他们来到世上，终究要走一条属于他们自己的、独一无二的路。

因为孩子比我们小，比我们年轻，所以我们不自觉地——有时是下意识地——认为这意味着他们比我们无知，甚至比我们更缺乏人性。我想可能没有家长会真的说自己的孩子比他们更缺乏人性，但我们常常通过忽视或凌驾在孩子的独特个性之上，表现出这种意识。

很重要的一点，就是我们不能剥夺孩子的经历，即使有些经历是痛苦的，他们也有权利去感受。孩子的一些经历呼唤起我们心中某些强烈的情绪，但我们不能让这些情绪蒙蔽一个事实：孩子有他们自己的人生路，而不是我们的。

我们没有权利对孩子如何表达他们的人性发号施令。相反，我们却有幸可以通过肯定他们拥有的是何等宝贵，来向他们展示忠实于自我的重要意义。随着孩子生命历程的展开，我们的职责是拥抱他们，为他们的生命喝彩。通过这样，我们歌颂着每个孩子生命的独特体验，包括他们惊人的力量，也包括他们自身的局限。

如果你的孩子很害羞，这真的意味着他们某方面有缺陷，需要被逼着变得自信吗？或者更好的做法是让他们纯粹地去体验这种害羞的性格？同样道理，如果你的孩子考试不及格，分数低，这真的意味着他们懒惰吗？或是让他们感受到在某个科目上的局限，也是有价值的呢？

放手不去管孩子，这也许是父母面对的最艰难的精神斗争，尤其当其他父母和孩子的老师向我们施压，一定要让孩子跟上大部队的时候。当孩子的发展没有遵循规范时，我们经常会感到被他人尤其是其他父母评判。这些批评制造了更多的匮乏感，使我们加紧了对孩子的控制。我们相信只要我们控制得越紧，孩子就越能改变自己。我们几乎没有意识到，这样做创造了相反的效果，变本加厉地固化了孩子原本的行为。

放手不去管孩子，这也许是父母面对的最艰难的精神斗争，尤其当其他父母和孩子的老师向我们施压，一定要让孩子跟上大部队的时候。

我想起了麦迪森，她有一个发展异常的 7 岁女儿。“你面对的挑战，是要重新塑造你对控制的概念。”我对她说，“与其他正常成长的小孩不同，你不得不面对的，是你对你的女儿几乎没有控制力。为了放弃控制孩子生活结果的欲望，你需要转离自己是孩子母亲这个角度，而把自己看作女儿的精神导师。为了做到这一点，你需要把女儿看作一个独立的精神个体。”

麦迪森充满恐惧地回答道：“你的意思是什么？我是她的妈妈啊。我不知道我还能是她的谁。”

“我们固有地认定自己是母亲或者父亲的角色，这反而使我们停留在表面，”我解释说，“尽管我们的文化很认同父母的角色，但过于依附这些角色，便削弱了我们与孩子的精神个体联系的能力。如果我们从更广阔的角度来看，与孩子的精神层面沟通，就会使我们认识到，生活不仅仅是简单地帮助孩子成长，而是关于这样一个事实：我们每个人，一生之中都会面对许多挑战，我们必须战胜它们。每个人的际遇不同，但要战胜困难，我们都需要我们爱的人的帮助。你的女儿不需要认为，她碰到了困难是因为哪里出了问题。她只是单纯要求你接纳她原本的样子。只要你帮助她面对她所碰到的困难，而不是怨恨那些困难，你可能会意识到，没有它们，她就不能成为现在的她。她需要你接纳她的局限，从接纳开始，帮助她在自己的能力范围内实现最大的成长。当我们看清楚孩子是带着什么来到世上的，并将这些作为他们天性的内在部分来尊重时，我们就能够帮助他们成为他们需要成为的样子，而不是我们想的那个样子。这就是做孩子的精神导师的意思。”

麦迪森慢慢地开始了解“控制孩子的局限、尝试让他们循规蹈矩”与“接受孩子、使他们有机会在转变的道路上整合他们的局限”这两者之间微妙而深远的差异。当她理解了这种看待女儿的不同角度背后的力量以后，就发现她们的关系立刻发生了变化，她兴奋地向我汇报：“我们不再为功课的事情吵架了。过去我很担忧她的功课，要求她必须全部做完。现在我让她去尝试做她会的部分，并且为她的完成而鼓掌。她看到了我认同她的努力，非常开心，而且比以前更加用功学习了。真难以相信，原来我就是一直阻碍她成长的人。过去我以为只要逼她，她就会做出改变，但现在我知道那只会削弱她的能力。”

我们的孩子能自动感应到，我们是接纳还是拒绝他们。当他们感应到我们理解他们本质的个性时，他们身上那些为了躲避我们的批评而封存起来的活力便得以释放。这些活力使孩子的身心成长焕然一新。当明白我们身为孩子的精神导师这个角色的力量时，我们就能为孩子内心渴望自我实现的悸动灵魂喝彩。

从父母转变为精神导师

我不会：

- 只把他们看成小孩，而是把他们看作独立的精神个体。
- 把自己定位为家长，而是把自己当成是一位合作伙伴。
- 让孩子达到我的标准，而是帮助他们创造自己的标准。
- 让孩子依赖我，而是解放他们，让他们学会自立。
- 把孩子当作是“我的”，而是鼓励他们找到自己的个性。

重新定义行为

身为家长，我们有神圣的义务，对孩子的行为重新进行定义：
把孩子对我们控制的反击，看成是他们的自我保护；
把孩子对我们说谎，看成是他们对我们的顽固的反抗；
把孩子对我们生气，看成是他们对我们的不理不睬的抗议；
把孩子对我们的违抗，看成是在为我们和孩子对抗设置屏障；
把孩子的焦虑，看成是为了避开我们的批评；
把孩子注意力散漫，看成是我们自己心思紊乱的反映；
把孩子伤心，看成是我们自身不够优秀的标志。

孩子的每个反应，
都是
我们觉醒的动力，
把孩子从要改正自己的负担中，释放出来吧。

取而代之的是，通过孩子行为对我们的启发，拥抱自身的转变。
这样一来，
我们的感情得到圆满，
同时，
孩子也获得了自由。

Part Three

第三部分

了解我们的反应机制

第 11 章

养育真实的孩子

要是在我 20 多岁的时候没有开始觉醒的旅程，我永远不会意识到，内心世界对我的现实世界有着多么重大的影响。和许多人一样，我不知道原来我并没有真正认识真实的自我。

走进内心世界，认识真正的自我，是一种艺术，一项需要时间去修炼的艺术。要是学校里开设这门艺术课多好啊，那我们的世界将和今天完全不同。现在社会上充斥的各种机制失调、犯罪和暴力就不会存在了。

是养育孩子使我觉醒到，原本的真我在成长过程中迷失了。这是个多么突然的醒悟啊！尽管我在成为妈妈前已经花了整整十年时间在正念研修上，但我发现自己还是没有准备好迎接孩子给我带来的各种新的、暴风雨般的情绪冲击。正如在一堂新的健身课上我们认识到了以前没有留意到的肌肉，生儿育女的旅程也带来了全新的认识。无论你觉得自己已经多么觉醒，孩子还是会以你毫无准备的方式让你重新认识自己。

仔细想想，这完全合理。你从来没有见过这个新生命，但还是受托去照顾他或她。你本来应该完全掌控大局，却马上发现你对这个人完全没有控制力。你本来应该对他们有一种永恒的感情，也许你确实如此。但很可能他们触动起你心中各种复杂的情绪，使爱的情感泡沫被迅速戳破。事实上，你根本不知道你会怎么想、怎么感觉、怎么回应你的孩子，因为与孩子相处的每一刻都是全新的。这就是为什么正念对育儿尤具价值，因为它教会你进入当下，就像这个时刻是全新的一样。它虽然不会使你对孩子的刺激免疫，但它至少帮你协调自己与此刻现实保持一致，而这是了解你为什么会做出应激反应的最好方法。

有人经常问我会不会受到孩子的刺激而做出情绪反应，仿佛我能写出育儿书一定意味着这些事情从来不会发生在我的身上。我总是说："我也不是免疫人，我也会发火，但事实上，我从来不为发火而感到失望。我并没有超乎常人的境界。然而，相较于觉醒之前，心灵研修的原则和技巧的确帮助我更快地重新回到理智的中心。它也帮助我打消'孩子的错导致我发火'这个幻觉。我的育儿方式，和其他家长的唯一不同之处在于，我关注的是自己内心的变化过程。我不把孩子的行为当作是情绪触发点。我把我内心的创伤看作是我的情绪触发点，而女儿的行为只是点燃它的火柴。这使我可以一直在心中竖立起一面镜子，照亮自己的心路历程。我不把矛头指向女儿，而是在我的内心打开聚光灯。"

我的觉悟之旅

请允许我与你分享我的一个弱点，这是在开始我的觉悟之旅时发现的。刚刚开始当妈妈的时候，我发现自己简直不懂得设定界限。面对女儿，一开始我很强硬，但一旦女儿坚持，我几乎是立马让步。我蹒跚学步的女儿有着让我瞬间向她臣服的能力。我们之间的节奏像是："不行，不行，不行……好吧。"我发现这种前后不一的态度对女儿的行为产生了影响。她迅速学会了想要达到目的，只需死缠烂打，妈妈就会让步。这样，我们之间就形成了恶性循环。我知道这个烂摊子是我造成的，唯一的解决方法就是找出我之所以不能坚持的原因。

无须苦苦寻觅，我们不理智的原因其实很容易找到，我只需回顾我的成长过程。它塑造了我，也塑造了我这一代的大部分女性，让我们更习惯于做取悦别人、迁就别人的角色。设置界限，或是拒绝别人，担当这个角色对我而言很陌生。要我去做一个强制实行者，我觉得很不自在。我很清楚什么是对，什么是错，但仿佛有些什么东西限制了我把是非观念传达给孩子的能力。究竟使我犹豫而不能坚持自己的根源是什么？为什么我如此惧怕设置界限？只有在深入挖掘我的过去，看清我是如何被塑造成为今天的我之后，我才能找到自己的恐惧根源。

注意，我并不是把责任推给我的成长过程，或者推给我的父母。要停止我们外在的反应，最重要和基本的事情就是要去理解究竟是什么点燃了我们内心的创伤。但这理解的过程不需要带着评判或责备。我们的父母有着他们自己的道路，重要的是了解我们是如何被影响的。

随着我一层一层深入挖掘自己的内心，我意识到自己内心深处对于获得别人认可的深切渴望。这仿佛是我与他人交往过程中的核心动机。他们喜欢我吗？他们觉得我是个好人吗？我慢慢看清了这种对被认可的渴望，是如何打败了我坚持做正确的事情的意志。在我童年的某个时期，我曾经渴望被看作是个好孩子，但没有实现，这个没有得到满足的愿望如今支配了我与女儿的关系。为了实现当年未能满足的愿望，我制造出一个虚假的自己——我的“自我”，她的个性就是一位“讨好者”。这个不真实的我使我无法以女儿所需的方式把她抚养成人。

每当看到女儿和我在一起不开心时，我就会想起成长过程中让别人不高兴的经历。我内心这些老的、没实现的愿望还没有得到解决，因此我无法容忍这种感觉在眼前滋生。不自觉的，我便会屈服于女儿的各种要求，这样才能保持我的“好人”形象。我们内心情感的套路就是这样神不知鬼不觉、用最隐秘的方式破坏我们，摧毁我们以孩子最需要的方式来回应他们的能力。我的女儿需要一个头脑清晰、果断坚定的妈妈。当她的直觉意识到，她的妈妈做不到时，她就得到一个信息，那就是妈妈嘴里的“不”不是真正的“不”，只要她不断地要求和坚持，她就会得到她想要的。反过来，我发现她不屈不挠，我的内在情绪进一步被触发，于是我把她看作是“坏人”。尽管我知道这种模式是不健康的，也完全不是她的错，我却无力结束这个恶性循环，直到我开始了解我为什么会用这种方式跟她相处。直到我对自己在与女儿互动过程中的角色负起责任，并看到是我在制造亲子关系隔阂时，我们的关系才慢慢恢复正常并且向好的方向发展。

生活在虚假自我中的父母，他们养育的孩子成长在充满了被污染过的情感能量的环境中。在这样的环境中，父母的能量没有与孩子的需要调和，而被一

生活在虚假自我中的父母，他们养育的孩子成长在充满了被污染过的情感能量的环境中。

大堆来自自己过去或文化的声音、信息和想法搅得一团糟，这些东西常常与我们眼前的孩子无关。如果家长无法与自己真实的一面保持一致，而是被前人或社会的不觉醒意识所塑造，他们会把这些信仰投射到孩子身上。他们无法看到孩子的真实模样，只能盲目地按前人的教条去反应，甚至都没意识到自己正在这样做。

我的不坚定，不仅没有为女儿设定清晰的界限，还把她推入不健康的模式：目空一切、浮夸做作。这不是她的自然选择，而是对我的不坚定所做出的反应。在她的内心，她学到了除非她提高要求的音量，否则妈妈是不会表态的。当然，一旦她这么做，我便立刻训斥她，使她觉得困惑。这样你看到了吗？我们是如何不自觉地引导孩子做出“坏”行为，然后又因此惩罚他们。在这种情况下，只有找出我那尚未解决的“希望被认可”的根源，才能成功打破这个模式。

当一个孩子的自我不被允许发展成它的真实形态并且按照它该有的样子生长时，空虚感便从他们内心滋生。这种空虚感正是所有问题的源头，因为孩子本能地渴望填补这种空虚的感觉——我必须指出，这很痛苦，因为“自我”为了引起注意而做出的失调行为，是我们“真正自我”的廉价替代品。自小时候大人不允许我们聆听内心真实的声音起，我们就学会了忽略真正的自我。我们真实的自我被埋藏了，我们开始与内在脱节，产生了一种失落感，生活也在不同程度上陷入了混乱。事实上，不认识真实的自我，这种感觉很糟糕。仿佛感觉到某些东西被关掉了，但我们又无法指出究竟哪里出了问题，以及问题是怎么发生的。

当我们有这种感受时，我们总是本能地去责怪别人，或者抱怨际遇。正如我们的父母无意识地这样做，我们也把这种感觉投射到周边的人事上去。这成了一句咒语：“我感觉不好，那一定是别人的错。我发泄情绪，他们必须首当其冲。”我们要么把愤怒发泄到周围的人身上，要么就像抑郁症患者那样，把情绪发泄在自己身上。

这种情况的另一面是，孩子之所以能够用他们的方式令我们紧张，是因为我们也与自己的内在核心失去了联系。和孩子一样，迷失了自我所带来的匮乏感支配着我们的行为。真实自我缺席，促使我们依赖“自我”来找到存在感，而“自我”从我们孩提时已经被一层一层定型了。你可以看到，除非我们重新立足于内心，不然孩子会不可避免地触发我们的不安全感，从而引发吵闹。因为孩子尖锐地提醒我们记起那遗失的自我，而我们无法直面这份痛苦，必须用某种方式避开。当然，所有的争吵都源自一种匮乏的心态，我们对孩子行为的反应只会使家中无处不在的不和谐持续下去。

每次我们冲着孩子发火——我指的是如同暴风雨中的乌云，把我们笼罩在激烈情绪的黑暗之下——我们都可以窥见自己是多么远离内心的最深处。而孩子最美妙的地方在于，他们像镜子一样映照出我们的怒火。我们越是发火，他们也越是猛烈还击，向我们展示我们是怎样在一种不踏实的状态下和他们相处。

然而，不要误解我的意思：暴风雨式的情绪爆发不一定就是怒气或暴力。有时，我们对孩子的反应可能用的是最沉默的表达方式。亲子关系失调不一定总意味着双方大吼大叫或互相羞辱。它的表现形式可以很隐秘，需要高度警觉才可以察觉到。辅导过无数家庭后，我已经练就了看出这些微妙的能量变化的能力，这真是种使人难受的能力。一位母亲无意识地脸部扭曲，她儿子的双肩马上会耷拉下来；或是一位父亲把拳头握紧，他的孩子会马上知道停止吵闹。有时，最细微的反应可以对我们爱的人产生最深远的影响。有一个十来岁的女孩对此描述得很好：“当我妈妈沉默的时候，我觉得比她对我大声吼叫时的声音更响，比她打我更加恐怖。”只有当我们敢于去觉悟自己身上的这些能量变化，并且看清这对我们孩子的状态所产生的多米诺骨牌效应，我们才能够进入一个更加觉醒的状态，做一位更有觉悟的家长。

我坚信，我们对子女的深爱，是促使我们觉悟提升的最重要的力量。孩子竟然能对我们产生这样的影响，使我们愿意进行如此痛苦的自省，这是多么奇妙的事情！亲子关系交错着亲密感与疏离感——某种意义上讲，孩子是我们的，但是他们又不属于我们——我们可以借此窥见许多传统智慧所称的“顺服者”是什么。这包括全身心投入到当下时刻，无须为未来加上条件限制或控制。在这灰色地带中，当我们充满活力面对当下的各种面貌时，我们才学会去过一个勇敢的人生。我们的孩子，是活在当下的大师，他们向我们展示如何摆脱过去的负担。他们教会我们，尽管生活很少按我们的计划进行，我们却完全有能力预备好自己，迎接各种挑战。当我们完成了蜕变，我们便可以活出无比光辉的人生。随着我们从僵化的信念以及未来的目标中解放出来，我们可以拥抱当下的自己和家人，活得自在、快乐、轻盈。

听清“迷失的自我”的呼唤

莉拉 41 岁，是两个小孩的母亲，她正在经历着严重的焦虑症，因为每当她把孩子交给保姆带的时候，她就紧张得发狂。“我知道这样很不正常，很偏激，”她承认，“但每次一想到我把我 5 岁和 2 岁的孩子交给一个陌生人，我就发慌。”她来到我这里寻求帮助，因为她无法放心地把孩子交给保姆托管，这件事也使她无力照顾自己以及她的孩子。

在莉拉的例子中，她感受到了精神压力，表现出来就是焦虑和疲惫。她高度紧张，几乎筋疲力尽。我们从她的经历寻找根源，她说起了一次给她带来极大创伤的事件，那是她父母在国外工作期间，把她留给保姆照顾长达 4 个月之久。当她说起这件事时，她惊讶地发现过去的经历和如今的情况是何等的相似。她当时也像其中一个孩子一样只有 5 岁，而她的妈妈只比现在的自己小几岁。历史正离奇地重复着。

我对她说:“你如此不放心把孩子交给保姆带是不正常的反应，这是你童年的经历影响的。由于你幼年时的恐惧没有得到安慰，它使你对现状反应过激。考虑到你的过去，你对保姆的不信任是正常的。它反映了你内心对父母深深的不信任。”

人们经常问我:“怎样才能找回迷失的自我？”在莉拉的案例中我们正好可以找到答案。通过她的孩子的经历，她开始认识到，她迷失的自我——她那受伤的心灵——正在试图引起她的注意。她开始明白，只有当她面对内心深处的、正在通过她的孩子向她反映出来的感受，并且以一种健康的方式安抚这些情绪时，她才会停止对类似的各种打击反应过激。

在我们感觉糟糕的时候，我们迷失的自我一直都隐藏在我们做出的反应之中。只有我们预备好把每种情绪的发泄看作是我们迷失的自我所发出的信号时，我们才会原谅别人对我们的“修复”，而是把注意力转向去安慰自己，面对自己。与其责怪他人激怒了我们，不如对各种情况心怀感激，因为它们使真我得以显示，并给了我们一个黄金机会，让我们走进内心，去整合那些从未解决的感受。

当我们开始这个过程时，重要的一点是要认识到我们的“自我“——就是我们表现出来的那个人——曾经在成长过程中扮演过重要角色，帮助我们应付那些使人害怕的情形。因此我们不能讨厌自己的这一面。同时，当那些原本是临时的防御被慢慢固定下来，使我们不再能接触到真实的自己时，我们会发现自己受困于过激的情绪中无法自拔。

认识我们多层的外在防御是一个渐进的过程。首先要从更广阔的方面反思文化传统、我们接受过的关于怎样生活和怎样为人父母的各种迷思带给我们的总体影响。然后我们可以更深入一步，将我们成长的家庭给我们造成的影响一层层剥开、层层揭示过后，我们便会找到最纯真美好的真我。

重新与“迷失的自我”做朋友

“迷失的自我”，其实一直与我们相伴，直到我们找到它。我们越意识到“迷失的自我”的存在，我们就越不会做出破坏性的事。对我们的孩子而言也是如此。

话虽如此，我需要指出的是，认识“迷失的自我”，与纠缠某些扭曲的外在表现，是有本质不同的。其中的差别，我举一个“当我们被朋友拒绝时”的例子来说明，这时候的典型的无意识反应可以是以下的任何一种:

- 责备朋友。
- 对自己感觉糟糕透了。
- 不再和朋友说话。
- 在背后说朋友的坏话。

这样的行为都不代表觉悟。这些都只是我们升级的过激反应。我们谈论某些事情，但并不代表我们从中获得了启发或智慧。

在这种情况下有觉悟的做法是什么样子的呢？当我们内心开始有被拒绝的感受时，就是我们“迷失的自我”被唤醒了的信号，它通过我们正在经历的空虚感表达出来。这是我们做出关键选择的时候了，该是向外看，还是向里看。向里看，直面我们感受到的空虚感，而不是向外看，责怪、怨恨那个使我们有这种感觉的人，这样我们才能找回自己。“你好！迷失的我！”我们也许会说，“欢迎你。跟我说说你的事情吧。你现在要来告诉我一些关于我的事情，我很好奇。我洗耳恭听。”这就是真正的觉悟和自以为觉悟了的差别。

这个差别的关键一点是，我们不是说服自己驱除感受，而是去觉悟它，观察它原本的样子。因此当莉拉问我“我该怎么做才能摆脱恐惧？”时，我提醒她:“你不能依靠希望恐惧消失来摆脱它。要让它自然消失的唯一方法，就是你去感悟它。当然这并不意味着你深陷其中，设法发泄，或把它抑制下去。”

我给她示范如何去做。我说:“你不需要告诉自己不能惊慌，就让这种感受在心中发展。你留意它，和它共处。要很清楚它并不代表你当下的生活。它是从过去的经历而来的，因此你要温柔地引导它离开你现在的生活。除非你觉悟到你的情绪反应都源于过去，否则你会继续误以为是某人或某事引发了它们。”

意识到“迷失的自我”非常重要，但同样重要的是，我们要开始认识到，我们的成年生活是如何建构在过去的经历之上的。从本质上来说，我们总是在不断重塑童年时的情形，仿佛这让我们有机会去重访当年未解决的问题。

莉拉准确地理解了我的意思。她说:“由于极度缺失信任，我几乎是一次又一次地重新制造我小时候被遗弃的感受。”她承认说，“我越是不信任，越是发现有越来越多的事情不能信任，这使我反复觉得受到背叛;越是觉得被背叛，我就越觉得害怕。”

我向莉拉解释说，其实我们是根据过去经历中没有被满足的需求以及没有被安抚的创伤来构建我们眼前的生活的。我们的真我得不到成长而带来了匮乏感，如果越是由它来指使我们的行为，我们越会创造出这样的情形来体现匮乏感。

传统的教养方法完全没有明白这一点，所以它专注在控制上。传统育儿方式给家长灌的酷爱迷汤教我们用一切办法去控制使我们感觉不好的人，从而摆脱我们的焦虑，而不是去觉察和接受我们的感受。在莉拉的情况中，多年来她都在怪罪每一位曾经照顾孩子的保姆。没有一个保姆够得上她的标准。她根本没意识到是她自己的恐惧让她对每位保姆制造了不切实际的期望，因而她们最终难免使她失望。

随着我们逐渐摆脱传统的教养模式的影响，我们会学会接受内心的迷失，把它单纯地看成成长的一部分。这样做，使我们认识到我们真实的一面有着不同的面貌，我们开始把它们融入生活中。我们不觉得遗憾，也不觉得骄傲，纯粹接受我们也正在成长的事实，让生活的教训向我们展示，我们的内心成长还有很多工作要做。

探索家庭的情绪模式

尽管孩子从很小的时候就开始与他们最核心的自我接触，但面对父母不觉醒的教养方式，他们却没有世故的技巧去保护自我。他们没有能力去将父母的话语、行为和反应视为父母早年经历的表现。孩子不明白妈妈生气了，是因为她感到能力不足，是她与真实的自我失去联系的表现。孩子也不明白爸爸责怪他们，是因为他在工作上觉得没有安全感。孩子们看到的，只是父母的怒气指向了他们，使他们以为自己是惹爸妈生气的原因。他们也不明白妈妈或爸爸为什么总不跟自己相处或玩耍。孩子看到的只有父母的心不在焉、漠不关心，因此他们以为自己是不值得被爱或者不够有趣。

因为孩子还没有能力准确评价家长的情绪，他们无意识地吸收了这些情绪。慢慢地，这些情绪取代了真实情感，成了孩子的情绪模式，并指导他们在成长中如何去面对生活。与传统文化的迷思影响了我们的思维相似，这些家庭的情绪模式取代了我们原本的情绪模式，开始主宰我们表达自己的方式。除非我们学会把它解码，否则我们会自动把它传到子女身上，在没有意识到的情况下让他们背上负担。

如何去把情绪模式解码？来看看我的客户维特的例子。平时，他都是一个情绪稳定的父亲，但他发现自己越来越为一件事情发怒，那就是 7 岁的儿子被姐姐捉弄或者输了棒球比赛而放声大哭。一想到自己的儿子个性软弱，维特就被激怒了，他痛骂儿子："坚强起来，儿子。你这个胆小鬼。"他重复地对儿子说。"有什么可哭的，简直可笑。"

尽管许多男人看到孩子哭，尤其是儿子哭的时候都会有这种态度，但维特有时反应过激并十分冷酷，连他的太太都受够了他这种没有同情心和缺乏耐心的行为。这个问题严重到了太太警告要离婚的程度。因此，他们来找我咨询。

维特跟我分享了他在纽约布鲁克林区一个贫穷社区的成长经历。几乎每天他都要面对黑帮和街头暴力。他一直努力躲开毒品、子弹和其他危险的侵扰。她的妈妈是一名单亲母亲，上夜班，让他不仅要保护自己，还要保护妹妹。久而久之，维特吸收了一种情绪模式，那就是压抑自己的感受，因为他随时要保持"或战或逃"的状态。他很早就已经学会，假如在一个危险的世界放下防御的话，你有可能活不成。

维特长大后，决心把这段历史尘封起来。为了做到这一点，他成了一名律师，在曼哈顿过着成功人士的生活。然而，尽管他有意识地努力将自己从这段过去中释放出来，他却从来没办法从成长过程中那个担惊受怕的小"硬汉"形象里走出来。压抑情感使他可以戴上勇敢的面具来掩盖这些情感，但这副面具永远不能驱赶他内心深处所根植的不安全感、被遗弃的担忧，以及对遭遇横死的恐惧。因此，每当儿子哭的时候，就仿佛提醒了他内心这段很想抹掉却依然十分鲜活的恐惧记忆。

每次儿子向他聊烦心事，维特都不能就事论事。儿子的经历有着自己童年的太多影子。他仿佛在对自己说："如果仅仅是输了一场棒球比赛，我的儿子就哭，那他怎么可能在布鲁克林的街头生存下来？"这使他在回应儿子时，仿佛是在回应当年年少的自己："别哭，否则你以后会哭得更惨。"

当维特在辅导环节中把各种事情联结起来时，他崩溃了，浑身发抖。一想到年轻时候的自己如何从未获准做真实的自己，想到他如今用种种办法不让儿子去单纯地做个小男孩，他不禁泪流满面。

出于各种原因，我们大部分人总是想方设法补偿童年时的创伤。对别人，我们不再信任，反而变得越来越憎恨。我们甚至用羞耻感来交换自身内在的价值感。我们做了一个又一个坚硬的外壳，一层接一层地把我们真实的自我包裹起来。

你见过俄罗斯套娃吗？它由一只大的木娃娃，套着好几层一个比一个小的木娃娃组成。面对着生命里的经历，我们也以同样的方式，为我们的内心编织起越来越多的套子，隐藏起真实的自我。随着我们学会在生活越来越多的方面建立起虚伪的人格，我们身上的俄罗斯套娃数量逐年增加。这种补偿方式也许可以让我们在童年生存下来，但它阻碍了真正的成长。

直到我们自己当了父母，才重新有机会发现自己多么不成熟。我们内心依然背负着背篓，里面装满充满能量、束缚我们、尚未解决的情绪。我们一层一层地揭开保护层，才能到达真我，在那里，我们无须保护自己免受曾经让自己害怕的事情的惊扰——正是那些事情仍在驱使我们去控制我们的孩子。

艾伯特是我的另一位客户，他花了太大的代价才学会这一点。一天，他的儿子托马斯把完成的微积分作业交给爸爸检查。艾伯特在检查的时候发现，托马斯解答问题没怎么费劲。那些答案仿佛是毫不费力直接就打在电脑上的。他马上质问托马斯："你作弊了？"

听到爸爸的问题，托马斯吓了一大跳，他难以置信，回答说："我没有，爸爸。我为什么要作弊？我知道所有答案啊。"

艾伯特说起这件事时，羞愧难当，他说："接下来我做的事情，你一定不能相信，沙法丽博士。我拿了一套新的题目给他解答，去证明他没有作弊。他开始大哭着抗议，说我不公平，我没有听他的。我确信他作弊了，我希望他来证明我是错的。然后，他把所有新题目做了一遍，而且都做对了。果然他几乎不需要在纸上进行演算。我不敢相信自己不仅没有称赞他，还竟然指责他。"

我把这些经历称为成长的宝贵契机。我并不是受虐狂，不喜欢令人不舒服的对抗，但正是这些紧张对抗的时刻通常会给我们带来成长和理解的黄金机会。我不会去指责家长这些不觉醒的行为，而是引导他们把这些事情看作是珍贵的邀请，来探究来自他们童年遗留的痛苦——那种迷失了自己的痛苦。

我问艾伯特，小时候他是怎样做作业的，他马上承认说："我小时候很懒，凡事都爱走捷径。我和朋友们之间经常互相抄袭。我们约定好每次功课都由一个人来做，其余的人抄。我爸爸总是嘲笑我，惩罚我。他让我觉得不努力是可耻的，因此我常常对他说谎。"

当艾伯特把他深刻的负罪感与他的不努力和不诚实联系起来，他终于看清自己是如何把这些感受投射在儿子身上的。如今他明白了为什么自己的情绪会被儿子触动。因为他从来没有真正面对自己过去的行为，他很害怕儿子会重蹈自己的覆辙。我们过去的感受没有被整合消化，就仿佛变成了我们心中的气球，一旦被戳就会爆炸。当我们从父母无意识的伤痛中释放出来时，我们才能给自己走向自由的机会。

有时候，我很欣喜地听到这种方法帮助了孩子更好地理解他们的父母。最近我收到一位 14 岁孩子的来信，她看了我在奥普拉的《超级灵魂星期天》（*Super Soul Sunday*）的电视节目后，迫不及待地要联系我。她人生中大部分时间都在与焦虑和抑郁做斗争，曾经数次想了结自己的生命。她描述与母亲的关系像是"折磨"，而我的电视节目正好解释了她妈妈的痛苦和内心折磨。于是她有生以来第一次把自己的痛苦和妈妈的痛苦区分开来。她在信中写道："我终于可以自由地去寻找自己了。我不再觉得自己要为妈妈的感受负责。"

寻找自己——这是活出充实人生的关键。只有这样，我们养育出的孩子才有能力去过他们的充实人生，而不会继承我们在过去人生中形成的扭曲的情绪模式。这就是觉醒式教养的标志。

我们的自我价值并不依赖于任何人或任何外部事物，而只是建立在我们的本质真我之上。认识到这一点，使我们可以与内心的真实建立起深刻的联系，并且信赖它，让它做我们人生的雷达。女孩的来信中的最后一句话漂亮地诠释了这一点："我现在可以去寻找自我，不再带着折磨我这么多年的负罪感和焦虑。如今是时候做回我自己了。"

第12章

我们反应背后的真正驱动力

我们已经知道，信念来自我们的文化和家庭。虽然每个人的信念各异，但有一种潜在的情绪共同主宰着我们所有人在面对配偶、自己或者孩子时的反应，那就是：恐惧。恐惧使我们内心产生分裂，使我们与真实的自我剥离，以自我欺骗的方式把真我掩盖起来，以虚伪的“自我”取而代之。

回想一下当你感到情绪低落、焦虑不安或怀疑人生的时候，很有可能是当时的你害怕面对某事或某人，害怕某件事情的结果，或是害怕得不到你重视的人的欣赏或认可。每当我们感到恐惧时，我们本能地用一系列反应来掩盖它，包括从自我怀疑到伤害他人。通常，恐惧导致我们对自己或他人怀有虚假的想法，例如“我不够好”“我的孩子太失败了”“我无力改变我的生活”。事实上，每当我们挑剔自己或他人时，正是恐惧在支配我们之时。

一开始，我们可能不容易看出恐惧就是我们反应的驱动力，因为恐惧太擅长伪装了。它有很多副面具，例如愤怒、沮丧、虚伪、控制和悲伤。虽然在某些情况下，我们也许会觉得这些反应是合理的，但重要的是，我们必须认识到驱动这些情感的是恐惧。有时它保护我们免受负面影响，有时它却使我们陷入负面情感的循环。

每当恐惧躲在我们的众多面具之下，使我们把自己的感受转嫁到他人的身上——也许是通过责骂、发怒、妒忌或控制的形式；或者是发泄在自己身上，比如自我虐待、持续抑郁或自我伤害。无论哪种形式，我们都在尝试掩盖一个事实，那就是我们不敢全力面对恐惧。的确，一想到要面对恐惧，我们就会陷入惊慌。

如果没有恐惧，我们就不会做出反应，而是会对当下的情况做出理智的回应。两者之间的差异是巨大的，前者像是膝跳反应，是无意识的，高度情绪化的，是对外部情形做出的习惯性反应；而后者是经过深思熟虑的，平静的，它来自情感深处，而且不会有情绪反弹。恐惧是我们之前谈到过的各种文化迷思的基础，也巩固了我们从成长家庭里获得的情绪模式。

孩子是唤醒我们恐惧的最佳催化剂。虽然我们深爱着孩子，但他们常常唤起我们原始的保护欲。我们总是为孩子的安全、快乐和幸福担惊受怕，因此我们总是很容易被他们刺激到。不是担心孩子长大了会失败，就是担心他们长大了不被人尊重或者心肠不好。不是担心孩子的未来，就是担心万一他们出什么事不在了，或受到极大的伤害时我们该怎么活下去。无论出于什么原因，我们对孩子做出的各种反应中，恐惧是无处不在的。正是这样，导致我们对孩子大吼大叫，甚至大打出手。也同样导致我们对孩子口头羞辱，或者对他们灌输负罪感。

表达恐惧的典型路径

我们完全可以画出一条清楚的路径图，看看孩子的行为怎样引发我们的情绪反应，从而揭示出我们的情绪蓝图是如何影响我们的。我指的是：

孩子的行为：不听话。

你的反应：发怒、恐吓、惩罚

潜在恐惧：

“我不能控制我的孩子。”

“我的孩子长大了会是个恶霸。”

“我是个没用的家长。”

“我感到自己的话没分量。我说的话不管用。”

孩子的行为：晚上不按时回家。

你的反应：你很恼火，但又没办法给孩子订规矩。

潜在恐惧：

“我的孩子既自私又不为别人考虑。”

“要是我给他订下规矩，他一定会生气的。”

“我感到自己的话没分量。我说的话不管用。”

孩子的行为：因为受到了同学的排挤而不开心。

你的反应：过度参与和干涉孩子的社交生活。

潜在恐惧：

“我的孩子要是不在任何一个小团体里面，他就会觉得没有安全感。”

“我的孩子觉得孤单和被孤立了。”

“我的孩子要是不和同龄人一起玩，就会感到迷失。”

“没人喜欢我的孩子。”

孩子的行为：因为考试不及格而不开心。

你的反应：生气和惩罚。

潜在恐惧：

“我的孩子上不了名牌大学。”

“我的孩子既不会获得成功，也不会快乐。”

“我的孩子的自我价值感会坍塌。”

“我的孩子会落后于人，将来也不会有什么成就。”

在这些例子中，注意一下当孩子唤起我们内心的恐惧时，我们养成的情绪反应模式是如何表达出来的。就好比启动了个装置，我们的恐惧感马上激活了情绪反应。它引诱我们说一些自卫性或保护性的话，或做这方面的事情，使我们暂时从恐惧中缓解过来。

然而，我们越是把恐惧藏着掖着，越是在制造更厚的自我保护层——把那个我们不能做真实的自己时所创造出来的虚假的自我层层包裹起来。这些保护层使我们把感情的创伤隔离开来。现在，我们要做的是剥开这些感情的保护层，找到俄罗斯套娃最核心的那个小木娃娃。当然，要是我们幸运地在成长过程中有着能帮我们处理好情绪问题的父母，这些保护层从一开始就不会存在。抛掉情绪上的包袱，那该是多么自由的状态啊！

当我们被恐惧控制着，行为处于高度保护和容易受刺激的状态时，我们无法看清眼前的孩子，也无法享受真正的亲子联系。大部分时间我们被情绪冲昏了头脑，接近崩溃的边缘，我们试图对我们的孩子发泄被我们自己扭曲了的情绪来平息痛苦。那些深受自己混乱情绪困扰的家长无法使自己与孩子的感受协调一致。

我们恐惧的核心

一旦我们看清了自己的情绪反应和恐惧之间的关联，我们便可以瞥见支撑所有这些反应的那种更强大的感觉。这种感觉与我们的自我价值观有关系，从更深的层面来说，这与我们如何认知自己在宇宙中的位置有关系。换句话说，个体的恐惧，实际上是困扰整个人类族群的普遍的自我怀疑的缩影。

为了更清晰认识我们的内心，我们可以探究自己恐惧核心的各个方面。

》不被爱的恐惧

所有人心底深处的某个地方，总是渴望着被爱。假如这种渴望在童年时没有得到满足，成人后我们要么会想方设法去追逐它，要么就会封闭自己的内心，在表面的爱意之外，拒绝一切更深的爱。后者说明了为什么很多人成长在一个不表达感情的家庭环境。无论你正在经历什么感觉，你都不会表露出来。在这种坚忍下制造的冷漠感，使孩子觉得他们无所归依。

正是这种对于被爱、被欣赏、被肯定的渴望得不到满足，促使我们总在错误的地方寻求慰藉。当这种饥渴达到极致时，我们会借助物质来填补内心的空虚。

滥用药品的化学作用，抽烟或酗酒的麻痹作用，都能暂时平息空虚的痛苦。

内心觉得空虚的家长缺乏被爱，他们与孩子的互动出于他们自己的需要，而不是出于对孩子作为独特个体的真正关心。如果我们养育孩子是出于感受被爱的目的，我们所做的决定，都是出于如何满足自己的需要，而不是真正为了孩子好。

如果我们不去处理缺爱所带来的恐惧，它会破坏孩子教养的方方面面。这种恐惧会以以下的方式表现出来：

- 你尝试去过分讨好孩子，想以物质来买他们的爱。
- 你发现很难和孩子订下规矩。
- 你很容易心软，立场不坚定。
- 孩子的自然反抗，被你视为拒人于千里之外。
- 孩子的反应，被你看作是人身攻击。
- 孩子做什么都不够好，它反映出你内心的匮乏感。
- 你发现很难把孩子的身份认同和你自己的分开，因为你的自我认同感太低了。
- 你很容易对孩子动怒，因为你与自己丰富的内心资源失去了联系而觉得空虚。

这些恐惧的表现，在安娜贝尔的例子里可以看到好几种。在她的成长过程中，爸爸妈妈从不对她流露感情。她父母结婚后充满冲突，争吵不断。自然而然的，安娜贝尔吸纳了这种没有解决的痛苦，以及生活一团糟的感觉。因此她成了一个没有安全感、充满焦虑的人，很在意别人是否喜欢自己。等她终于结婚后，她嫁给了一个弱势的男人，他什么事情都交给她管。由于她以前一直没有得到过肯定，她结婚后对大小事务无所不管，控制着整个家庭生活。

当她最小的儿子被诊断出有学习障碍时，安娜贝尔很长时间都难以接受这个事实。她希望有一位聪明伶俐的儿子来让她觉得自己是一个称职的母亲，偏偏他不是。他学习成绩越差，她内心也就越崩溃。后来儿子出现了多动症的症状，最终导致一系列行为问题，她完全无力去面对。她控诉生活对她的折磨，变得忧郁和避世。因为她把儿子面对的难题都归罪于自己，她变得崩溃，而不是选择用她的力量帮助儿子走出困境。

安娜贝尔只知道用一种方法来处理儿子的问题，那就是彻底否认她这个小儿子的一切。她把他送到寄宿学校，雇专业人士来照顾他。直到接受心理辅导，她才开始看清她自我感觉不够好与她和儿子经历的这一切存在着关联。她终于明白了是因为受到了父母的冷漠对待，她才会同样冷漠地对待自己的儿子。

无论是强势的家长，还是粗心大意的家长，都受到了恐惧的控制。一看到孩子有些微瑕疵或某方面的能力缺陷，他们就开始否定孩子。也许你发现自己很难与这些家长感同身受。但你要是知道这些家长之所以这样，是因为他们每天都要和内心深处的渴望做斗争，你也许就会开始理解他们了。

安娜贝尔的例子，在某种程度上会引起我们所有人的共鸣。如果我们的内心没有打下永恒的爱的基础，我们的不安全感就会随时随地变成火焰。孩子做了什么事或者没做什么事，我们都心怀芥蒂，并且会总是往最坏的方面想。当孩子也吸纳我们的不安全感时，他们就会认为在和我们相处时，他们无法做真实的自己，他们会生活得战战兢兢，如履薄冰。

要面对内心的空虚，我们要拿出勇气、耐心和决心。如果在年少时缺少被爱的感觉，随之而来的匮乏感便足以摧毁我们对他人的信任，更不用说要去爱护他人。因此，我们必须怀着觉醒的心来教养孩子，让他们每一天都感受到自己是被爱着的，也是值得爱的，这一点非常重要。我们可以从现在开始，完全接受孩子。这样做，他们原本的真我就能茁壮成长，内心就会不再有匮乏，就不会出现多数孩子会出现的那些问题。

》对冲突的恐惧

如上文所述，由于我们从家族遗传了情绪模式，大部分人都害怕面对反对意见和冲突。这是因为，每当冲突发生时，我们就会体验各种后果，比如感到羞愧、受到惩罚，甚至遭受遗弃。由于父母通过这些方式否定了我们，我们便决心不惜一切代价来避免冲突，因为情感的痛苦实在难以承受。为了避免与他人发生情绪上的碰撞，我们学会了迎合别人的期望。

也许你的童年不一样，你从未见过父母吵架。结果是你从来没有机会观察到父母如何用健康的方式来解决分歧，这也意味着你也许没有学会解决冲突所需的技巧。因此，你很可能认定：凡是冲突，无论大小都是错的。

尤其是女孩子，她们都被教育避免与人发生冲突，当自己的需求与他人发生矛盾时必须让步。因此当她们中的许多人长大成为母亲后，都难以清楚地表达自己的需求，难以明确地制定规矩。这也不可避免地导致她们与孩子或是伴侣之间出现误解。

冲突是人与人正常交往的一部分，我们之中那些背负着家族情绪模式、努力要避免冲突的人，也没有能力帮助他们的孩子去面对冲突。我们太容易在冲突里爆发了，我们缺乏帮助孩子正确处理童年那些重要事情的能力，诸如遵守规矩，处理兄弟姐妹之间的矛盾，以及正视生命里的高低起伏。

在子女教养的旅程中，对冲突的恐惧会以以下某种方式出现：

- 你无法坚持对孩子说不。
- 一见到孩子遇到困难，你会迫不及待地去解救他们。
- 你无法忍受孩子兄弟姐妹间的矛盾，总是干涉其中。
- 每次拒绝了孩子，你都会感到愧疚，过后用有害的方式来过分补偿。
- 你无法为孩子订立严格的规矩。
- 在孩子面前你耳根子软，百般讨好，还成为他们的出气包。
- 你宠坏孩子，给他们买了太多他们不需要的东西。
- 你放任孩子，让他们使唤你，到头来又对他们心怀怨恨。
- 你害怕孩子激烈的情绪。
- 当孩子感到难过时，你过分保护他们。
- 你对孩子的生活百般控制，目的是使他们与痛苦绝缘。
- 不直截了当地说“不”，反而唠唠叨叨、口若悬河地对孩子说教。
- 你与伴侣或朋友之间没有建立好清晰的界限。
- 因为不懂得拒绝别人，你为别人跑腿做事把自己累坏了。

- 你永远活在被否定或被认为“难相处”的恐惧下。

戴安的爸爸脾气火爆。她成长的过程中一直笼罩在对爸爸不稳定的情绪的恐惧，以及由之带来的冲突之下。见惯了父亲大发脾气，她妈妈的无助也传给了她。不用多说，家庭给她塑造的情绪模式，伴随着她走进自己的成人生活，导致她嫁给了一个和爸爸很像的男人，事业有成，却情绪不稳定。但幸运的是，丈夫常常因工出差到很远的地方，所以他几乎不在家。

有了孩子后，戴安发现自己总是要独自一人照料三个孩子。这给她带来了巨大的压力，她的情绪波动很大，不是因挫败感而发火，就是因无助感变得消极。因为她逃避给孩子定规矩，孩子总是没规没距，调皮捣蛋。孩子的行为，是对父母的提醒。每当戴安的孩子不遵守规矩，或者在学校出了麻烦，她就狠狠地收拾他们。三个孩子的生活就像钟摆，在完全没有秩序和完全的封锁之间摇摆。

像戴安这样的妈妈，常常被人误解为不理智、优柔寡断。社会总是会指责这些孩子的成长方式，要么养尊处优，要么焦虑不安。这些妈妈之所以会这样，是因为小时候与自己的内心失去了联系。是的，一个人的“自我”可以使他“表现得坚强”，但是这种“坚强”与我们平静而坚定的内心所产生出的那种坚强是不同的。来自我们内心深处的坚强，才可以使我们成为强大的存在。

戴安开始接受辅导后，她开始慢慢发现她害怕冲突的根源。她明白自己逃避给孩子订立规矩，是因为她童年时经历过被否定的恐惧。她看清了自己其实也变成了自己母亲的样子，只会感到无助，而不敢站起来争取自己想要的东西。随着自我感逐渐浮现，她慢慢可以在亲子关系之中建立必要的界限了。

如果对你而言在亲子关系中设定界限很困难，而且你十分害怕冲突，那么其实你就剥夺了孩子学习在尊重他们自身和别人的需求之间找到平衡的机会。人与人之间的界限是必须存在的，在孩子的生命历程中，它帮助孩子认识自身的局限以及学会与他人合作。没有家长的带路，孩子会感到迷失，甚至会混乱。

如果设定界限这件事让你觉得焦虑，那么孩子也不可避免地会感染你的焦虑感。当孩子感受到焦虑时，他们也许会挑战我们的极限，试图迫使我们去设置一个界限。这种现象我们在孩子年幼的时候会经常看到，他们会尝试危险的行为。要不他们就会时时充满焦虑，因为当他们不知如何是好的时候没有人来干预，帮助他们解决问题。

孩子需要我们来限制但不是控制他们。他们的真我知道他们需要限制，无论是在行为还是情绪方面。我们的孩子知道如果他们的行为太出格，我们会限制他们，他们实际上会乞求这种限制。他们需要从中获得安全感。尽管如此，只有我们解决了自身对于冲突的恐惧和接受界限的必要性，我们才能为他们提供他们需要的限制以及由此产生的安全感。要有效地限制孩子，我们必须积极开拓本性中的“阴”和“阳”。尽管从大体上而言，人类分为男性和女性，但我们的内心却是同时具有男性特质和女性特质的。我们只有接通自己的内心，才能成为完整的人，因此我们要与自己内心的阴柔特质以及阳刚特质建立起和谐的关系。

在子女教养中，许多父母都遵守他们所属的男性或女性角色。父亲常常阳刚有余而阴柔不足，母亲则刚好相反。因此，父亲通常负责规矩管教，而母亲负责日常照料。虽然有许多男士或女士不属于这些文化传统所设定的模式，但我们的社会期望以及家族培养的情绪模式都推动我们按照这些规范来养育孩子。

我接触过的许多妈妈，总觉得独立自主、在家里担当领导者的角色很难，甚至很难坚持自己的立场，尤其是面对儿子的时候。她们无法在家里订立好明确的规矩，每当要拒绝别人的时候她们都觉得有负罪感。她们耳根子软，无法坚持自己的权威，清楚表达自己的真实想法，甚至卑微得像自己孩子脚底下的烂泥。这样于母亲于孩子都是不健康的。同时，我也接触过不少爸爸，他们不知道该如何跟孩子或伴侣交心，因为流露真情让他们感到害怕。

不能接受、接纳自己内心的阴柔或阳刚的一面，都使这些父母失去许多亲子之间的重要的经历。我常常告诉这些妈妈，“少些表现出你阴柔的一面，变得更加强势、刚强起来。”而对爸爸，我就得把话反过来说。在子女教养的历程中，学会平衡刚强和温柔是非常重要的。

不敢站出来坚持自己立场的女性，总在超出正常范围地奉献自己而不知道如何追求自己所需，也不懂得让他人尊重自己的底线。她们常见的下场，是越来越憎恨他人。同样，男性虽然以善于设置规矩、让孩子遵守他们确定的时间和空间而著称，但说到情感交流，他们就手忙脚乱了。对于这两种气质模型，我们的孩子的反应是：他们通常会看不起妈妈，而害怕爸爸。我知道这样的概括很笼统，而我也一直看到，在把孩子抚养成完整的个体时，这两者都造成了危害。

我们必须教育孩子，让他们知道他们有潜力发展“阴”和“阳”这两方面的特质。矛盾两分法是所有其他原则的基础，因为它概括了事物的对立统一性。它使我们的关注点从对事物、对人的片面印象，回归到它们的完整性中去。这样一来，它更挑战我们超越外在的形相，进入到无形的内心世界中。

为了鼓舞孩子性格刚柔两面的发展，我们需要培养“阴”和“阳”的能量生长。例如，当我们的女儿很有主见时，与其批评她们或者要她们不要这么“张扬”，不如明智地引导她们的能力发展。当她们展现出独立自主或领导才华时，与其弱化这些特质，不如多给她们鼓励。当她们说“我觉得我不会结婚”或是“我想自己开公司”时，不如允许她们追求自己的梦想，而不是把我们的偏见或担心加在她们身上。我们的女儿，值得拥有不设限地探索大千世界的权利，值得成为无畏和坚强的人，有能力朝着她们心之所向而努力前进。

同样，当见到我们的儿子啼哭时，我们需要鼓励他们聆听自己内心的声音。尊重自己的情感，是一种值得称赞和鼓励的能力。当他们展现出温柔体贴的性格，和对家务活的兴趣时，与其压抑他们的兴趣，不如给他们鼓励。男孩子也能够成为温柔、体贴、有同情心、有爱心和善于给予的人。我们需要让他们知道，他们跟自己的内心越接近，就会越加勇敢和阳刚。

我们与孩子相处时，需要自问：“我的孩子需要往哪一边发展才会更加平衡？他们是更偏向女性化吗？如果是的话，我怎样鼓励他们变得更加阳刚？如果情况是相反的呢？”觉醒的家长不会压抑孩子天性的发展，只是会在孩子天性选择的范围内帮助孩子扩大选择，让他们的个性发展得更加圆满、平衡。

男士们是时候接纳更多女性气质了，变得敏感一点，温柔一点，体贴一点，感情丰富一点。如果做到了，他们就会用另一种眼光看待冲突，和平就会成为现实。同样，女士们也是时候接纳更多男性气质了，她们可以为自己代言，有能力发出自己的声音，站起来对抗不公平现象，以及追逐自己的理想。

孩子如果有我们做榜样，这两种特质会在他们身上自然地发展起来，互为补充。他们需要看到爸爸不排斥身上的阴柔气质，也需要看到妈妈对身上的阳刚特性感到自在。

一个人的内心得到完整的发展，这种平衡的力量会向外延伸，在外部世界产生一种凝聚力。我们可以创造这样一个世界，它在阳刚原则推动下繁荣昌盛，但同时用母性的力量滋养地球及其上面的生命。这两种力量都不应该打败另一种力量。有一种自然的力量促使它们中和。这一切都从觉醒开始。

》投入的恐惧

如果我们成长的家庭不善于公开表达情感，父母吝啬于给予爱和认同，那么我们便害怕无所畏惧地奉献自己。如果他人要求我们投入大量的感情，我们也很难做得到，无法全身心投入。这是因为我们深信，爱是稀缺的资源，供应有限。正因为怕浪费了珍贵的爱，我们会保护自己，从一开始就不会付出太多。

这种观念的根源，是我们的父母没有慷慨地给我们海量的爱。与害怕得不到爱有些不同，我们害怕向别人投入感情体现为我们只顾着自己。我们变得消极克制，而不是慷慨地给予，包括给予别人时间与感情。

有了孩子后，他们要得到持续关注的要求会让我们应付不过来。连我们自己都没有经历过的，我们如何能给孩子这种程度的照顾呢？孩子对我们的无限渴求，足以将我们击溃。我们很难理解孩子如此需要我们的事实——他们期望我们完全忘我、不顾一切地关注他们。婴儿的这种需求尤为突出。由于这个原因，家长们在孩子六七周的时候就开始训练他们独自睡觉。

当然，有些家长选择了逃避。他们把自己沉浸在工作与社交活动中，甚至自己把自己逼到困境，就是为了不用和子女有任何情感交流。这样做，这些家长等于把自己的童年经历复制了一遍。

害怕投入感情，有可能会影响到你的亲子关系，如以下情况：

- 你很难做到不把自己的感受投射到孩子的感受上去。
- 你很难集中精神在孩子身上。
- 你很难用孩子的心态来跟他们玩耍。
- 跟孩子相处，你觉得无法无所顾忌地表现自己。
- 你很难把孩子对你的要求看作是自然发生，而不是一种胁迫。
- 你很难做到对孩子无条件地给予。
- 你很难把自己的心思放下，全心全意为孩子付出。

看看这个例子。凯斯的妈妈非常专注在她的电视事业上，于是常常把凯斯和他的弟弟托管给保姆。爸爸也是一名工作狂，常常不在家。因为凯斯从小就没有依恋一位主要亲人，他在没有踏实的自我认知之下度过了童年。由于家境宽裕，他的任何需求都可以在物质上得到过分满足，然而他却得不到他真正需要的简单纯粹的温暖与养护，他内心的情感也从未被点燃起来。

童年时代凯斯的心房从未被叩开，于是长大后他开始关闭他的心——就像是久未使用的肌肉萎缩了。情感交流从来没有在他生命中发生过。他的生存原则就建立在物质和地位符号之上，他把物品的价值看得比情感的交流更重要。因为从来没感受过充满温暖和关爱的真挚感情，所以他对女人也十分冷漠。他成为父亲之后，在家的角色除了是物质供养者，就再也没有别的了。最终，他的孩子从没有真正认识过爸爸，以为爸爸讨厌他们的存在。

我们许多人在成长过程中，都觉得爸爸妈妈没有真正认识我们的内心。在孩子眼中，父母总有些距离感。因此，我们长大后也变得惧怕感情上的亲密关系，错误地认为那会令我们窒息。我们也成了父母后，我们觉得孩子的需要既陌生，又干扰了我们的生活。我们不是去适应，而是将他们拒之门外。我们不是欢迎孩子向我们表达情感和需求，而是选择逃避，让他们以为自己根本不配得到爸爸妈妈的关注。只有在我们看到孩子受到的伤害正是我们埋藏心底的创伤的折射之后，我们才会勇于面对我们的过去，最终成长成为一名我们应该成为的成熟家长。

》独立自主的恐惧

在许多家庭中，家长和孩子之间的界限是非常分明的。在传统的等级森严的家族中尤其如此，孩子被教导一定要遵守父母的教训，要听话。这样的家庭很有可能出现家人之间的过分干涉，以及养成孩子依赖的恶习。

如果家长不让孩子说出自己的声音，遵从自己的航向，孩子长大后就会习惯于依赖父母的权威。很多事情他们都要得到父母的许可，他们失去了培养自立能力的机会。遇到偶尔需要他们自己做决定的情形，他们会感到害羞或者害怕，这种感觉又会推动他们回到循规蹈矩的轨迹上。当这些孩子长大并成为父母时，他们延续被动的习惯和依赖的性格，这使得他们无法在家庭里承担头脑清晰、令人信服的领导者角色。

这种恐惧可能以下面的方式体现在你的生活或家庭中：

- 你无法为家人规划愿景。
- 你无法允许孩子有他们自己的生活。
- 你控制孩子的一切，不给他们任何自由。
- 你让孩子变得过分依赖你。
- 只要孩子与你观点不同、兴趣不合，你就认为是一种背叛。
- 如果孩子选择了一条与你所设想的不同的道路，你会让他们感到内疚。
- 你让孩子觉得有自己的想法是一件羞耻的事。
- 你过分依附于孩子，干涉他们的生活，不建立清晰的界限。

贝蒂的家庭从小就教育她要做一个安静、温柔、顺从的姑娘。从小到大，一直到大学毕业，她都被看作是一个“非常好的女孩”，她也一直以此为荣，直到她上了大学。她甚至还如父母所希望，成了一名医生，而从来没有想过去做一些她自己想做的事情。然后贝蒂也成了妈妈。依照家庭给她描绘的情感路径，她也把女儿按照自己的样子来抚养。

表面上，这个家庭美好得像电视剧一样，却没人想到贝蒂正经历着丈夫感情上的折磨。她不敢让任何人知道，尤其是她的女儿，她把所有受虐的证据都隐藏起来。当丈夫出轨的时候，她也假装没这回事或是一点也不在乎。当丈夫开始控制家里所有银行账户与信用卡，她也把所有控制权交给了他。

一直到女儿离家上大学，贝蒂才开始崩溃，得了严重的忧郁症。女儿看到妈妈饱受折磨，也承受着巨大的负罪感，她甚至休学了一整个学期回家陪伴妈妈渡过难关。破碎的婚姻、空荡荡的家，都让贝蒂觉得不堪重负，她从食物寻求安慰。终于她暴增的体重损害了健康，她不得不寻求帮助。

贝蒂花了很多年才开始认识她真实的自我，寻找到内心的声音。到了她快 60 岁的时候，她终于鼓起勇气与丈夫离婚。即使如此，她还是被独自生活的恐惧感吓倒了。到了 60 多岁了，她依然在接受治疗，仍然挣扎着试图独立自主，在她失去的自我的废墟中寻找生活的道路。

维持一段持久的婚姻而没有放弃，表面上看来很令人敬佩。在公众眼中看来，这样的人会被认为很顾家，全心关爱伴侣或孩子。在某种程度上，这的确是可贵的品质。然而，再仔细观察，就会看清这些人都是被他们的家庭关系所限制，他们愿意以自己的幸福为代价，仅仅为了维持家庭或者婚姻的名义。最后，他们发现自己无力只靠自己独立生活。

如果这种父母教育出来的孩子，拒绝家庭绘制的情绪路线而逃离，他们会像贝蒂的女儿一样觉得有负罪感。这种自我能动性的坍塌，会使个人在不知不觉中实实在在地失去生命的动机、热情和目的。只有当作为家长的我们找到做自己的权利与勇气，而不是从他人身上寻求做人的意义时，我们才可以让孩子自由大胆地飞翔，无所畏惧地探索自己的天地。

》对于不幸福的恐惧

我们许多人成长的家庭中，都对不幸福的人生有着巨大忧虑。我们并不把不幸福的时光看作人生的自然组成部分，而是每当情绪低落，我们都会有负罪感。这导致我们全力去避免会令我们不快乐的事情。我们被幻觉迷惑了，以为人生就不应该不幸福。

当我们抵制那些导致我们不幸福的经历时，我们就是在教育孩子不仅仅是害怕“不开心”这种自然的人类情感，也害怕原本就会高低起落的生命历程。我们的孩子长大了，也相信应该不惜一切代价来避免不开心。

我见过无数次这样的情景：家长见到孩子哭，就会说：“哦，孩子，你不开心，来一块饼干吧？”我问这些家长，悲伤的情绪和食物之间有联系吗？他们总会看着我，反问说：“悲伤情绪和食物之间的联系不是明摆着在那儿吗？”与用食物来管理我们的创伤一样，我们还会用吸烟、酗酒、药物、电视甚至运动等来麻醉我们的悲伤。如果我们不鼓励孩子尊重这些与平常快乐时光不同的时刻，那么我们是在剥夺他们完整真实的人生体验。我们以为我们在保护孩子远离伤害，其实我们是在剥夺他们从中锻炼出坚韧个性的机会。

让我们来看一下，我们是如何一看到一丁点儿不愉快的苗头就开始恐惧，从而阻碍孩子的情感发展的：

- 孩子似乎不开心了，你会马上试图让他们开心，迫不及待地要插手处理他们的伤痛。
- 孩子性格敏感脆弱，你会看不起他们。
- 当孩子的情绪让你觉得不安时，你无法用同理心对待他们。
- 你不教孩子如何处理伤痛，只教他们要避开它。

加贝尔回忆起他 9 岁那年，有一次在学校里被人欺负，哭着跑回家的经历。他冲进屋子里想找妈妈，希望妈妈安慰自己，但当时只有爸爸和爷爷在家，他们正在打牌。对加贝尔的哭诉，爸爸和爷爷都听不进去，没有表示出任何同情，还训斥他“没出息”。他们还取笑他连自己的妹妹都不如，妹妹刚把欺负自己的人揍了一顿。

加贝尔记得当时自己低着头，羞愧万分。他对自己发誓，永远不会在爸爸面前落泪。他学到流露感情是一件很不男孩子气的事情。那天晚上睡觉前，他还一头撞到枕头上，重复地对自己说：在爸爸爷爷面前表现得这么没出息真是“蠢透了”。

直到今天，无论是自己或是身边的人哭，加贝尔依然很难产生同理心。他的妻子常常抱怨说，当她流泪或者不愉快的时候，丈夫漠然地从她身边走过，就像漠视一堆脏衣服那样。她不理解为什么他可以那么狠心。加贝尔的孩子常常惹得他失去耐心，他总是朝他们大吼大叫，或恐吓要惩罚他们。这正是由于加贝尔的真实情感从来没有得到认可，于是他也无法理解孩子身上不愉快的情绪。

一直逃避对不快乐的恐惧，再到对失败的恐惧，到头来像加贝尔这样的人成了最不快乐的人。这些人尽力隐藏他们的感受，他们总是非常焦虑地把自己的日程填满，奔赴各种活动来逃避无法面对自己的情感的痛苦。最终所有一切都会崩溃，他们还是要被迫面对他们逃避了一生的东西。

按照这种模式来教养的孩子，他们很快就学会了把悲伤隐藏起来，在爸妈面前戴上一副讨好的面具。而他们的真实感受，则会通过身体的不适表现出来，例如偏头痛、胃抽筋、耳痛等，又或者学习成绩开始下滑。这真是十分讽刺，这些不健康的情绪发泄方式反而会增加焦虑感。

》觉得自己没用的恐惧

我们许多人成长的家庭都有一种让我们总是觉得自己不够好的情绪模式。因为我们一直被拿来和别人家的孩子相比较。当我们被比了下去的时候，长辈就让我们觉得难过。我们看见了金钱、美貌、地位这些东西对我们的父母有多么重要，也就把它们当作衡量成功的标准。我们从很小就学会了仅仅做自己是远远不够的。

这种觉得自己不够好的感觉足以影响我们成为家长后对待孩子的方式：

- 我们教会孩子，只有通过考高分才能让他们自我感觉良好。
- 我们迷恋于打扮孩子的外表，并教他们倚重自己的外貌。
- 我们尝试控制孩子跟什么人交往，并且关注他们的受欢迎程度。
- 我们在他人面前卑躬屈膝，放低自尊。
- 我们过度执迷于外貌、形象和社会地位。

玛丽清楚地记得，爸爸过去经常给她讲工作上的事情，爸爸自豪的是，他的老板从来不对他发火，因为他安分守己，不闹事。虽然曾经有一位老板常常羞辱他，但他依然尊重老板的权威。爸爸的故事在她身上灌输了一种恐惧，不敢维护自己。久而久之，玛丽开始以为别人比她重要，尤其是那些位高权重的人。成年后，即使被人中伤或恶意对待，玛丽都难于挺身而出保护自己。一直到她一位最好的朋友背叛了她，偷了她的钱时，玛丽才如梦方醒，意识到需要寻求专业的帮助。通过心理辅导，她开始看清自己在人际交往里有一种模式，就是她总会吸引那些占她便宜的人，还有那些从来不平等对待她的人。她将这种模式一直追溯到她的童年，从小她就觉得自己不值得被关心或被尊重。

玛丽和像她这样的人成为父母后，他们的孩子也会为做自己而感到焦虑。因为他们看到父母是如何在人前低头、逃避、无力坚持做最真实的自己，所以他们从中习得了自己低人一等这种观念。

» 失去控制权的恐惧

育儿产业成功地向我们推销了这个观念：当一个好家长，我们必须控制一切。我们把控制权理解为一直控制孩子的生活，然而其实我们最应该控制的，是我们自身的情绪反应。

我们饱受焦虑的影响，很难从亲子关系中退一步，很难给孩子犯错并从中学习的空间。我们必须认清楚，一个陪伴孩子的称职的家长，与一个因为焦虑和执迷而变得唠唠叨叨、芝麻绿豆的事情都要管的家长有着天壤之别。

害怕在亲子关系中失去控制权的表现形式如下：

- 你很难允许孩子犯错。
- 你觉得给孩子独立自主权，就等于抛弃了自己的孩子。
- 你觉得如果不全天候在孩子身边，他们就会崩溃。
- 你觉得没有你的存在，孩子就不会茁壮成长。
- 你给自己过度的压力去满足孩子的每一个需求。

- 为了帮孩子管理好每个决定和每个活动，你把自己累坏了。
- 孩子每做一件事，你都把它当作自己的事，不允许孩子为任何事情不知所措。
- 你把孩子视作你成功人生的一个重要部分，你对自己为人父母的角色十分自豪。

凯西就是在父母的控制和完美主义之下成长起来的。当她有了自己的孩子时，孩子就成了她的工程和项目。她为孩子报名参加最好的文娱活动，并要求他们在每一项活动中取得成功。然而，她最小的女儿嘉琳，反对妈妈严格的家教，用叛逆来反抗妈妈并宣告她内心真实的想法。母女之间发生了严重的冲突，不得不来接受心理辅导。

与凯西的谈话中，我们越来越看清她真的很难对女儿放手。但嘉琳也绝不会让步，凯西没有选择，最后也只能由着她。凯西一开始是不情愿的，但她渐渐看到自己的教养方式是基于她内心的恐惧，并随着她觉悟的增长，她惊讶于自己过去使女儿疏远自己的种种做法。

这样的父母会将自己表现成全心全意的家长，以掩饰自己的焦虑。只有到了孩子开始反抗，他们才被迫停下来，转而面对自己内心的恐惧。

这样的父母教育出来的孩子饱受焦虑和对失败的恐惧困扰。为了争取自己生命中的话语权，他们有可能变得挑剔自己，或者伤害自己，要么就变得叛逆。无论哪种做法，这些孩子内心都会充满负罪感和愧疚感，因为他们无时无刻不觉得是自己在做错事。直到情况恶化到完全失衡，他们受到父母过分管教的感觉才会被家长觉察到。

» 对平凡的恐惧

我们都成长在一个过分强调完美的文化传统中，如果我们没有一个擅长的领域，我们就会觉得自己不如别人。你无法想象有多少次我听见有些父母抱怨说："他没有一样东西比别人强。"或者一个孩子在自怨自艾："我的体育技能只是一般般。"我们没有意识到，我们是在任由自己和孩子以完美主义的、特

我们把控制权理解为全天候控制孩子的生活，然而其实我们最应该控制的，是我们自身的情绪反应。

殊的和不平凡的才华来定义自己的价值。一旦我们没有拥有这些超凡品质，我们就觉得自己没有用，从而失去了安全感。我们的平凡给我们带来了巨大的焦虑，以致我们总去想用别的方式来用力补偿。

我们成为父母，我们孩子能力的局限会引发我们的焦虑，到了某种程度，我们会发现自己有以下的表现：

- 我们拼命地督促孩子在某些领域超人一等。
- 孩子不够优秀，我们就会羞辱他们。
- 我们对他们多加管束，害怕他们失败。
- 我们过分强调竞赛的重要性，教育孩子活着就是要赢。

我想起了卡洛琳，一个勤奋好学、成绩优秀的 13 岁女孩。她既听话又礼貌，简直是众多家长梦想中的好孩子。她的妈妈把她带到我这里来，是因为她每次考试前都饱受偏头痛的折磨。头痛越来越严重，以至于她无法和其他同学一起参加考试。她是大家眼中的尖子生，却无人理解为什么考试会让她头痛。

卡洛琳的父母首先采用传统的治疗方法，就是让她灌下大量的止痛药。除了使她镇静下来，父母不知道如何面对这种状况。当再多的非处方药也无法产生效果时，父母只好又带她去看心理医生，以给她开一些药性更强的药来减轻她的焦虑。

过了不久卡洛琳的头痛症蔓延到学业之外的事情上。准备她的钢琴独奏会，她会头痛。朋友邀请她去参加聚会，她也会头痛。她的父母百思不得其解。她是一位成就达人，为什么她那么害怕成功？她从来没有失败过啊，这种恐惧从何而来？

父母终于意识到药物不是解决问题的方法，他们带女儿来到了我的跟前。我很快明白了卡洛琳其实是受到完美主义的折磨。它带来的压力如此巨大，以致她被压得喘不过气来。她不允许自己表现平庸，也绝不允许自己怠慢学习，直到身体出现状况，开始罢工。

除非父母承认自己对女儿的焦虑有责任，否则事情不会出现转机。她的父母已经习惯了有一个成功的女儿，他们拒绝承认自己把对失败的恐惧投射到了女儿身上。“她从来没有失败过，”她的妈妈反驳说，“我们怎么可能使她害怕失败呢？我们从来没有因为她考试成绩差而责骂她。我实在想不明白我们怎么就和她的恐惧有关系。”

我向他们解释，卡洛琳从来没有因失败而受到责骂，并不意味着她没有本能地意识到她的成功对父母而言有多么重要。

“成功当然重要啊！”她的妈妈回应，“卡洛琳的每一项成就，我们都大肆表扬。这不是家长应该做的事吗？”

“表扬当然可以，”我认同，“但如果孩子本能地感受到家长们有多么看重他们的成就，并意识到对家长意味着很多——甚至超过对于自己的意义——他们会内化这个观念，化为一种焦虑感。我们享受或者庆祝孩子成就的程度，不应该超过他们自己享受和庆祝的程度。如果我们比孩子更看重成就，那我们就向他们传达了一个信息，我们把他们的成就当作自己的了。当孩子意识到这一点，他们身上的‘好’孩子的因素会促使他们继续争取更多的成就来取悦我们。卡洛琳的头痛就是她承受了讨好父母的压力所付出的代价。”

卡洛琳的妈妈终于认识到她是如何把整个家庭的价值观和幸福感建立在卡洛琳的卓越成就上，她改变了她的态度。在经过了好多次心理辅导后，卡洛琳的父母终于认识到他们追求完美的执着带来了多大的危害。他们调整了对女儿的期望，从而终于把女儿从父母愿望的压力中释放了出来。讽刺的是，他们希望看到女儿表现完美，正是源自于他们对自身感觉不完美。

身为父母，我们自然地希望为子女的成就欢呼鼓舞。但这样做，我们很容易给子女一个信号，就是失败是不可接受的。“自我”是永远不会满足的。被放任的“自我”，只会给我们的子女带来焦虑，因为他们总需要努力讨好我们。

» 对短缺的恐惧

如果有一种恐惧是凌驾于所有恐惧之上的，那就是对短缺的恐惧。在我们的情感基因中，我们似乎承继了一种信念，那就是整个宇宙的资源总是短缺的，世界上的善意总是不够多，财富不够用，美貌不够多，爱心也远远不够多。正因为这种信念，我们越长大对于善意、财富、美貌和爱的定义越来越狭窄，而不是越来越宽泛。我们越是用一种狭隘的眼光看世界，我们看到的就越只有短缺。

如果我们仅仅是用金钱来衡量财富，那只有富人才够用。这种对财富的狭隘定义，造成我们很难觉得幸福，除非我们富得流油。然而，如果我们用一种豁达的眼光，看到我们的宇宙有多么广阔丰盈，我们对财富就会有其他认识——拥有美好的家庭、健康的身体，以及深交的挚友也是财富。

同样，如果我们把美看作稀缺的资源，我们就会用传统的眼光去定义它，把美放到了无可企及的高度。这样一来，我们永远会觉得我们像是缺乏了什么。但如果我们把美看作是丰盈不绝的，我们会认识到美可以是千姿百态的，不是只有环球小姐竞赛的狭隘标准才是美。在更加宽广的视野下，我们学会欣赏自己的小鼻子是灵巧活泼的，而不是讨人厌的；我们脸上的斑点也可以是可爱的，而不是惹人烦的；我们的曲线身材是充满魅力的，而不是让人心烦意乱的。

当你看你自己或你的孩子时，你是在意你与他们身上所缺乏的，还是所拥有的呢？当你遇到事情时，你是注意这件事情上那些对的方面还是错的方面呢？你的答案对你如何抚养孩子成长有着重大的影响。它同样反映出你内心空虚的程度，反映出你的本真没能达到的程度，因为我们如果从外部世界看到短缺，正是我们内心感觉短缺的表现。

孩子还小的时候，他们完全不懂什么是短缺。在他们眼中，世界总是丰盈的，因此世界就是他们的游乐场。他们喜欢去探索各种兴趣，能力和才华。因此，他们也乐于接受他们能力的局限。他们知道，即使不擅长某一件事情，世界还有很多可以让他们享受的东西。事实上，孩子并不会因为承认自己不擅长某事而觉得羞耻，一直到他们从我们身上学来这种羞耻感为止。他们本来也对自己的外表没有评价，直到社会把他们分门别类，拿来跟其他人的外表比较。他们本来是对自己的身材或样子丝毫不会感到羞愧的，直到他们与社会观念发生冲突时为止。

丰盛的人生，并不等于住豪宅大院，大把撒钱。丰盛是一种心态，它反映出人对宇宙万物的有机运行，以及个人在纷纭事物之中的位置，有着深刻的信赖。它代表了一种从整体、全局的角度，而不是局部、个体的眼光去观世事、观众生、观自我的世界观。个人的弱点和局限作为整体的某个方面都是可以接受的。

你有没有想过，丰盛的人生，是包含了局限性、失败、苦难，甚至死亡的吗？当我们抱着一种达观的心态，欣赏宇宙的浩瀚丰盛，我们不会把生命的自然过程理解为失去或消亡。反而，每种事物都包含在 360° 全方位的生命循环中。生命中的每种际遇，我们都可以理解是为生命的丰富体验和宝贵历程添上姿彩。在宇宙的整体系统之内，除了我们能察觉到的东西，一定还有其他东西在发生着作用。每样事物都有着它积极的一面，即使我们看不到也不意味着它们不存在。当我们从这个角度观察认识时，每个经历的“本身”都是值得拥有的。我们要相信，每件事情的发生，其中都包含着帮助我们增长智慧、帮助我们成长的可能性。

要是你在日常的亲子关系中有以下的反应，那你就可能有缺乏的恐惧:

- 当孩子考试得了 C 时，你就开始恐慌。
- 见到孩子长胖了，你马上要他们开始节食。
- 孩子觉得自己不聪明，你就请来一群家庭教师。
- 孩子被老师批评或被朋友排挤了，你感到不开心。
- 孩子把书包忘在学校了，或者把手机丢了，你就大骂他们一顿。
- 发现孩子沾染上毒品，你把他们长时间关在家里。

扎克最熟悉这种“资源永恒匮乏”的心态了，尽管他成长在一个家境相对优裕的家庭里。他的父母都是第一代移民，常年生活在低自我价值认知中，他们感受不到自己的价值，只看到生活处处都充满了匮乏。扎克从小就相信世界是不安全的，你必须抱着一种一往无前的心态过活，否则你会被生活淘汰。这使他成了一个情绪过分高涨、战斗心极强的人。

扎克在投资银行工作，这份职业把他内心的饥渴隐藏起来，同时也驱使他疯狂地赚钱，追求高人一等的社会地位。即使他 40 出头就成了百万富翁，他还是无法从匮乏感中解脱出来。无论身边的人如何告诉他，他是多么事业有成，是个人生赢家，他从来都听不进去。

扎克的孩子出生后，他逼着孩子在每一项活动中成为赢家。他的小儿子承受不住这种压力，开始出现社交焦虑。扎克觉得这真是天底下最糟糕的症状，于是把孩子带来做心理辅导。慢慢地，他开始理解他的人生被内心深处的匮乏感控制了。经过药物治疗结合心理辅导，他逐渐学会欣赏生活中平凡的事物。他敢于面对恐惧，慢慢接受了孩子的真实样子，不再让孩子觉得没有安全感了。

用一种充满匮乏感、认为资源处处有限的心态抚养孩子，孩子会充满恐惧，这造成他们没有安全感，内心无法强大起来。他们不相信生活中的苦难是成长的机会，也不相信他们有能力战胜苦难。他们一直处在自我防卫和自我保护的状态下，生活对于他们就等于是战场，他们与命运抗争着，学不会随遇而安。

活得自信、丰富和强大

随着我们逐渐认识到，自己对孩子做出的反应都受到我们内心恐惧的影响，我们就能学会新的方法来对付它。学习的目标不是要彻底摆脱一切恐惧，而是在它要击倒我们的时候学会认清它的招数。我们不是要追求完全没有恐惧的人生，而是要挺身而出面对一切处境，相信自己有智慧、有能力来对付各种处境所带来的恐惧。这样，我们才不再害怕恐惧，反而把它看作是帮助我们获得更大的快乐和满足的力量。世界不再是单纯分为快乐或不快乐、害怕或不害怕，而是融合进一个整体体验之中。对这种体验的衡量标准就是我们从中了解自己有多深、自我成长有多少以及与自己内心的联系有多密切。

第13章

从恐惧走向觉醒

随着我们开始觉察到我们所有的行为反应尤其是面对孩子所做出的反应背后潜伏的恐惧暗流，我们获得了机会解剖这些陈旧的思维方式和与世界互动的方式，用更加先进的对当下情景做出回应的方式取而代之。

我们从父母那里遗传过来的情绪模式几乎影响了我们对于所有事情的情绪反应，如：

- 我们如何对待金钱。
- 我们如何处理压力、改变、厌倦、否定和背叛。
- 我们如何对待我们的身体和他人的身体。
- 我们对勤奋工作、成功和失败的感受。
- 我们对食物的感受。
- 我们如何处理冲突、规则、风险和挑战。
- 我们如何处理友谊和亲密关系。
- 我们如何自我管理。
- 我们如何处理领导者和跟随者的角色。

当我第一次意识到，在我生命的每个主要领域，几乎都有情绪模式的“芯片”镶嵌其中时，我惊呆了。几乎每个对于自我和他人的想法、意见、判断，都是我的家庭和我所身处的文化强行灌输给我的，这让我很抓狂。一方面，这意味着我到 10 岁的时候，就已经深陷在家庭情绪模式的泥淖里。要是把这些影响全部消除，那得花费我余生的时间。另一方面，我释然地想到，我仍然可以把那些对我没用的印记去掉。这是我的一次顿悟——使我既恐慌又振奋！

我依然记得我第一次意识到，我不是由我的父母、我的文化，或任何以前我认同的东西所定义时的那个情景。千万不要以为我要把他们对我的所有影响都否决掉——我绝不是这个意思。我即将要讲述的，是我如何觉悟到我的自我不依靠其他人而独立存在，并不是由他人的观念所定义的。

那时我 22 岁，刚刚从印度搬到旧金山，那时离我开始在加利福尼亚整合研究学院（California Institute of Integral Studies）的戏剧治疗硕士课程还有一年时间。这所大学是我遇见过的最富有前瞻性的院校之一。大概就是在那个时候我也正式开始了内观禅修的训练，每一天我都进行着严格的正念认知练习。和其他外国学生一样，在我留学的第一年，我把自己完全沉浸在一个新的文化环境里，吸收新的观念和生活方式，积极地去除过往的生活状态，创建新的生活方式。是在一次坐公交车时，我获得了顿悟。我记得当时前排是一对女同性恋人，我当时在想，她们是永远不会被我的文化接纳的。突然间，整个世界仿佛在我面前摇动起来。有一个问题焦灼地炙烤着我的心灵：我为什么要用我的文化里的标准去定义自己呢？当我提出了这个疑问，其实就是给了自己自由，把自己从童年时就开始束缚我的那些无意识的枷锁中释放出来。我心花怒放。如果我的文化说不准我是谁，我们应该爱上谁，也许它对很多其他事情也说不准。也许所有我认为是对的其实都是错的！在那一刻，我开始把以前我曾热爱的那些附在我身上的标签一一撕下来：女性、成功人士、心理学研究者、女儿、印度女人。你可以想象，脱胎换骨的过程，既是一种解放，也是十分吓人的。没有了这些身份和角色，我究竟是谁呢？要是我的家人从此不再接纳我怎么办？我该如何去面对这些否定？我敢不敢创造一种新的身份呢？

我很幸运，我成长在父母开明的家庭里。然而，尽管父母很开明，我的童年还是淹没在文化的潜移默化中，无声无息地塑造了我的信仰系统。我被灌输的一个观念是，我需要回到印度去，最好嫁给一个印度男人，遵守我长大的地方所要求的一些准则。当我终于要对父母透露我根本没这些打算时，我很担心他们的反应。终于，我攒够了勇气来面对爸爸。“你们把我送到美国，是希望我可以改变和成长，对吗？你不会希望我回来后还是一副当时出去的样子，对吗？现在，我已经改变了。我不能回来当一位你们所期盼的‘印度好太太’。我真的做不到。希望你们可以原谅我。”

我开始哭，爸爸也哽咽了，他说：“你完全正确。要是我们把你送到美国还希望你没有任何改变，那我们就是自私和没有远见的。我看着你成长，学业有成，我怎么能阻止你呢？希望你不再为我们的文化传统而担忧。我希望你跟着自己的内心走，做适合你的事情。”

之后我和爸爸聊起这件事时，我告诉他：“你知道吗？就是从那一刻起，你给了我通向自由的钥匙。”从那一刻开始，我有了一个新的生命——不再受到过去的束缚，我可以完全自由地设计一个新我。那是我生命中具有革命性意义的时刻，也是我从事现在的工作的原因。

我看到家庭是如何不自觉地限制我们做怎么样的人，那只能让我们发挥潜力中的很小一部分，而埋没了我们性格中巨大的潜力，这使我对释放孩子天性的事业充满热情。如今，我的爸爸跟我说：“我给了你自由，其实也是给了自己自由。你的自由也完全改变了我们。因为你现在活出了自己，也就给了我们勇气去活出我们自己。你改变了你的妈妈、你的朋友，还有你接触的每一个人。虽然当年我并没有意识到那是对你生命影响深远的一次交谈，但我很高兴我明智地跟随了你的带领，不再成为你生命中的阻拦。”

确实是很简单的举动！要是所有的家长都可以记得去做就好。我们不再挡着孩子的路，就可以让他们去聆听自己的心声，找到自我表达的方式。在自我发现的过程中，他们解放了自己和世界。虽然不是每个孩子都拥有像我的父母这样开明的家长，但每个孩子都需要觉悟到一点，那就是他们远远大于任何加在他们身上的身份——是的，他们不仅仅是某人的儿子或女儿。即使他们的家庭没有改变，这种觉悟也能令孩子的内心发生排山倒海的变化。无论我们的父母愿意或不愿意与我们一起觉悟，在我们的生命中总有某个时刻，需要我们扬鞭策马，由我们支配生命旅程的方向。当然，第一步要做的，就是认识我们的家族情绪模式是如何持续影响我们的。

当我们与最亲近的人相处时，我们早已被编好的情绪模式自动激发，被外界的压力或恐惧点燃。与其反抗或者处于防御状态，我们需要把它看作一次机会。与其因为孩子展示了我们内心这些不完整的方面而训斥他们，我们需要学会感恩，在这么多年后，我们终于有机会把过去的碎片重新整合起来，使我们能做真正的自己。

情绪模式不容易改变，但通过练习，我们可以学会观察自己何时被情绪模式控制，并借此做出深思熟虑的回应，而不是盲目地反应。这样一来，我们等于重访过去，捡起那个被打破的、掉在地上的幼小心灵的碎片——这里一片，那里一片，直到慢慢地我们拼凑起那个在我们成长过程中迷失了的孩子，那个真实的自己。这样，我们才是真正成长，不仅是年纪增长，而是情感上成熟。

当我们把恐惧从司机的座位上请下来，与它做朋友时，我们便学会了把它融入生命中，而不仅仅是被它盲目摆布，或者假装它不存在。随着它获准进入我们的意识，它会自然地安静下来。我们可以使用一个技巧，叫作“是的，但……”来允许恐惧同在，而不被它打败。举个例子，我们可以说：

- “是的，我害怕到新的地方去，但我可以找到让自己觉得安心的方法。”
- “是的，我害怕在会议上发言，但我可以找方法去准备。”
- “是的，我害怕对抗朋友，但我可以找方法去与他们互动。”

当恐惧变成我们寻找创新的解决方法的踏脚石，我们便不再抱怨它的存在，或者被它的魔力迷惑。把恐惧看作是生命内在的一部分，我们不再把它小题大做。一旦恐惧失去了控制我们生活的力量，它便以一种有机的方式融入我们的生命，使我们变强而不是变弱。

恐惧能转换为觉悟。它要求我们坚定地去探索它。接受恐惧是人生经历不可缺少的一部分，就可以使我们不再受困其中，然后把它重新改造利用，让它帮助我们更加充满热情地对待我们自己以及其他人。

走出过去的阴影

你可以放心，我们不用倒带回到童年去挖掘我们恐惧的根源。其实，我们可以在现在的生活中观察恐惧的发生。当我们察觉到那些由恐惧支配的行为模式是如何不断重复的，我们就开启了解放自己的进程。在情绪驱使我们行动的时候，如果我们能真正了解自己内心的变化，我们的防御机制将会消解，我们将听到来自内心深处的回应，像是打开了俄罗斯套娃藏在最里面的那个娃娃一样。随着我们对于过去经历对现在的影响这方面的认识越来越深入，我们便可以摆脱过去死板的为人处事方式，而是创造一种与此时此地最为贴切的应对方式。旧的情感模式土崩瓦解，取代它的是对此刻生命全新、自发、自然的回应。

必须指出的是，我们的情感模式是经过了代代相传而继承下来的，只有树立当下的意识才可以打破它。无论是对生活还是对子女教养，这种方式的强大和美妙在于，我们不需要人为地强迫自己唤醒童年时代的记忆。反而，我们只需要简单观察眼前发生的状况就好了。我们很有可能发现，我们被刺激，情绪爆发，是因为我们过去的某些方面正在影响着现在——或许是某种没有被处理好的情绪，或许是某种基于恐惧的迷思麻木了我们的能力，使我们无法采取有力行动。

我的来访者托妮的情况，正好反映了这种世代相传的情感模式在家族中是如何重复出现的。她的两个孩子，十几岁了还是不爱整洁，邋里邋遢，没有条理。托妮几乎天天唠叨和恳求他们自己收拾收拾地方。她抱怨家里被孩子们搞得像个垃圾场，她都不好意思请朋友上门作客。我对她说："你一味在抱怨，好像那就是你的行动。但抱怨和采取行动两者之间有很大距离。抱怨是消极的，而行动是积极的。你为什么害怕采取行动呢？"

一开始托妮糊涂了，问："我该采取什么行动？"

我跟她说："当你看到客厅里有一些不属于你的东西，你会怎么做？"

她马上回答说："如果是朋友的，我会马上还回去。如果我不知道是谁的东西，我会把它扔掉。"她一说完，就明白了我要给她的建议。她马上接话：

“你要我把东西要不放回原地，要不就扔掉，对吗？”

我看到她开始变得焦虑了，我向她指出：“你看起来很担心。你能告诉我为什么这件事会令你觉得害怕吗？毕竟，现在这个情况下这是看起来唯一合理的做法了。”

她回答：“不仅是物品。还有冰箱里的食物，好像在冰箱里无限期地放着。我尝试去尊重他们，但我很痛苦。”

很明显，托妮把尊重与恐惧搞混了。我告诉她：“你的反应不是出于尊重，而是出于恐惧。除非你对自己做出承诺，家是一个使人身心安泰的神圣之地，并确保这个承诺比你当一个‘好’妈妈的愿望更重要，否则你的问题会继续。”

托妮沉默了一阵子，慢慢开始点头承认：“我真懦弱。我不懂得站出来为自己说话。我好害怕他们会讨厌我。我把孩子变成了恶霸，而我变成了他们的奴隶。我得马上改正过来。现在我明白了，我的抱怨只不过是我不知所措的表现。”辅导结束后，托妮回到家中，把孩子们扔得满屋都是的东西收拾了一番，扔进了垃圾袋。孩子们回家后，托妮给了他们两个选择——把东西放回原地，否则她会把东西捐献出去。孩子们看到妈妈不再忍受乱糟糟的家居环境，他们接收到了这个信息，并开始认真整理自己的物品。尽管这个举动不能立马神奇地改变他们的习惯，但却帮助托妮找到了建立自己权威的方法。在我们下一次的咨询中，她兴奋地说：“我慢慢地把我在孩子面前的恐惧消灭掉了。过去我唯一的愿望是让他们接受我，喜欢我，结果让他们一味生活在邋里邋遢的环境里。我教给他们最危险的东西，是让他们以为，侵占别人的空间和隐私没什么大不了。我要他们喜欢我的自私欲望，胜过了我身为家长的责任。”

当我看到托妮能够为她的生活做出改变，我再顺水推舟地探索她更深刻的内心，帮助她找出这些恐惧最初的来源。随着她讲述自己的经历，她坦白了她的不安全感，是从父母离婚、爸爸搬出家门而开始的。她记得自己当初的心情，是觉得自己很没用，为父母的离婚而自责。她说：“我的家不再有家的温暖。我选择和妈妈一起生活，这使我觉得很惭愧，觉得爸爸好像因此一直都怪罪我。”我再问到更多的关于她的父母离婚的事情，她说：“我妈妈从小就有一

我们的情感模式是从前几代人继承而来，只有通过活在当下的觉醒才可以打破它。

个控制欲很强、十分严厉的爸爸。她之所以喜欢我的爸爸，是因为他跟外公完全不同。爸爸性情随和，总是无忧无虑，充满着艺术家的气质。我妈妈就完全相反——她是个完美主义者，活得小心翼翼，事事担忧。她和爸爸结婚时间长了，她变得越来越神经质，控制欲越来越强。看到爸爸出去和朋友应酬、消遣，她变得越来越紧张。最后，她的妒忌心膨胀，要控制爸爸的一举一动。妈妈的作为快把爸爸气疯了，他们只能以离婚收场。”

听到这里，我终于明白了所有这一切。我慢慢地向托妮解释，是她爸爸的离开，造成了她不敢在自己的家里越雷池一步。自从父母离异，她童年的家已经不再一样，她把这种错位的感觉带到了自己的家里，放任自己的孩子侵占她的个人空间。她缺乏自我价值的认同，造成她以为自己不够好，甚至连在家里争取尊重和私人空间的资格都不配有。

当托妮看清她眼前面临的亲子问题不止始于她的幼年，而且还受到上几代人传承下来的影响时，她开始意识到保持当下觉醒意识的力量。如今她看到了，如果我们敢于自问为什么当下的问题如此令人不堪忍受，那么当下也可以成为实现转变的大门。我们恐惧的原因，通常与当下或者孩子的行为无关，而总是与我们从上几代继承下来的情感模式有关。

要是我们明白，我们因恐惧而来的情感模式有着跨越世代的来由，就可以意识到它们是来自我们的过去，与眼前遇到的情况毫无关系，不过是眼前的问题把它们带到我们的眼皮底下而已。

我们每一样恐惧，都有着很长的源头。虽然我们根据自己的恐惧去解读孩子的行为，其实这两者没有什么相同之处。一旦认识到孩子的行为其实完全与我们的恐惧不相干，我们就可以如他们所需要的那样去帮助他们，给予他们指引而不是冲他们发怒；推动他们成长而不是恐吓他们。正如生命中其他的情感因素，我们越早承认恐惧，并拿出勇气来面对恐惧，它才越可能自然地消退。我们越是逃避它，否认它，它的危害只会越来越严重，并带来负能量破坏我们的生活。每当它出现时，我们能越早从精神和内心发现它，它就能越早平静下来。如果我们尝试把它像垃圾一样扫到地毯下面，它便会化身成为愤怒或悲伤，到头来它只会变得更强大。

当我们解开由恐惧驱使的情感模式与孩子行为之间的关联时，我们只需要直接处理那实实在在的行为本身，而不再掺杂过去我们熟悉的那些闹剧了。很简单，孩子的行为，需要得到相配的行为的回应——除去焦虑、激动或恐惧。

把我们自身的价值感抽离出来，使我们面对孩子时可以更加专心和有效。没有无谓的情绪爆发，我们就可以心平气和地用更平衡的方式处理每一个问题，有针对性地回应孩子的行为，从而有效地改变束缚我们的环境。。

告别幻想中的家长形象

孩子需要我们成长和觉醒，这很大一部分取决于我们是否能放弃我们对自己父母的情感依恋、需求与依赖。我们有能力剥夺孩子成为独立自由的人的机会，我们也同样能扼杀自己成为独立自由的人的机会。我们要是习惯于得到父母的认同或批准，总是转向父母寻求归属感和爱，我们就是永远长不大的小孩子了。自我的这种共生关系最终导致每一个自我都没有足够的空间成长和强大。然而我们又把它投射到我们的下一代，把孩子藏在父母的羽翼之下，过分地保护他们。

让我们的孩子获得自由、摆脱依赖的唯一方法，就是先让我们走出对父母的依赖。这并不意味着我们与我们父母之间不能有圆满和牢固的亲子关系，而是我们要建立一种更像亲人和同盟战友的关系，我们必须停止像孩子一样让父母继续教养的依赖。我坚信我们的父母的身份不会变，他们值得一直得到我们的尊重，要变的只是他们对我们家长式的保护——一个星期 7 天、每天 24 小时的陪伴，为我们提供衣食保障，总是做我们的支撑——这些必须终止。如果我们继续"利用"我们的父母为我们完成生活中我们自己必须去完成的事情，而他们也允许我们这样做，我们就不仅把他们与我们束缚在一起，而且也扼杀了让自己获得成长的宝贵机会。

苏是我的一位来访者，她 47 岁，总是对我抱怨说她的父母不再在她身边帮助她了。"我妈妈真是个自私鬼。她不想照顾她的外孙们，总是和朋友出去玩或者旅游。我爸爸呢，永远不是在工作就是在打高尔夫球。我多么怀念那些有父母照顾的日子，我多么希望他们像年轻的时候那样陪伴在我身边啊。”

苏还很难适应离开父母独立生活，因为在她小时候，她的父母不仅担当孩子供养人和照料者的角色，他们还让她对他们过分依赖，超出了正常的限度。我向她解释：“你爱你的父母，当然这是好事，但你需要问自己，究竟怀念的是父母在身边，还是因为你现在无法打理好自己的生活？很明显你的父母也很爱你，而且一直在你身边照顾你。他们现在选择了自己的生活，这也是他们应该做的。他们作为你的照料者的责任已经完成了。他们有寻找自己生活的自由，这也是他们应得的权利。”

苏承认她从没想过这些方面。无意识里，她以为父母会永远照顾她，在她失败了或跌倒时把她扶起来。当我使她明白现在是时候她来照顾自己，做自己最好的支持者时，她才不情愿地承认：“我想，我是觉得害怕了，因为我不相信自己能做得到。我想，我需要学习去相信自己吧。”

我们很多人并没有和苏不同。我们都习惯了依赖父母的教导和指引，要是他们不在身边，我们会觉得迷失。至少苏有幸感受过她父母的切身陪伴，因此她可以更快地挖掘自己的坚韧特质，转向自己内心成年人的一面。因为她从幼年时起留下了良好的印记，被安抚，被保护，被爱惜，如今她可以同样地去为自己做这些事情。

而很多人就没有苏那么幸运了，他们在孩童时代没有父母在身旁。成千上万“成年的孩子”感到迷失，他们依然等待着父母的照顾，那是他们童年时最大的期望。我想到约什，他是一名 51 岁的父亲，他有 4 个孩子，但他依然渴望着他的母亲的认同。他感情上很依赖母亲，他和母亲会像他 15 岁时那样吵架。当我质疑他每个决定都要请教母亲意见的习惯时，他回应说：“我其实一直在努力尝试。我一直希望着，总有一天，她会来到我面前告诉我她多么爱我。”约什深陷在对妈妈无条件的爱的渴望中，他生活上事事过问母亲，并不是因为他渴求她的意见，而是他被童年时养成的对母亲的依赖束缚了。

我向约什指出这种情感依赖模式的弊端。他逐渐看到了这种依赖带来的恶果，他问：“难道我永远都不会有像其他人的妈妈一样的妈妈吗？一位给我最好的鼓励，也给我无条件支持的妈妈？难道我不配有这样一位妈妈吗？”约什从内心发出这样的渴求。

为了鼓励约什摆脱这种受害者的心理，无论他自己感觉得多么强烈，我都希望他能对自己的处境做出真实的评估，于是我解释说："如果你继续纠缠于你理想中的母亲形象，你是不会打破你的情感依赖模式的，而你会永远得不到自由。相反，你需要接受你的母亲，她也许永远不会变成你心目中的那种母亲。她就是这个样子的母亲，而不是那个样子的母亲。只有尽快停止把你的母亲与你理想中的母亲的样子作对比，你才会尽快学会欣赏你母亲原本的样子——尽管她不是你心中的'慈母'形象。换句话说，就像我们需要停止用理想形象去设想我们的孩子，到了某个年纪，我们也同样需要把父母亲从我们的理想形象中解放出来。"

只有当我们不再把自己的幻想加诸别人的身上，接受他们本来的样子，这样才能获得解放——当然也包括我们的父母。尤其是我们成人后，我们不能再责怪父母给不了我们什么。我们需要承担起责任，走向更成熟的人生。我们要在父母缺席的情形下实现自我人生的成熟，这样听起来难道不是挺痛苦的，甚至有些可悲吗？确实如此。但也决不能使我们免去成长这个任务。我们要接受父母从他们成长过程中所形成的不觉醒，不再要求他们解决我们的问题。他们已经过了负责修理我们的年代。如今这是我们自己的责任了，这也是我们的恩赐。

这件事对约什来说很困难，如果我是他也会一样。但随着他慢慢意识到母亲不再亏欠他，自己继续执迷不悟只会使伤害扩大，他开始慢慢走出对母亲的依赖。这样做了以后，他发现越来越懂得珍惜爱护自己，并因而减少了对母亲的依赖。再过一阵，当约什不再无意识地在母子关系中索求时，母子双方都可以像其他成熟的人一样享受生活，摆脱了过去那种彼此对对方无法实现的期望。

随着我们的觉醒，我们也会意识到父母其实也是他们父母不觉醒教育的受害者。父母对待我们的方式，都是出于他们自身的恐惧和匮乏感。他们这样做不是出于恶意，也不是出自下意识，而是受到了自己的父母或童年时其他事物的影响。当我们觉醒到这一点时，我们也能把父母解放出来，让他们追求自己的人生。

我们不再依靠他人来填补自己内心的空虚，觉醒便会到来，尽管过程是痛苦的。有时我们也需要对父母这样做。要理解他们首先也是独立的人，然后才是家长。这样可以帮助我们走上觉悟的道路，实现对彼此的解放。

把爱从恐惧中分离出来

我们与子女的关系，根植在爱中，也同样根植在恐惧里。也许是因为我们在他们面前是完全坦白的，所以我们总过分担心他们出岔子。我们太爱孩子了，我们深知自己的幸福安康与孩子的幸福安康是相连在一起的。通常，恐惧和爱纠缠了起来，直到两种感觉交融，无法辨认。要是我们能简单地说“这是恐惧”，或者“这是爱”，那事情就好办了。然而，我们通常会被以下的感觉迷惑：“因为我太爱我的儿子了，我帮他管理他的社交生活，给他安排一起玩耍的小伙伴”；或者是：“我女儿必须要在学校取得好成绩，因为我太爱她了，她必须成功”。旁观者清，我确定这些家长的恐惧都受到了自身经历的影响，但如果你是那些家长、正在经历那些感受的话，你就察觉不出来了。

我发现一个有效的练习，是要求家长们在每次被强烈的情绪冲击时，自觉地停下来。当情绪来时的确很难停得下来，但我还是叫家长们把当时的感受和想法记录下来。然后，我要求他们列出内心所有的担忧和恐惧。

弗兰西斯卡和她 11 岁的儿子奈特一直为了芝麻绿豆小事争执不休。最近一次争吵，是弗兰西斯卡发现儿子没有为考试复习，而是在玩 iPad。她发火了，并惩罚儿子周末禁足。奈特也气坏了，那个周末刚好是他最好的朋友的生日派对。他朝妈妈大吼大叫，推着她离开房间。在冲撞之间，她失去平衡撞到了衣柜上，肩膀受了伤。她看到自己肩膀边缘上的淤青，那是一个明显的求助信号：为什么这种情况总是升级越过了她的舒适区呢？

我让弗兰西斯卡列出她害怕的事情，她写下了这些关于儿子的字句：“失败、软弱、输家、注意力散漫、无所成就、没目标、流浪儿。”我们可以再一次看到恐惧可以让人麻木。难怪弗兰西斯卡在儿子面前会反应过度。无论是谁，如果心里常常被这些恐惧缠绕都会失去理性！

我再让弗兰西斯卡写下她对儿子的爱意。她写道："我希望我的儿子得到最好的。我希望他获得成功，因为这是他应得的。他聪明伶俐，和善又有爱心。我只希望他获得世上最好的一切。"弗兰西斯卡写着写着，她整个人的精神面貌也转变了。她的脸部表情变得柔和，她的双肩也放松了下来。很明显，她清空了脑子里的担忧和恐惧，进入了一个新的境界——广阔自由的心胸。

我让弗兰西斯卡重新想象这个场景。这一次，她不许出于恐惧而对着奈特发怒，而是要重复她写下的话。当她重新回想这一幕，她立刻看到，要是她换一种方式，事情的结果将会大大不同。她说："奈特本来不需要感觉被逼得无路可走，本来不需要感觉必须如此激烈。他当然希望我滚出他的房间！当时我太咄咄逼人、太尖酸刻薄了。他只是想把我的负能量赶走。"

弗兰西斯卡开始明白从恐惧发出的力量，与从爱所发出的力量之间的天壤之别了。尽管两者看起来都是怀着好意的，只有其中一个能达到我们想要的目标。前者只会造成情感碰撞，后者则解开对对方的束缚，让他们找到自己如何面对当下。

一旦我们走上觉醒的道路，我们会留意到自己像钟摆一样迅速地从爱的一边摆到恐惧的一边。随着我们开始不让自己摇摆，我们就可以收紧约束恐惧的缰绳，让我们与孩子之间充满着关爱、和谐、接纳，以及最重要的——亲情。

下一个例子继续让我们看到，恐惧是如何成了爱的拦路石的。我的一位来访者，玛格丽特，很纠结自己 14 岁的女儿黛比像个假小子，没什么女孩儿的气质。黛比从来不穿裙子，没摆弄过发型，平常女生爱做的事情她都没做过。"我好担心她一直这么男性化下去，"玛格丽特感慨不已，"哪个男生会看上她啊？她也怎么看上其他男生啊？"

很明显，黛比的妈妈看不到女儿身上的独特气质，因为它与妈妈心目中传统女生的形象不符。由于妈妈对于女性形象僵化狭隘的定义，她无法欣赏女儿的本质真我。

其实黛比不仅是个可爱的女生，还是挺另类的那种。对于妈妈想让她成为的那种 14 岁的女生，她不让步，坚持自己所选。她心中坚持着她想成为的女性的模样。然而她为保持真我所要付出的代价，就是被妈妈看作是性格有缺陷的人，而她又渴望着得到妈妈的认同。

我们每个人都是独一无二的。我们身上的气质都是别具一格的。有用的教养方式，是要尊重个人的独特性，包括每个人身上的各种特质，而不是让人觉得要是达不到一些人为的标准，自己就是有缺陷的。

玛格丽特不是一个坏妈妈。相反，她深爱着女儿，事事心系着女儿。她只是看不到她的担心包含着一种根深蒂固的焦虑，那就是她担心无法忍受黛比没有社会认可的那种女性特质。

把黛比带来做心理辅导其实更多的是在帮助玛格丽特处理她的不安全感，而不是黛比需要帮助。黛比自身没有问题。问题仅仅是她的独特气质触发了妈妈的恐惧，以致掩盖了她对女儿的爱。

当恐惧的比例超过了爱，恐惧占了上风，我们对孩子教育的结果与意愿相违，我们就不禁疑惑这一切是怎么发生的。我们从前面提到的弗兰西斯卡的例子看到，我们担心、想要控制孩子时，孩子会反抗，反而使我们以为我们成了受害者。恐惧的威力也能破坏亲子关系，把通常良好的局面变成怒气冲冲的对峙，彼此误解，情绪紊乱。

当我深入了解玛格丽特焦虑的核心时，我发现原来她小时候因为肥胖而经常受到羞辱。被人欺负的经历伤害了玛格丽特，使她心灵受创，在“胖妞”的羞耻下崩溃。她的妈妈无力给她什么持续有效的帮助，事实上，她和女儿一样焦虑，只好给她买健身器材，给她实施最新的节食减肥计划。玛格丽特多年来受到这种失败者的焦虑折磨，却只能把它掩藏在各种节制的生活方式以及没完没了的节食和整形之下。她以为已经处理好了这个问题，只有当我给她展示了她是如何把忧虑掩盖了起来，她才意识到她把忧虑投射到了黛比身上。

“问题不在黛比身上，”我解释说，“黛比按照黛比的方式活得好好的。是你内心没处理掉的、无法适应环境的焦虑被唤醒了。你像个小孩子一样向压力屈服了。你担心你的女儿不能比你更好地处理问题。”

我让玛格丽特把她的恐惧列出来。她只写下了一句话：“我不想女儿受我过去那种苦。”我再让她写下对女儿的爱，她写道：“她是个坚强勇敢的人。比起我来，她拥有更多的安全感。我希望她永远不要像我这样向压力屈服。”玛格丽特意识到了她的恐惧跟女儿今天的样子没有关系，只不过是令自己想起了童年的经历，她终于看到她因此造成了多大的破坏。她说：“我努力帮她免受被同辈排斥的经历，然而为了做到这一点，我倒成了最排斥她的人。”她认识到自己行为的矛盾性，她才是自己噩梦的制造者，她停止了过去的行为，开始解开恐惧的束缚。

每位读者都可以联系到弗兰西斯卡或玛格丽特的故事。我们都经历过惊慌失措的时刻，我们被恐惧驱使得想去控制一切，而不是去体谅和沟通。孩子晚上做功课不睡觉，我们会担心他们睡得不够于是朝他们大吼大叫，而不是体谅他们的辛劳。或者是孩子没按时学会独立上厕所，我们不但没有使出更大的耐心去训练他们，而是纠结在担忧中，觉得孩子会被幼儿园拒绝，从此只能宅在家中，与世隔绝，没有朋友。还可以举一个孩子被小伙伴们排斥的例子——这是所有人的热门话题——我们不仅没有让孩子去体验这种再正常不过的情况，反而插手孩子的社交生活，害怕他们被边缘化，给孩子灌输只有他们做得与现在不同，才不会被小伙伴们排斥等观念。

当我们对子女的爱被恐惧蒙蔽的时候，我们必须要及时觉察，这一点至关重要。只有通过每时每刻保持觉醒，我们才能发觉这种倾向，使我们从焦虑的绑架中一步一步地走出来，进入一个宽容体谅的心境。在那里，我们既能认识到自己的致命弱点，又不会无意间把自己的痛苦经历投射到孩子身上。

点亮前方的新路径

随着我们摆脱从上几辈人流传下来的恐惧的桎梏，用崭新而开明的方式取而代之，我们不仅解放了孩子，也解放了我们自己。要是我们能成功做到，我们就可以享受自己和孩子人生中充满的无限可能。

通往解放和觉醒的道路从来都不是平坦笔直的，路上坑洼不平，阻挡重重，甚至还有坍塌路陷。正如一位艺术家花数个月，甚至数年的时间来绘制一幅杰作，他依靠的是内心的创作力去进行必需的练习，一笔一画耐心地积累，觉悟的过程也是如此。一个自由的自我并不是一夜之间能成就的，而是靠我们一层一层地剥开我们的“自我”，以正念以及修炼出来的智慧取而代之。觉悟的代价也许看起来有些高，要我们去面对内心所有的恐惧；然而，只要我们的方向是前进的，我们就可以一步一个脚印，我们的努力所获得的甜美回报不久便会显现出来。我们的生活开始欢乐溢满，日子过得更加踏实有冲劲，并能充分投入在当下的生命时刻中。

天赐

希望你有幸有一个这样的孩子——

他与你对着干，
从而你可以学习如何放手；
他不听话，
从而你可以学会聆听；
他有拖延症，
从而你可以学会欣赏静止时的美；
他老忘事，
从而你可以学习摆脱对于事物的依恋；
他过度敏感，
从而你可以学会理智；
他总是心不在焉，
从而你可以学会专注；
他敢于反抗，
从而你可以学会打破常规思维；
他感到害怕，
从而你可以学会相信宇宙的力量。

希望你有幸有一个这样的孩子——
他使你学会，
这一切不是关于孩子，
而是关于你自己。

Part Four

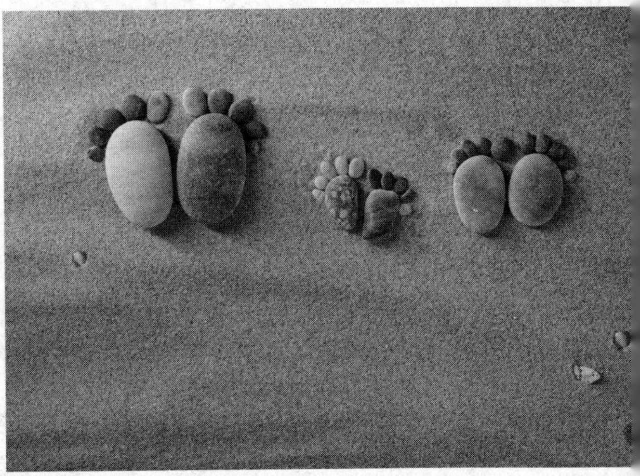

第四部分

新的教养技巧

第14章

从期望到投入

我们每次的情绪反应，其根本的恐惧，通常都是我们对期望落空的担心。我们总是在期望别人按一种特定的方式对待我们，或者是期望我们的孩子按一种特定的方式来行事。

从它的定义来看，期望是发生在未来的，而且通常与现实存在矛盾。我们期望事情会变得比现在好，我们期望看到比现在更好的结果出现，我们期望取得比现在更大的进步与成长。

期望，通常就等于默认了我们认为现在在某种程度上缺少了什么，而未来会变得更好。这样一来，我们对孩子的注意力就从他们现在的样子，转到了我们想象他们未来会变成的样子，这就给我们与孩子之间造成了巨大的隔阂。

要是停下来想想，我们对于任何人，尤其是我们的孩子，抱有期望的这种观念，其实是不合理的。当我们相信应该对孩子有“清晰的期望”时，我们忽略了这种铁腕施加的权力感背后所隐藏的意义。我认为我们只能对一个人抱有清晰的期望，那就是我们自己，一旦我们在家里建立起清楚的和贯彻始终的规矩，孩子自然也就能遵循而不会承受过度的压力。

然而，我们盲目推崇的教养方法却认为家长的独裁是可以接受的，这促使我们相信我们在子女面前高人一等，可以自由地把我们的期望随意地、不受控制地加诸他们身上。我们开始相信，孩子的一切都是我们该管的事，就像我们要占有他们的每个想法、支配他们的每个行动。我们似乎分不清，关心爱护孩子是一回事，而把孩子当作私有财产却完全是另一回事。

如果我们把孩子当作私人财产来看待，每当他们不能达到我们设下的理想期望时，我们就难免会发怒和失望。作为家长，我们认为自己有权对孩子发号施令，即使我们对他们的期望已经超出了他们的兴趣或者他们自身能力的范围。要把自己变成另一种人，孩子将承受巨大的压力。这导致他们放弃了真我，这是每个孩子所能经历的最严重的创伤，因为它迫使孩子背叛自己。

为了进一步说明即使我们怀着好意而期望，这种期望还是会制造破坏，我们来看看艾米莉和她三个儿子的故事。孩子们从六岁到十岁，艾美莉第一次带他们从纽约到洛杉矶旅行。为了创造一次使人兴奋的旅行，艾米莉把行程安排得满满的，有益的活动一个接一个。然而，孩子们并没有表现出迫不及待玩遍洛杉矶的兴趣或耐心，却处处顶撞妈妈的安排。他们一路发牢骚，表现出不耐烦的样子让艾米莉遭了大罪，她全程不是朝他们大吼大叫，就是为此而自责不已。艾米莉深深忐忑于孩子们能否享受她计划的精彩行程，但她最后却看到孩子们只是想做一些与他们年龄相符的事情，因此她难过极了。

在心理辅导过程中，艾米莉和我谈起她的情绪是如何失控的，她说："我简直无法相信，我的孩子对我为他们做的事情如此不领情、不感激。他们只顾着自己的感受，这令我太失望了。换了是其他的孩子，我的安排一定会让他们兴奋不已。"像许多其他父母一样，艾米莉给自己编了一个故事，故事里自己成了那些没良心的"小鬼们"的受害者。

艾米莉之所以对儿子们如此反感，根源在于她非常渴望要把全世界最好的东西提供给他们。这种渴望源自她的童年经历。"我这么努力来给他们安排了一次有趣的旅行，"她说，"我期望他们至少能和我一样兴奋啊。我小时候非常渴望去迪士尼乐园玩，玩遍园里所有的游乐设施。为什么我的儿子们就不能像我一样珍惜这个机会呢？"

随着我们继续深入了解艾米莉的想法，她慢慢开始明白，她期望儿子们"应该"如何去感受或去行动，其实是干涉了他们的真实感受。我问她："你有没有问过他们想做什么？你在做行程计划的时候问过他们的意见吗？你有没有确定你的计划符合儿子们的耐性、兴趣，还有他们的心智？你对他们期望太高了，也许他们想要的假期只是在泳池边好好放松？"

对于艾米莉来说，她很难扭转自己的心意，和儿子们的情绪协调一致。因为她紧紧抱着自己的期望不放，她看不透儿子们的体验为何和她的截然不同。直到她意识到她对儿子们的安排有多么执迷于自己的想法，她才能最终从自己的迷糊状态中走出来。

我看出来她开始仔细思考，而且最后终于让步了。她说："我看到了我是如何逼他们做事情的。他们开开心心地在海边玩，在泳池里玩，而我却逼他们做我指定的事。也许这个假期我们应该待在家，去附近的游泳场游泳。这样，他们会更乐意。我本该等他们有了想要去像迪士尼乐园这样的地方的强烈愿望之后，再带他们去，而不是急着把他们拖过去。"

很明显，艾米莉把享受假日与为孩子们付出联系了起来，把"更多""更好"与快乐等同起来。她深陷于心目中理想的假期，甚至一点都没有问过孩子的意见。而后当孩子们违抗她时，她就责骂他们。其实是她造成了孩子的叛逆。我们可以从中学到宝贵的一课，就是在每次我们被激怒时，其实都是我们的期望在作怪，我们的期望应该自己去实现，而不是由我们的孩子去承担。

对生活有所期望，更别说是对其他人例如我们的孩子有所期望，会把我们推向失败，憎恨对方。生活的本质很多时候都不会让我们如愿以偿，而人——总是随心所欲、变化无常、令人困惑的——肯定也不会。除非我们自己踏踏实实地站稳脚跟，否则我们会持续对他人抱有期望然后失望。

在现实中，企图操纵子女的一切、让他们受我们控制的举动是愚蠢的。我们越是紧抱着对孩子的期望不放，他们越有可能令我们失望。毕竟，没有人愿意听到别人说自己必须达到他人的期望才可以获得他人的认同。这只会促进子女的反抗心理，因为他们内心盼望能不受外界影响来设计和主宰自己的生活。虽然我们嘴上说着希望孩子长大了能独立自主，但在亲子关系中，要是孩子展现出独立的意愿，我们就感觉自己的控制权受到了威胁。我们虽然希望孩子能成为独立思考者和开拓者，但在孩子仍然和我们一起生活的时候我们并不希望如此。孩子会从中看出我们的虚伪，从而憎恨我们，最终失去对我们的信任。

对父母而言，向自己承认对子女的认同和爱护附带着很多条件，并且取决于他们是否达到我们的期望，这需要很大的勇气。没有人愿意看到自己变得多

我们嘴上说着希望孩子长大了能成为独立自主的人，但在亲子关系中，要是孩子展现出独立的意愿，我们就感觉自己的控制权受到了威胁。

么有操纵欲和控制欲。但只有拿出真诚来正视我们黑暗的一面，我们才能成为子女需要的好家长，并把他们从我们的期望中解放出来，让他们创造自己期待的人生。

善意的期望也有问题

我们对孩子抱有期望，是我们深信我们是为他们好。但要是我们再全面观察一下，我们也许会质疑这些事情究竟是为了谁“好”。

嘉琪是我的一位来访者，她非常关心她 7 岁的女儿宝拉。她来找我咨询，抱怨吃早餐这件事对于她和女儿来说简直是噩梦。她是这样向我描述她如何失控的：“我认为早餐是一天中最重要的。我为宝拉准备了最好的食物，麦片、煎蛋、蔬菜汁、水果冰沙——我总是给她各种选择。但是她什么都不爱，常常一口都不吃。你看出来我为什么要抓狂了吗？我最讨厌女儿空着肚子上学了。”

和许多家长一样，嘉琪也是怀着好意的——真诚地想要让女儿吃得好。但情况却迅速升级为情绪大爆发，嘉琪几乎每天早上都要大发雷霆。这也是成千上万家庭几乎每天都在上演的情景。

我问嘉琪：“你的期望是什么？”

“我希望她每天都有一个好的开始，”她说，“我希望她健康。我期望她能明白这一切并配合我。”

我听着嘉琪倾诉，感觉到她还有更深的期望。“你希望宝拉的口味和饮食习惯都跟你一样。”我解释说，“因为你认为一日之计在于早餐，于是你觉得宝拉也应该这样认为。你有考虑过也许她的新陈代谢情况不允许她一大早就吃那么多东西吗？每个小孩的消化能力都是不一样的。”

“而每个人对食品的味觉也不相同。你觉得自己在做一名好家长该做的事，宝拉应该盲目地配合你，但如果要你来适应女儿的饮食喜好呢？”

一开始，嘉琪反对我的提议。“早餐是一定要吃的，”她坚持说。“谁说的？”我反驳，“你已经陷入了一个教条，做个好家长，就得让子女吃早餐。你太死板地遵守这个教条，以至于变得专制。但即使从健康的角度出发，先不谈对你们母女关系的影响，女儿上学之前是吃早餐重要，还是带着一份平和的心态重要呢？”

嘉琪不得不重新评估了一番。“我想，应该是她感觉到家人的支持和理解更重要吧。”她最后得出结论，意识到自己必须要放下给女儿提供“完美早餐”的这份幻想。

放下我们的幻想，听起来就像是要了我们的命。很自然，我们认为我们正在放弃一些东西。当我们要放弃一个我们认为很重要的习惯，不仅会使我们觉得茫然若失，还等于公然反抗那些家长应该控制一切的迷思。我们担心一旦放开缰绳，家里就会乱了套，孩子们会疯狂大闹。

在现实中，我们放弃的其实是对于生活应该是什么样子的一种看法——一种心态。然而结果表明，一旦我们真正放开手，那种“要命的”体验反而会让我们放下心头大石。它给我们带来了自由。我们第一次体会到自己有权利选择要不要失控——其实控制权完全掌握在我们手中。

我告诉家长，他们完全可以放下对于管控子女饮食的执着，他们常常感到震惊，同时又觉得松了一口气。不用再小心翼翼地监管送进子女嘴里的每一口饮食，让他们的生活轻松多了。“那我该如何确保孩子们吃得健康呢？”他们会问。我提醒家长，不是要强迫孩子吃这吃那，他们可以为孩子创造吃得好的条件，毕竟你不能把餐桌变成权力斗争的战场。我们必须认清，一半围绕着饮食问题的争执，都只是因为我们的期望没有得到满足，以及我们无法放弃自己对饮食习惯的执着。

“那睡觉的问题呢？”你也许会问。这又是另一个很闹心的问题，它带来不少压力。一半以上的问题都是由于我们把哄孩子睡觉变成了一场争吵。只要我们不再如此精细地控制孩子的睡觉时间和习惯，孩子会更容易睡着。他们累了自然会想睡，哪怕不是在我们期望的时间上。

同样的原则还可以应用于作业、孩子的朋友圈，以及体重这些问题上。事实上，当我帮家长一个一个分析那些有可能导致他们失控的问题时，他们惊讶地发现放下几乎所有执迷其实并不难。他们一开始可能会大惊失色，但慢慢地他们都充满希望。

这看来像是疏忽教养？绝对不是。我向家长说明，只要他们放开对子女的种种约束，更重要的是放下自己的焦虑，他们会为子女打开寻找自己道路的大门。一小步的改变，能为健康的亲子关系带来一大步的转变。

什么是期望落空？

莎拉是一位充满爱心的妈妈，她为两个孩子——7 岁的麦克斯和和 9 岁的安吉莉——布置了一间精美的游戏室。她往里面塞满了玩具，绘画工具堆积如山，还有数不清的益智游戏。值得称道的是，尽管她买了这么多的物品，每一件物品都有特定的地方放置。她在房间的四面墙上都安装了嵌入式储物架。

你可以想象得到，经过孩子一天的玩耍，这个房间里头会是什么样子。自然是一片狼藉。孩子俩有那么多玩具和游戏触手可及，当然是这个玩一下，那个玩一会儿，直到整间房子的地板都摆不下为止。莎拉是个非常有条理的人，看到这般场景简直抓狂，结果每天游戏室都成了妈妈和孩子间的战场。每天都有同样的诱因，莎拉也有同样的反应。

莎拉在咨询中把情况告诉了我，我让她给我看看照片。她精心拍了两张玩耍前后的对照图，她觉得这足以能说明她为什么崩溃，这样我就能教她一些聪明的策略来调教她两个粗鲁的孩子。我看了一眼房间“破坏前”的照片，就让她把“破坏后”的照片自己留着。她问我：“为什么？难道你不想看看每天我的孩子都把它弄成什么样子吗？哪怕我天天在他们耳边叫他们收拾也没用。”

我告诉她，我看过“破坏前”的照片就够了。我向她解释说，她的失控完全是自己制造的，而且是自己让这种情况持续下来的。她的两个孩子还很小，不需要对凌乱的房间负责。

听到我对她反应的评估，莎拉很震惊，说不出话来。我对此不感到惊奇。我进一步告诉她：“拿走 3/4 的玩具、游戏和其他工具。然后，找两个大桶给孩子们收拾玩具，而不是要他们把玩具摆回架子上指定的位置。把所有有可能伤人的兵器类、橄榄球，还有尖锐的物品拿走。把精致的原木地板盖起来，铺上便宜的泡沫垫子。放下你给孩子建筑梦幻游乐园的幻想。给他们足够的空间，在彩色美术纸上画画，发挥他们的想象力去玩耍。两周的时间，他们的坏习惯就会改掉。”

尽管莎拉挺不情愿把自己精心挑选的益智玩具都扔掉，她还是强迫自己把它们全部装起来放进了地下室。几天来，她的两个孩子在宽敞的房间里高兴得尖叫，而且还欣喜地发现“收拾玩具”仅仅意味着把它们捡起来，随他们怎么高兴地扔进桶里去。

当我们揭开莎拉内心的期望时，可以很明显看到，她的孩子之所以拒绝把所有玩具放回架子上，是因为他们的期望是享受这种乱糟糟的状态。莎拉的期望则完全相反，她把孩子拒绝按照她设定的方式收拾玩具，看成是对她作为家长的高贵用心的羞辱。正是双方期望的冲突，造成了她的情绪失控。

两个孩子无法好好玩耍，反而因为想自由自在而感到羞耻。事实上，他们变得害怕妈妈，每当她走进游戏室他们都躲起来。到莎拉来找我咨询的时候，事情已经发展到严重的地步：孩子们再也不想在游戏室里玩耍了。

由于莎拉想要做成功家长的期望落空了，她无法意识到孩子这个年龄玩耍的时候就是混乱的。直到她看清了是自己的需求让自己失去控制，她才能够停止她的反应。

莎拉的失控，源于她要让孩子过得“开心”的期望，孩子需要领先于他人。为了实现这个期望，莎拉用最新的玩具、游戏和益智活动把孩子武装起来。她与孩子的故事是一个生动的例子，鲜明地显示了我们对于生活“应该”是怎样的期望，是如何偷偷溜进我们的脑袋，成为我们的信仰，并如何因此阻碍我们与孩子真诚相待的能力的。

莎拉如今看清了是她一手制造了自己的心魔。她沉浸在自己制作的内心电影中，看着里面告诉自己养育成功的孩子要怎样做。在她的例子中，这部电影叫作《玩具反斗城的每一件游戏都能帮助孩子成功》。她过分地把自己的想法和期望加诸孩子身上。她以为只要给孩子海量的游戏去玩，他们就能抓住成功人生的每一个机会，其实这只不过是她所成长的文化给她造成的一种幻觉罢了。

从更深的层次来看，我们已经看到，每种情绪的爆发，根源都是恐惧。因为害怕自己不够好，莎拉尝试控制孩子的一切，好让他们能补偿自己从童年时就一直挥之不去的匮乏感。说到底，觉得自己不够好的感觉总是会促使我们把期望加在子女身上。如果我们每时每刻都感觉完整和投入，我们没有理由要去过度补偿。我们不会有负罪感、羞耻感，也不会有恐惧在心头徘徊。我们可以活得真实、自然、自由，时刻跟着子女的心灵需求遨游。这和我们感到匮乏的时候完全不同，后者让我们停止关注心灵，反而去关注“自我”——例如花哨的玩具、昂贵的饰品，或者巨大的惊喜。觉醒式教养给我们带来的馈赠，就在于它让人意识到所有这一切都不能帮助我们的孩子建立起自我价值感，也无法帮我们修补内心的创伤。自觉地觉醒才能帮助我们认识到，寻找自我价值的过程是心灵的工作。

走出理智，走进心灵

我们有所期望，是因为我们下了很多判断，在无意识之间想好了事情发展该有的样子。当这种生活“应该”是什么模样的心态支配了我们的行动时，我们不经意间发出了一种信号，那就是我们是正确的，其他反对我们的人都是错的。忽然间，我们就坐上了冥顽不灵、高高在上且不听劝告的宝座，使其他人陷入与我们对立的位置中。我们都知道，一旦双方陷入了这种僵局，彼此都很难获得自由。

我想起了苏珊，她有一名 13 岁的多疑焦虑的儿子布拉德。布拉德有一个习惯，那就是不停地抱怨自己身体不适，不是头疼、胃疼，就是耳朵痒、脚发抖。每一天他都能找些东西来抱怨。这快要把他的妈妈逼疯了。苏珊对我说：“我一直问他，我能给他做些什么，但他只是一味地抱怨。我拼命告诉他，其实他很好，身体没什么问题，但这样只会让他越发不理智地恐慌起来。我不知道我做错了什么。我知道他没有问题，但见到他事无大小都担心不已，我快要疯了。”

苏珊是一名律师，职业练就了一个追求实用、强调逻辑的她。而拥有一个行为不理智的儿子，实在让她情绪失控。“他一来找我，我就牙齿发痒。我得花很大的勇气才能听进去他的牢骚。我讨厌他这样对待我们的关系。”

我回应说:“每次他来找你,你已经判定了他是错的,你是对的。有这种固定思维,你自然认为他应该改变他的行为。你期望他听你的意见,马上停止自己的感受。你越希望他有所变化,他就会越反抗你。事实是,你也和他一样不理智。”

和我预期的一样,苏珊很迷惑,她自己怎么成了问题的制造者呢?我解释说:“当布拉德来找你,你用理智来对待他。你理智地拆解了他的牢骚,用逻辑分析来说服他应该凭你的专业意见去感受。布拉德不需要一名律师来当他的妈妈。他只需要他的妈妈呀!他需要有人理解他的感受,尊重他的感受。他需要你的聆听和安慰,他通过发牢骚来接近你,与你交流。他越是唠叨,你就越理智。这就是为什么这个循环会一直持续下去。”

苏珊花了好一会儿才明白,她期望布拉德和她一样,做一个坚忍实际的人,正是这样的期望,干扰了她和他的关系。她用要求自己的那一套原则来要求儿子。这套原则不会在乎她的感受,于是她面对他的感受时也无所适从。她越是想改变他,他越是变本加厉。

苏珊不是轻易放弃的人。“但我知道我是对的,”她辩驳,“他身体没有问题。既然我知道他在作无谓的担心,我怎么能同情他呢?”苏珊坚定不移地相信自己是正确的,而正是这种想法破坏了她和儿子交流的能力。只要她一直抱着自己是正确的这样的想法不放,她就无法修补自己和儿子的关系。

我再解释说:“你太执着于按照你的信条来看待事情了。也许你是对的——但这并不意味着你可以好好地和儿子沟通。事实上,在一段关系中,对于‘正确’的执着,往往是我们做得最错的事情之一。你的儿子只需要他的母亲接受和聆听他的感受。他需要你看着他的眼睛,告诉他你明白他所经受的痛苦。他的痛苦并不一定非得是真实的或者在你看来是有意义的。那是他的感受,不是你的感受。他期望你放下理智一会儿,和他用心沟通。”

苏珊叹了一口气,说:“我已经记不起来有多久没有看着他的眼睛,单纯地和他谈心,而不是责怪他做错事了。我得好好努力了。我已经忘记用心的感觉是什么了。”

我们对事情的期望影响了它们本来的面貌。其实,说“影响”还不如说

“担忧”，因为恐惧使我们脱离了当下。期望变成了手铐束缚了我们，使我们无法每时每刻按照生活当下的样子去回应。

从心出发意味着我们用开放的心态对待生活。如果我们期望孩子在迪士尼乐园玩得开心，而最后他们却一直在哭，我们也不加抵触地接受这个事实。如果我们期望孩子学业有成，然而他们却考试失败，我们也张开双臂毫不犹豫地接受。换句话说，敞开心怀，意味着生活怎样对待我们，我们也怎样对待生活。我们敞开心扉接受生活带来的影响，也不放弃把握生活的努力。我们拥抱生活中的起起伏伏，也不放弃对坦途的向往。

只有当我们放下期望，我们才能敞开心扉迎接当下的生命，充满好奇和创造力，看到每种新的体验背后蕴藏的欢喜。我们放下对完美主义的执着，不再为生活与期望不相符而烦恼。我们不再妄图控制事物的结果，以顺服和安心投入到眼前的生活。

每一刻都是新的，面对任何情况的关键，在于聆听生命里每时每刻所蕴含的信息。的确，我们有目标，我们做计划，但我们总要记住，我们的孩子会用他们独特的印记装点我们的想法，而用他们和我们各自的方式共同创造出来的生活，正是生命的奇幻美妙之处。

世界并非非黑即白

当我们只看到事情的一面也就是通常我们看到的那一面时，我们几乎不可能做出好的决定。当我们超越非黑即白的思维模式，我们看到世界的本质其实是一个整体。环顾你所身处的宇宙，有多少黑，有多少白，能分清楚吗？而黑和白在多大程度上，能被定义为“绝对的黑”或“绝对的白”呢？更不用说如今我们已经认识到，即使是宇宙中最黑暗的空间里，其实是充满着我们肉眼看不见的光的。

自然界不是二元对立的。它向我们展示的不是绝对的对立，而是提供了五彩缤纷、有着数不清层次的颜色。宇宙本身就是无尽的形状、颜色、气味、味道、声音和许许多多其他元素的组合。试着想一想，物质柔软到坚硬之间的范围十分巨大，有的坚硬得犹如钻石可以切金，有的柔软得犹如肥皂泡一吹即破。再想想味觉的丰富，从甜味到苦味，其中百千滋味使我们享受到了食物的美妙。还有温度，从热到冷，不同的温度可以融化冰，使水沸腾，还可以如太阳般使氢转化成为氦。还有数不清的其他例子反映出事物变化的程度，表明事物不是以对立的形态存在的，而是一个连续体。的确，在自然界中我们很少能找到明确的两极现象，即使是宇宙形成的四种原力最终也被发现是同一现实的不同表现形态而已。

让我们把这种原则应用到孩子的行为上去。回顾一下你和孩子有过的争执，你可以看到你和孩子之所以陷入了恶性僵局，是因为你对各种情形持有两极分化的思维。

例如，当孩子忘记带作业本回家了，我们会将其定义为“坏”行为，需要实施某种惩罚。当我们责骂他们、惩罚他们，孩子感受到我们的理解了吗？他们会把我们的反应理解为对事情有建设性，还是在加强他们的负面形象？孩子会为第二天有机会按时带作业回家感到有所启发、充满热情或者兴奋不已吗？

当我们不再抱着一种两极分化的思维看待事情，而是花点时间，纵观全局，再把事件放在大局中看，我们对待子女的方式便会发生巨大的转变。我们的焦点不再放在孩子的坏行为上，而是放在如何去理解事情的因由，并且找出有用的方法来避免它再次发生。也许孩子当时在和同学聊天——这是件好事，因为我们乐意看到孩子们结交朋友——聊着聊着忘了带作业本。我们是该纠结那本遗忘了的作业，还是去肯定孩子的交友能力呢？又或者是孩子正在帮助别人，急急忙忙跑出教室，过后才想起忘了作业呢？

每当我的女儿忘了东西，她总是提醒我：“妈妈，至少我还记得起我忘记了某件事！”健忘这件事，是提醒我们去想实际的方法解决问题，而不是要我们做出道德审判。一旦我们认识到健忘其实与“好”和“坏”没有联系，我们就可以帮助子女克服健忘的习惯。这是个契机，教育子女学会列清单、设置提醒和闹钟的技能——尤其是在现代科技例如智能手机或平板电脑的帮助下，他们是很容易做得到的。

为什么这种教育方式会给我们的孩子带来巨大的变化？因为它使孩子不再

活在担心失败的阴影下，可以感觉安心，知道父母会关注每件事情的各个方面。因此他们不再害怕冒险。他们了解到，无论结果如何，他们的行动都是勇敢的表现。当我们接纳和鼓励孩子时，孩子会茁壮成长，相反，批评和惩罚只会让他们内心消沉，最终犯更大的错，而不是在小错上磨炼出自我管理的技能。

这种解放性的方式鼓励孩子扩展他们的舒适区，体验生活的多种可能性，而不用担心受到责罚。这样的孩子可以无惧地大步迈向未来，充满韧性，因为他们知道他们自身值得理解和肯定。

投入带来的自由

但这种教养方法，是否意味着我们永远都不能对孩子或对我们爱的人有任何期望呢？那我们的意愿呢？它们也是不好的吗？

我对来访者说了无数遍这样的话："很明显，你的动机是好的，有问题的是你的行为！"再仔细一些看，你会发现你不是真的在设置你的动机，而实际上是在制造你的期望。动机——从最单纯的意义上来说——与对他人的期望毫无关系，只是与我们如何看待自己有关。但老实说，我们在设置动机时，很少人能做到不带有强烈的审判眼光、附加条件和期望来看待我们自己、他人以及生活本身。

我们可以设置的唯一真正的而且不带批判眼光的动机，就是按照当下的真正样子投入到生活中去。在此刻，也只有在此刻，当我们主动认识到生活的真实与我们的期望之间的差别，改变的大门才会为我们敞开。要是我们与当下之间的关系一片混乱的话，对未来抱有任何意愿都是没有意义的。反之，我们应该抱着这样的动机，那就是觉悟当下，充分领悟到，未来正是通过每一个此刻才逐渐演变成它该有的样子。

以玛莎为例。她给两个十来岁的孩子买了一只小狗。孩子们一直吵着要养小狗，于是她觉得她这样做是出于对孩子的好意。然而，坦白说，她买小狗是希望她的孩子少些出去与朋友混在一起，可以多些时间留在家里学习。几个月后，玛莎发现，只有她一个人在家照顾小狗，两个孩子还是没了影踪。只有她一个人在给小狗清洁，照顾它的日常起居，她觉得自己被孩子下了套。她来找我咨询，哭诉说："我怀着最纯粹的好意养了这只小狗，结果变成一场灾难。"我打断她，帮她澄清事实："你的一番好意其实并不纯粹，你的所作所为其实隐藏了其他的期望。养小狗并不是你的决定，你假装买小狗来逗孩子开心，而实际上你却有其他的期望，对吗？"玛莎觉悟到是自己的口不对心把自己逼到了墙角。她把动机和期望搞混了，造成了大家皆输的局面——她自己、孩子，如今还包括那条可怜的小狗!

养育孩子，教导他们投入到自己的生活中，远比一个头脑发热的期望，或一个充满了各种目的性的动机要来得严肃。与其对未来设置一个写满空头支票的愿景，还不如全身心投入到当下的生命中去，这是一种生活方式，要求"身体－头脑－心灵"有机地结合起来。期望和怀有目标的动机关注的是未来，而投入，就是关注现在。实现未来目标的唯一一条清晰道路，就是每时每刻都以清醒、稳定和坚持的态度投入到我们眼前的生活当中。当我们做到这一点，便可以毫不费力地走上通向未来的道路。我们许多人花费了过度的精力在想象未来会怎样，而不是把注意力放在眼前。当下的时刻是唯一重要的时刻。无论你有何等宏大的目标，要是你目前的生活一片混乱，未来也只会同样如此。

要是玛莎真正地投入到关注眼前的现实，她会完全认识到孩子们的心思，意识到他们无法照顾小狗，只会留给她一个人来照顾的。她要是发现了自己真正的意图，就会认识到一只小狗是不会帮她实现对孩子的期望的；抱有这个期望对于这个可怜的小动物也是不公平的。这显示了只有忠实于自己和我们的孩子，以他们原本的样子而不是我们期待他们的样子来对待他们，才能帮助我们走向一个没有包袱、井然有序的人生。

当我有写一本新书的冲动时，我并没有怀着我的书要成为畅销书的意图来动笔。我坐下来，怀着进入此时此刻的动机，然后开始写起来。我的动机只聚焦于当下的觉悟，很纯粹也很简单。如果我的动机里充满了对这本书未来的想法，我便会充满怀疑、担忧和压力。这就是为什么我更愿意只关注我眼前的行动的动机，而不是编织一个偏离眼前生活，把人带到对未来的幻想中的动机。

只有我们鼓励孩子投入到创造的过程，而不是执着于结果，孩子才能学会去冒险。其中的技巧是，持续地接受每一刻生命的赐予。孩子全神贯注地做他们正在做的事，这就是他们需要的成长——不多，也不少——而且无须感受到父母的逼迫，因而也不会有压力。作为父母，我们密切关注子女在这一时刻的表现，帮助他们活在当下，而不是要求他们变得像将来的样子。

不用再管芝麻绿豆的小事，相信过程比结果重要，这样的感觉真是太好了。举个例子，当我们用这种心态去看待孩子的考试成绩，我们也许会对孩子说："无论你得了 A、B 还是 C，都没关系。我在乎的是你真实地对待自己，努力做到自己定下的标准，用最大的专注力去投入学习。"孩子学会了如何去投入到当下的生命中便开始明白，即使他们的想法和幻想也许会使他们相信对于自己的某些看法，但只有他们眼下所表现出来的东西才是最重要的。这样一来，他们可以放下对未来事件的执迷，转而学会把注意力放在眼前。懂得这一点，孩子立马会感到放松，事情的结果不再影响他们的自身价值，他们的努力和好奇心才是更重要的。

我的女儿玛雅第一次参加马术表演时心情起伏很大。一开始她很紧张。在第一圈表现不佳后，她马上觉得很失望。她眼泪汪汪地对我说："我想退赛了。"

我鼓励她不要介意名次，帮她重新回到了赛道上，她又开始感觉到紧张了。第二圈表现得不错，她马上觉得松了一口气，笑容立刻挂在了脸上。

而第三圈又没有预期的好。她的马没有跃过其中一个栏杆，她冲着马大骂，又开始哭了起来。我再次安慰她，告诉她在我眼中她已经是赢家了，因为她战胜了自己的紧张和控制好了自己的情绪。我对她说："只要你想的话，那你就去继续完成比赛，跟得不得奖没有关系。"

她再次回到了赛道。最后一圈很成功，她欣喜若狂。她出色的表现让她觉得自己站到了世界之巅。她期待我会改变语气，为她赢得的奖项而自豪。然而当她看到我的情绪还是像比赛前一样，她不禁问："妈妈，难道你不开心吗？"

我告诉她说："我没有特别开心或特别不开心。奖项不会改变我的心情或对你的表现的感受。"她不理解，我解释说："参加比赛的目的是让你学习去冒险，去面对未知的情况。当你坐上了马背的那一刻，你已经做到了。任务已经完成。其他的一切都只是锦上添花。你的奖项丝毫没有改变你。无论你拿了第一名还是最后一名，玛雅，你还是同样的你。我为你感到骄傲，是因为你能够正视自己的全部感受，而且不被情绪干扰，依然坚持比赛。你没有让你的情绪或担心主宰你。”

对于我的女儿，我关心以下的事情：

- 她有没有去冒这个险？
- 她有没有学到东西？
- 她有没有尝试过？
- 她有没有用心去感受？
- 她有没有清楚地表达自己？
- 她有没有全力以赴，投入当下？

这些跟单一的期望，只关心孩子有没有赢的态度，有多大的差别啊！把注意力放在眼前的任务，不仅使我们的孩子，还使我们自己，从结果的压力中释放出来。孩子不再受到事情结果的束缚，他们学会了全力以赴地投入当下是最重要的。从期望到投入，这个简单但影响深远的转变，为我们打开了真正的自由的大门。

把期望变成投入

我们的期望，是我们内心的恐惧和未实现的心理需求的伪装。不觉悟到我们是如何被这些恐惧支配的，我们仍会不断将孩子往彼此争斗的不健康的亲子关系里推。除非觉悟到我们自身的问题是如何投射到孩子身上的，否则我们会将孩子变成我们自身缺陷的替罪羊。

投入当下与期望未来有着本质的不同。我们的期望是受到强烈的“自我”驱使，而我们对孩子的投入则是从非常不同的地方出发的——我们的心。来看看以下的例子说明父母对待子女的方式是如何不同的：

期望型：我希望你能使我引以为豪，我希望为你能成功，因此你必须拿 A。

投入型：我会欣赏你学习的过程，我会放下心中对结果的预期和设想，不再把你的价值与学习成绩联系起来；相信你有无限可能，支持你努力追求心中所愿，帮你营造一个可以专心学习的环境。在困难时陪伴在你身边、给你指导，在你焦虑时安慰你，在你跌倒时扶起你。在你涉足未知领域的时候挑战你、安慰你，免除你取悦我的压力，并且使你觉醒，投入现实。

期望型：作为你的家长，我要求你显示对我的感激。

投入型：我希望你坚持欣赏自己。我不需要你来取悦我或满足我的需求。我会帮助你心怀感恩而不是感觉高人一等，我会让你接受爱而不是受到宠溺。我会帮助你发现你身上已经拥有的天赋，并且协助你学会给他人提供帮助，使你在接受的同时学会施与。

期望型：我必须让我的孩子尊敬我，听我的话。

投入型：我将摆脱控制你的需要，我会放下高高在上的态度以及对权威的幻想，为你营造一个安心的环境让你可以表达自己，给你被人聆听的机会，也给你聆听别人的机会；营造一种互相尊重的亲子关系，创造一种可以丰富彼此生命的联系。当你做了危险的抉择时，把你引导回正路，同时允许你在正常范围内进行测试、试探和反抗。

你可以看到，期望把双方关系局限在僵化的两极当中。我们把自己放到至高无上的等级之上，把期望抛给俯首称臣的子女们。自然，我们的孩子会反抗这样的期望。谁不会呢？当我们给孩子设置期望时，我们就免除了自己做出任何改变的要求，这自然会导致孩子的反感。没人愿意当坏人，没人愿意总是要承受责难。然而当我们的孩子反抗和报复这种明目张胆的不公时，他们得到的却是训斥、批评、指责。

当我们从期望转向全身心地投入当下时，我们不再让孩子为我们的幸福负责。这样，我们就为孩子内心的自我以其独特的方式成长起来保留了空间。这种教养方式直观地能够理解，生命中所有的际遇都是一个伟大旅程，引领我们实现更高的自我觉醒、自我成长，以及自我联结。我们的孩子获得自主自立和自我表达的发展机会，其他事情也就变得不那么重要了。

更新承诺，告别期望

我告别了我的期望和计划，
因为它们从我狭隘的心胸而来。
反而，我将拥抱更广阔的胸怀，
不再让你满足我的需要，
仅仅期待我为自己这样做。

当我看着你时，我不再把我的
恐惧、不安全感、渴望和失控，投射到你身上。
反而，我会清扫掉内心的灰尘，
让它不能掩盖你的光芒，
我能成为一面镜子，映照出钻石般的你。

告别了我的期望，我的内心不再空虚，
而是丰盈满足。

第15章

从无心的反应到用心的陪伴

经常有人问我："活在当下究竟是什么意思？"而我经常发现找不到一个令自己满意的回答。原因是"当下"不是一种可以通过理论描述或理解的东西。你只能去体验它。我们都知道，要向别人解释一种体验，其实常常是词不达意的。就好像向一个从来没有看过日落的人解释落日的颜色，解释第一次乘坐摩天轮的快感，或者是在一片宁静的海洋上漂浮的舒适感。生命中总有些事情，也许是所有的事情，只能通过亲身体会才能理解。

对我来说，活在当下，意味着一个人对自己当下的存在充分地觉醒。它要求我们暂停思想、念头、见解和信仰。我们纯粹地活着。在这种"活着"的状态下，我们不去想我们是谁，身在何方，我们的各种身份如何，而是全然投入到活着的状态中去。如前文所述，如果你观察不受约束的小孩子的状态，他们几乎就是活在当下的代表。他们把每个时刻都看作是新的，并不把任何意志或想法强加到上面去。

当全身心投入到此时此刻中时，我们对于计划、期望的迷恋都消退了。我们一切都顺其自然。我们观察、参与、行动、释放。换句话说，我们跟随着生命的大潮随波逐流，同时在它的岸边随时保持清醒。我们外表活跃，内心平和，我们全心投入到生命当中，同时不与广阔的内心世界失去联系。

活在当下使我们与周遭生命的际遇保持联系，同时保持着一种平衡和冷静的状态。我们的行动不被脑子里的想法控制，也就是说不被内心播放的电影影响，我们可以脚踏实地，而且开明宽容地接纳生命的起起伏伏。我们不再管别人是否跟随自己的脚步，我们学会了与他人和平共处而不是攻击别人。情况合适的话，我们与他人通力合作，而在需要时，我们也会选择自然退场。无论哪种方式，我们都不去期望，而是尽情享受每个未知的时刻带来的新刺激。拥有活在当下的能力，可以帮助我们与接触到的任何人建立更深刻紧密的联系，尤其是和我们的孩子。

走进当下

为我们与孩子之间的关系做出改变的唯一途径，就是学习活在当下。如前文所说，我们彼此时区的冲突——我们大部分时候活在过去或未来，而我们的孩子则是活在当下——是导致我们正在经历不和谐亲子关系的原因。

活在当下，意味着不加抵触地接受生活原本的样子。只要我们不带着“为什么我的期望没有实现”的“攻击”能量走进当下，我们与孩子相处就不会有那么多情绪失控的反应。

最近，我留意到我与女儿相处时很难进入活在当下的状态。她跟我聊起了时尚、打扮，以及“当一位时尚模特儿”是一件多么好玩的事情（很容易理解，这些正是我的情绪触发器）。她心情特别好，滔滔不绝地谈论着从杂志上看到的漂亮衣服。我的第一个反应就是：“她真肤浅。这太可怕了。我是一个不称职的母亲，竟然能让女儿有这种价值观。”这样的想法难免给我们之间制造了一种负罪感和压力，最终促使我们想办法去控制这些令人不安的感觉。

我对女儿说：“玛雅，你怎么这么肤浅呢？这些只是生活中的琐碎事。我不希望你长大后，认为做一个时尚模特儿就是一切。我要你思考生命中更重要的事情，例如你的人生目标，以及你准备如何为社会做出贡献。”

玛雅的脸色马上变了，她沉默了下来。我以为这是我把我对她的期望一股脑地倾注给她的好机会，于是说了更伤人的话：“你长大了可不能成为一个没头没脑的傻瓜，只对打扮或潮流之类的垃圾感兴趣。你要成长为一名世界公民，关心如何去消除贫困，行善助人。”

到了这个份上，作为一个从不让别人中伤她的个性的人，玛雅强烈回应说:“妈妈，我只是在说几件衣服的事情，我不是在说我的未来。我才 12 岁，所有 12 岁的女孩子都在聊这些话题。你为什么要变得好像我做了什么错事一样呢？”

的确，她是对的。她并没有做什么错事。她唯一做的是破坏了我内心给自己建立的一名觉醒家长的神圣形象。我的“自我”期望能养育一名关心消除贫困，或是找到治愈癌症方法的孩子，这影响了我对此刻她正在经历的感受的理解。

接着玛雅往我巨大的“自我”正中狠狠地插上了一刀——所有的聪明孩子都会干的事情:“从现在开始，我不会与你分享我的任何感受了！”——我才知道我铸成了大错。是我制造了双方的隔阂，而且以后不得不长久面对。我错误地教导我女儿 12 岁是个危险的年龄，尤其是与家长分享心声时更是危险，因为难免会受到批评和责骂。

那么究竟我该怎么做才能重新把我与当下联系起来呢？我说:“你完全正确，是我过了火。你完全有权力不再信任我。我被对未来的恐惧冲昏了头，忘记了你才 12 岁，你有着与年龄相符的感受和想法。我只是害怕你会忘记生命里重要的东西。”

她回应说:“你得相信自己，妈妈。你已经教过我生命中什么是重要的，什么不是。但最重要的，我不是你，如果我喜欢时尚，那么我就是喜欢时尚。”

我们的孩子就是以这些方法把我们拉回正道，让我们重拾摇摇欲坠的价值感和信任。要是我真心信任我的教养之道，无论她说什么都不会使我有一丝担心。我担心女儿被时尚的浮华吸引，是因为我对自己的教养方法心有怀疑，同时对时尚之美的理解心存矛盾。我想象出来的恐惧再一次阻断了我与女儿在当下的联系。

要是我在与玛雅争论时尚的例子里能采用自己的建议，要是我当时能保持觉醒意识，我应该会察觉到我的失控。然后，我不会被情绪淹没，而会把它放到一边，对玛雅说:“哎呀，你的想法真是会吓到一些老派的和搞不懂时尚的人，就像我。但我听到了你说自己喜欢什么和不喜欢什么。作为家长，我肯定会担心自己的女儿是否没有认识到这些事物肤浅的本质，但我知道并且相信你已经懂得这些道理。”通过这样的方式，我们可以真诚坦白内心的恐惧，不让它伤害彼此的关系。

你也许会问：“那么，我们是否永远不应该纠正孩子？我们是否必须永远接受他们当下的样子？万一他们在做错事呢？”这些问题的确有道理。然而，它再次揭示了你的担心是来自对匮乏的恐惧，揭示了你控制、修正和监管孩子的欲望。

我告诉家长：“接受当下的现实，并不意味着你要消极应付，对什么都听之任之。它只是意味着你要把情绪爆发的那根刺从事情里挑出来。你当然可以改正孩子，有需要的话甚至要坚定地给他们定下规矩，但在整个过程中你不许让你的种种情绪例如恐惧、慌张、羞愧或内疚等爆发出来。”

接受孩子与因此而满足他们的任何要求，这两者有天壤之别。某一天玛雅抱怨她的比萨饼“味不正”，我尊重她的失望情绪，而同时我也教她，“好好吃完再说”。假使她还是喋喋不休地抱怨，我也不会改变我对待她的方式。我依然会说：“比萨已经买回来了，要不就把它吃掉，或者我们在家里找点别的东西给你吃。我不会再买另一块给你。”面对她对比萨的牢骚，我没有不开心，更没有逼她把它吃掉，我只是列举出她的选择，并且要求她为自己做出合适的选择。对家长来说，一定不能把接受孩子误解成被动的许可或放任。同样道理，要是孩子在晚餐聚会或在餐馆中表现粗鲁或者没礼貌，虽然重要的是不要呵斥他们，但同样重要的是不让他们的不合适行为太出格。有时这可能意味着你要离开，直到他们冷静下来，明白什么才是恰当的行为；有时候这意味着你要把他们拉到一边去，清晰直接地告诉他们，他们的行为给他人造成了什么影响。无论哪种做法，觉醒的家长都不会干坐在一旁，不做出任何干预。

“但万一我们的孩子做着非常有害的事情呢？”家长也许会再问，“例如，在考试前一天没有复习只在玩手机？”

树立当下的觉醒意识，要求我们专注于此时此地的孩子所表现出来的样子。与其冲进他们的房间，满脑子都想着他们多么不听话，我们需要让他们把手机拿出来，向他们解释玩手机影响了他们的复习。不用争执或进一步的说明，我们只是纯粹向他们说明约好的手机使用规矩，要求他们把手机放到注意范围之外的地方。即使他们说出反感的话，或者发脾气，我们眼前的任务就是从这些干扰中抽身出来，而不要再制造任何戏剧场面。一定要注意，制造越多冲突，引起孩子越大反抗，就等于进一步扩大家长与孩子之间的隔阂。我常常对家长们说："如果孩子无法理解你的观点，不遵守你的规矩，那就意味着有另外的东西在发挥着作用——有一些东西正在破坏着亲子关系。"在这些极端例子中，手机已经不再是事情的核心了，如何守护亲子关系才是首要任务。

世事无常的力量

我们总忘记世事无常。世间万物都有一个开始，然后经过进化，最终转化为新的事物。这个过程在我们的身边，也在我们的身上一直进行着。没什么是永恒不变的。这种变化是如此快速，甚至今天早上的我们，与现在的我们也不是同一个人。不仅我们的细胞在不断变形，我们的意识也是，即使我们察觉不到。因此，执着于孩子某一个时刻的表现，等于否定他们成长与更新的潜能。事实上，每当我们挑出他们性格中的某一个特点大做文章，相当于是在推波助澜；我们越是讨厌某一点，这一点就会越在子女身上放大。回到那个关于时尚的例子，要是我说："噢，我完全理解为什么你会觉得时尚模特儿的生活很有意思，但我敢打赌，他们的工作也是很累的，必须每时每刻都打扮化妆得很漂亮。"如果只是如此点到为止，说不定我已经可以打消女儿对这个职业的兴趣。但要是像我那样大惊小怪起来，其实是赋予了模特职业更多的吸引力。这样的方式是在延长我们自己的痛苦！

每时每刻都是新的，下一秒与这一秒再不相同。尽管这一秒是在前一秒的基础上诞生的，但它本身也是全新的一秒。正因为如此，给孩子在特定时刻的行为贴上标签和分类是错误的，是一种误导人的举动。当我们抱着孩子在过去某个时刻的形象不放时，那我们就无法欣赏他们现在的样子；当我们倾向于注意过去的事情时，我们便会忽视孩子现在的样子。

孩子并没有这个难题。他们不会纠结于昨天的事情。与他们生活中的大人不同，他们不背负各种来自昨天、上周，甚至几年前的包袱。他们能够原谅

当我们还紧抓住孩子过去的某种形象不放时，我们便无法欣赏他们在此刻的美；越是纠结于过去，我们越是错过了孩子现在的样子。

和忘记过去的不愉快，这让他们可以自由而怀着热情开展下一段旅程。换句话说，孩子本能地适应这个世界的无常特性。

然而孩子这种顺其自然的天赋却会激怒家长。大人无法理解一个拥抱、一个笑话，或是一些善意的话怎么可以如此迅速地改变孩子的心情。我们沉思细想，分析诊断，然后当我们还是无法为他们的行为找到合理的解释时，我们感到好泄气。这就是为什么当家长们坚持要找出子女非理性行为的原因时，我都会耸肩，说："他们就是这个样子。他们活在当下。你或者我永远都无法理解他们从这样的心情一下子跳到那样的心情的能力。"

立足于当下意味着我们要怀着积极和接受的态度走进每一时刻。这样做，我们就能随时准备好迎接生命持续赐予我们的新鲜体验和新的一课。当我们的心被爆发的情绪蒙蔽时，这种对世事无常的觉悟可以提醒我们去深呼吸一口气，允许我们说："这是新的一刻。我可以重新来过。"

我们把孩子的错误视为洪水猛兽，孩子并不喜欢这样，我们也没有帮到他们。"当我犯错的时候，我父母总会把我两岁以来犯过的所有过错挖出来再说一遍。" 我听过一个孩子的抱怨，这也是许多孩子的心声。这孩子还说："我连一半都不记得了，但他们却记得很清楚。"

另一个孩子悄悄告诉我："某个晚上，要是我说我累了，不想做功课，我的父母就会开始长篇大论地说我会考不上好大学。他们总是在说未来的事，而我只是说那天晚上而已。"

生活每刻原本的模样包含了无限的丰富资源。只是我们的恐惧阻止了我们去挖掘上天赐予每一刻的丰盛资源。这是因为我们过去的经历深深烙进了我们的脑海中，阻止我们用长远的眼光看待事物。

"过去是过去，现在是现在" 是我常常对自己重复的格言。它提醒我不再纠结于我原本设想的现实该是什么样子的，它让我可以自由地走进现在，无论现在包含了什么。

举个例子，家人从一次愉快的户外旅游归来，而我的女儿却情绪崩溃，也许是太累了，或者她担心还没做的事。与其骂她破坏了家人美好的一天，我对自己说："今天一天全家都有好心情，但这一刻心情已经变化了。接受这一刻的心情吧。”

与我们的孩子建立联系最有效的方法之一就是与他们在此刻的现实中相处。这意味着当孩子放学回家，与其马上让他们报告上学的情况，或者催促他们做功课，我们不如就单纯地迎接他们。我们允许孩子以他们喜欢的形式与我们交流。同样，他们晚上去睡觉的时候，我们也马上调整情绪与他们的心情一致。这种心灵的交流使我们定下的规矩更容易得到遵守。

当我们告诉孩子“过去是过去，现在是现在”时，我们是在帮助他们调整到当下的状态来，无论此刻是该做作业，还是到了睡觉的时间。觉醒地走进每一个新时刻让亲子关系变得无比清晰，帮助孩子们摆脱过去的束缚，走进新的今天。

生活本身的丰盛

一位客户问我：“我如何才能把我的教养方式变得更加觉醒？当我看到孩子考试拿了 C，我真的气炸了，这种情况下如何保持真心的冷静？”

我告诉她：“你不能骗自己。你最好跟你的孩子坦白你想发脾气，这比你假装不想发脾气要强。我们虽然不该把情绪一股脑儿发泄到孩子身上，但在情绪特别强烈的时候，重要的是不时给自己留些空间去表达出来。如果冲着孩子发泄情绪成了习惯，那是值得担心的，因为我们在大部分情况下应该能消化和整合自己的情绪。但如果你改变自己的观念，质疑考试得 C 就等于失败这个想法，你就没有必要掩饰自己的情绪或者朝着孩子怒吼。当你真正发掘到 C 这个分数里所包含的意义时，所有东西都会发生改变。如果不再将 C 视为孩子潜力的消失，而是视为孩子自觉意识产生的机会，以及让你们关系进一步加深的契机，你就会看到里面蕴藏的是丰盛，而不是缺乏。”

“那我要怎么把这种方法用语言表达出来呢？”客户进一步追问，我回答说：“好吧，你可以尝试这样说：‘这个分数现在并不重要。我们来总结一下你的长处在哪儿，而你需要帮助的地方又在哪儿。如果我们能这样做，我们就是在进步。每一门功课都像是身上的一块肌肉，需要锻炼。更重要的是要有锻炼肌肉的欲望，而不是自满地认为自己已经万事俱备。'”

当我们把注意力集中在自我成长，并把它视为成功的唯一标准时，成绩的外在牵绊就没那么重要了。那样一来，每个时刻都变成修炼真我的机会，完全不需要伪装什么。怀着生活本来就是丰盛的这种眼光，每个错误、失败和没有成功的冒险都熠熠生辉。

这并不意味着我们可以草率从事。事实上，正好相反：它意味着我们要紧紧抓住真正重要的东西，那就是真我的成长。要是我们做每个决定，都是基于对这一刻的自我认知，哪里会有“错误”或“坏”的决定呢？当我们看到孩子跟随此刻的内心，尽了他们最大的努力，哪怕最终还是不能避免失败，我们又怎么能去责备他们呢？我们不妨改变角度，教育孩子珍惜每一个经历带给他们的成长。

我听过很多人在讨论所谓的“吸引力法则”。很多人被这个法则承诺能带来的财富和成就吸引，尝试把这个“法则”用在自己身上，结果大部分人都失望而回。做一块愿景板，把我们的梦想和愿望都写上去，这是有帮助的，我也支持。但要是你把它当作一个替代品，一心钻到未来而不再全心全意投入到每一天的现实中，那就毫无作用了。

确实，我们的内心，原本是中立的，却有能力建立起许多信念，随之在我们心里引起许多情绪，像磁铁一样，把我们吸引到反映出这些情绪的事件中去。要是沉浸在那些只会削弱我们的信念或情绪中，我们很可能发现自己会被焦虑和身边的负面人和事压倒。我们仿佛把负能量吸引了过来。像老话说的，祸不单行。

举例说，你的孩子身材肥胖。你也许会对自己说：“我的孩子太胖了。”这个念头可以是中性的，事实上却很少如此。它会激发你的焦虑，并向你头脑中的思想发出信号，引发更多这样的念头。你的下一个想法可能是：“我的孩子在学校会不受欢迎。”这样的念头又发出了信号，吸引更多相似的念头，例如，“我是个不称职的家长，没管好孩子的饮食。”一波接一波，这样的念头连绵不绝。很快你变得焦虑不堪，连孩子也开始感受到了并吸收着你的焦虑。这样的坏影响还可以无穷无尽继续下去。毕竟，我们的想法不会塑造现实，但我们的信念可以，因为信念从内在塑造了我们。我们持有什么信念，便会从宇宙中得到什么回应。这就是为什么建立起能为我们内心创造最大的自由而不是焦虑的信念非常重要。根据吸引力的观点，我们会吸引相同的能量，它提醒我们对子女做出不同的回应方式，而不是我们经常用的负面的、受恐惧驱使的回应方式。

孩子长胖了，与其发慌，不如选择一种接受现实“原本模样”的态度，无须加上任何情绪或批判。我们依然可以回应，但是无须情绪失控，只是单纯地采取行动。我们可以给家人的饮食选择一种新的口味，把所有的加工食物去掉。也许我们可以和孩子一起参加瑜伽班或者健身课程。我们也可以对食物更加留心。更重要的是，我们可以留心自己是否把饮食作为一种麻木自己或逃避生活的方式。

把事情看作一次觉醒的契机，我们可以帮孩子放下心理负担，让他们不再觉得自己有问题要“修理”。身体健康是每个人的心愿，我们应该感恩这个机会让我们可以改变饮食习惯。与其厌恶这个现实问题，不如把它视作一次与孩子建立更密切的联系和关怀家人的机会。怀着活在当下的态度，我们可以对孩子说：“我明白你为什么会因为体重问题而不高兴，也明白你因为自己和别人不一样所感受到的压力。我们来聊一下，好吗？”或者你可以建议：“让我们来看看我们是怎么对待吃这件事的。我也该好好反省一下。我们来聊一下如何可以更加用心地饮食，以及如何保持饮食均衡的方法吧。”

生活中的某些问题，我们是比较容易接受它“原本”的模样的，但其他情况也许很困难。我们再举一个常见的例子，那就是让许多家长都觉得难以忍受和处理的问题：孩子的无礼。

面对孩子目无尊长，要保持冷静是很难的。许多家长都被孩子的无礼气炸了，并且把它看得很严重。然而，与其因此激发孩子不尊敬长辈的连串愤怒情绪——全都基于恐惧而生——我们也可以选择不为负能量助力。只要我们不为负能量添加能量，它自己会慢慢消散。

我们可以发挥不同的情绪能量，先不管孩子说了什么话，而是问自己：“为什么我的孩子感觉必须用这种态度与我相处呢？是不是有什么地方我没留意到？我是不是对他们控制得太厉害了？还是我把规矩变来变去？为什么我的孩子会一反常态，用无礼的态度对我说话呢？”

如果我们不能保持冷静，我们可以选择走开——但可不是怒气冲冲地走开！如果我们能温柔地走开，我们可能会提醒孩子问问自己，他们当下是否处在自己最好的状态。如果我们需要先离开，我们可以等到彼此都能完全控制情绪的时候再去问他们。

我对女儿说：“你刚才说话的语气很没礼貌，让我觉得好像你发生了什么事情。是真的吗？可以告诉我发生了什么事吗？”我将自己的情绪从事情中摘了出去，这样可以给她空间去反省。

最后她会说类似这样的话：“我很生气，我跟我的朋友们闹矛盾了，于是我找你出气。”“学校压力太大了。”或：“我累了。”

在心理咨询中，我帮家长们看到，冲动的反应是如何引发负能量的龙卷风，最终把每个人都击倒的。我向家长们解释说，我们无须否认对某些事情的感受，只是不要让联系着这些感受的情绪爆发出来。对孩子怒气冲冲，连骗带哄，或者破口大骂，只会使我们想让孩子摒弃的行为变本加厉。我们应该只关心那些能更好地促使孩子如我们所愿转变的想法。当然，无须赘言的是，你必须真心诚意地去做。我不是鼓励你要给孩子空泛的赞美，在当时的情形下任何不真诚的夸奖都于事无补。

如果我们进入尊重、体谅以及共情的状态中，我们就能激发孩子内心对于成功的渴望，并建立起相互尊重的亲子关系。我们可以这样说：“我知道你希望成功。我知道你希望做得最好。我们一起来努力吧。”于是，我们不再在意孩子没有做的事情，而是关注他们正在做的事情并且愿意做得更多的事情。这样就使我们的能量走上正轨。

当孩子看到我们能够用一种能激发和运用他们长处的方式与他们相处时，他们就学会了轻松处理他们的情绪反应。他们没有受到羞辱、责备，没有背上内疚感，这样他们就可以无拘无束地专注于做出他们希望做出的改变。作为父母，我们越是能够远离消极想法与状态，我们就越能够打开让孩子正能量洋溢的大门。

当孩子不懂得尊重长辈，没有礼貌时，我们需要去了解这些行为背后的感受，再向孩子展示他们的无礼会对他们的生活造成怎样直接的负面影响。我们可以说："我明白，在你试图表达某些东西的时候正觉得沮丧，但我也被你搞得更加沮丧。你能不能换一种表达方式让你的需要得到满足？我们来回顾一下我们是怎么把对方惹生气的，好吗？我们来把规律找出来，看以后我们能怎样彼此帮助。"

这其中的关键因素是不要将孩子的行为变成是关于我们自己的问题。不要想着自己如何被羞辱了，自己有多么失望、多么受伤。如果我们将孩子的行为看成是关于我们的问题，孩子最终会费力对付我们的负面情绪，而无暇关注他们自身的问题。

接纳孩子，可以去除负能量的伤害。接受事情"原本"的状态，会给我们带来优雅、顺服，以及最重要的——感恩。所有这些态度会在我们的思想里注入积极的能量，这种能量能够向外发出强大的辐射。

接纳不意味着消极，它与屈服完全不同。接纳是一个积极的过程，我们在这个过程中了解眼前的局面是如何由我们一起造成的，它给我们带来了什么教训。要是我们的生活要做出什么改变，我们需要的是不带一点儿负能量地面对眼前的现实。

接纳还有经常被忽视的一面，那就是由于世界万物都是一个连续存在的状态，我们可以关注我们所注意的方面的另一极，从而做出改变。在前面章节已经提过，但这里我还想继续强调，因为它是父母可以利用的一种强大能量。例如，如果在你眼中，孩子正在散发着无礼和反抗的能量，你与其像平常一样关注孩子眼前的行为——这种做法只会进一步加强孩子的负面行为——不如转而关注连续体的另一极。这样一来，你可以接受孩子而不会助长他们的坏行为。

这样做的方法就是，留意你的孩子那些没有无礼或者反抗的状态，然后放大那些好的行为。例如，当我的女儿安静吃午饭时，我抓住机会这样说："我喜欢你现在安静的样子。当我们像这样纯粹地享受着彼此的陪伴时，我觉得和你很亲近呢。"像这种时刻，我们不该做的，是把子女此刻的安静，拿来与他们之前的又吵又闹的时候作比较——很多家长都会陷入这个陷阱。这样做，赞美就变成了一种反面说教。

日积月累，我们越是突出孩子的尊重和善良行为，他们就会变得越尊重别人，善待别人。通过转移我们对子女坏行为的注意力——那样只会增加我们自身的负能量——我们就自发地强化了我们对孩子显出的尊重与善意。

你的反应是孩子情绪的触发点

你的孩子无时无刻不在模仿着你的语调、你的情绪，以及你的非言语信号。你可能更了解自己的情绪触发点，但你有没有意识到孩子的情绪也可以被你触发？最重要的是，你有没有意识到，你的孩子可能会用某种特定的方式回应你，因为你对待他们时就含蓄或者不那么含蓄地采用这种方式？

我们逼孩子做的事情，远比他们逼我们做的事情要多。例如，哪个孩子早上起来会像我们一样列出长串的清单与日程表？他们不会为我们做好无数计划，逼我们去不想去的地方。当我们不吃他们喜爱的食物或穿他们选的衣服时，他们不会威胁我们。正是我们才会这样，刻板地强迫他们遵守我们的标准。自然，我们对此准备了漂亮的说辞，例如，是给他们机会，促进健康，让他们尝试生命的各种可能性，并向他们表示我们的支持，等等。要是我们对自己诚实，我们就会承认这一切都只不过是我们控制孩子的手段罢了。

我们自身所发出的能量，以及我们的生活方式，都会释放出强烈的气息并被别人感受到。作为家长，关键是要意识到，我们亲身陪伴在孩子身边，即使不发一言，也会对孩子的行为产生影响。这提醒我们要一直问："在这种情况下，我能做出什么贡献呢？我要怎样才能鼓励孩子做出积极的反应呢？"当我们认识到，我们是在共同创造着每个相处的时刻，我们便不会再指责另一方。

一旦我们承认所有事情都从彼此的互相依靠中发展起来，我们就可以看到惩罚孩子的行为是多么的幼稚啊。

没有任何一种行为是没有原因的。我们的孩子一定是被某些东西激发了情绪，正如我们被某种东西激发情绪一样。这种东西可能来自外部，也可能来自家长；它也许来自孩子内心深处，而他们自己都没有意识到。要是这样就要我们的孩子为他们的行为负责，而不对他们的行为抱有同情和对其原因的好奇心，那我们就既无心又毫无帮助。

一旦我们明白这些不令人满意的行为是别的事情所发出的信号，我们就会获得提醒去用一种更有意义的方式与孩子交流。用因果联系的观点来看待孩子的行为，而不是急于批判他们的个性，我们就会对孩子的感受和体验产生兴趣。这样的方式有着神奇的力量，它建立起信任，从而拉近我们和孩子的距离。

康拉德是一名 57 岁的父亲，他来找我咨询，因为他在一次心脏病发作之后得了创伤后遗症。这次心脏病发作给他带来巨大的伤害，使他的情绪几乎崩溃，以致他不敢走出家门口，害怕心脏病又发作而无法获得任何帮助。他唯一知道的对付焦虑的办法就是待在家里，没过多久他便大部分时间都躺在床上。他的孩子看着爸爸无法康复，也开始表现出他们各自的病征。

康拉德 8 岁的女儿布兰德不但在学校里成绩一落千丈，还开始拒绝离开家门。而他的儿子，6 岁大的丹尼尔，开始在学校里捣蛋，对人变得越来越凶。一开始康拉德和他的太太并没有把孩子们的问题与他们的父亲被疾病打败的事实联系起来。他们来找我咨询，只是因为他们觉得要学习一些更好的育儿策略来阻止两个孩子的问题升级。直到我指出康拉德正在经历的压力时，他们才明白他的压力是如何直接影响孩子的。

康拉德在面对自己的心脏问题时，选择了封闭自己而不是积极回应，使自己陷进了焦虑的状态，不断退缩，无法找到出口。这种无力感被孩子们接收了，也在他们的生活中表现出来。显然，除非康拉德对付他的焦虑问题，否则他的孩子长大后也会觉得自己无力应付生活的难题。

康拉德的问题在于，他没有看到生命的善意，这次经历其实在提醒他要改变他的生活方式。因为他把他的心脏病看作是极度负面的事件，他觉得整件事只是灾难和恶意。我向他解释说，除非他接受这个事实，接受生命其实是给他提供了一个成长的机会，否则他会毁掉孩子们的生活。得了心脏病后，他开始恐惧自己再也不能享受完整的生命，那是因为他对自己的坚强意志没有信心。他把自己看作是软弱的，他只能骗自己相信唯一可以保命的方法就是像石头一样坐着不动。

我让他看到，他绝对有能力带着心脏病这个瑕疵好好生活。疾病未必会打倒他，他反而可以把它当作催化剂，使自己变成一个更有人情味、更关心别人的人。这时，他透露说自己成长在控制欲极强的双亲之下，他从他们那里继承了只有对生活控制得越牢，你才会越安全的信念。换句话说，他的心脏病已经把他的整个世界摧毁了，他信念的基石坍塌了，使他像一个婴儿一般蜷缩无助。他需要建立一种全新的世界观。那么，如何建立一种新的世界观呢？

哪怕知道我们需要做出改变，也很少有人能说变就变。一般来说，只有在生活结结实实触礁的时候我们才会改变。或许我们的婚姻面临瓦解，我们的工作饭碗快不保了，我们的健康岌岌可危，或者我们的子女遇到了麻烦。在许多情况下，似乎只有危机才让我们有改变的能力。

有时我们太顽固了，即使危机也不能使我们获得解脱。康拉德就是这样的例子。他花了好多时间才停止相信自己是个无能为力的人，事实上他远非无能为力。只有当他终于面对自己的焦虑，让自己去感受它而不是反过来被它制服或主宰时，他才能够认识到，心脏病之苦无法影响到他那个本质的自我。

那些真正成功的人懂得去感受焦虑，而不让焦虑击垮他们。我们作为父母，有个神圣的责任，那就是去打破人类不该感受焦虑这个愚蠢的观念。这就好比在说每天都应该是大晴天，而不该下雨或打雷。或者像康拉德义正词严所说的："我还这么年轻，怎么就得了心脏病呢？"

我们来看一下改变是如何发生的吧。当我们内在的能量发生改变，这种改变会通过外在反映出来。一开始改变也许不容易察觉。正如大峡谷的岩石是一层层被风雨刻蚀而成的，我们每一个的变化都建基于之前的变化之上。当我们去挖掘宇宙赐予我们的丰富能量时，我们会越来越有力量去实现我们想要的转变。我们越是感受生命的丰盛而不是只着眼于匮乏，我们的生活就越能反映这一点。

我们面临的挑战不是试图让我们的孩子改变，而在于意识到生命有源源不绝的丰盛赐予供我们使用，在此基础上把我们的能量从一种匮乏感的状态转到丰富感的状态。当我们开始问"我能成为我希望孩子成为的那种人吗？"时，我们就拥有了那些我们希望孩子获得的品质。

这不仅适用在子女教养上，这是一项能够改变我们生活方方面面的原则。我们的确可以实现我们期盼世界所发生的变化。其中的奥妙就是自强不息。我们内心就充满着能量，我们要挑战自己去挖掘它。我们要问自己的问题是："我对自己有足够的信心吗？"

当我们不再抵制生活的赐予，我们不仅对生命的际遇顺服，而且接受我们对它的感受。正如我对康拉德所说："你当然感到失望，甚至是完全被吓坏了。这都是自然的。然而，因为你怯于感受你的感受，你想有不同感受的渴望阻止了你活在当下。相反，要是你接受你自己的确有崩溃的时候，接受它们也是生活的一部分，你就可以教会孩子明白，他们可以有时候感觉不好，而不必觉得有了这种感觉就意味着他们的内心已经崩坍。"

只要我们改变一下角度，从相信生活中的事情只是在我们面前发生，到相信它们为我们而发生，而且离不开我们的积极参与，我们就能看见每种经历中蕴含的宝藏。我们开始作为生活的共同创造者积极投入生活，为我们的角色做好全然的准备。只要有必要，我们就可以快速成长和适应。我们无须觉得自己必须要得到某个结果，而是意识到这个结果没有出现的部分原因就在于在我们自己。只有我们愿意转变，我们想要的目标才会最终实现。每一个时刻都给我们提供了无数的选择，它要求我们觉悟到我们有意识或无意识中做出的选择是怎样的，然后我们就能调整我们的能量，来与我们的目标相匹配，使它们变成现实。一旦我们认识到我们有选择的能力，我们便更能主宰我们的生活。这样我们就能产生勇气、毅力、胆识和创造力来开创新的生活。

不再盲目反应，开始真挚表达

我们许多人觉得当孩子的行为惹怒我们时，除了做出反应外别无选择。我们的本能是把怒气发泄出来。要是有人激怒了我们，我们想都不想就马上反应："喂，你有毛病啊？你给我马上停下来。"我们并没有想到要这样说："现在我为什么会发那么大脾气呢？我了解对方并非对我心怀恶意，我能否用一种更加尊重人的方式来表达我的需求？要是我觉得现在的情形难以忍受，我能否从中抽身？”

我们在外部世界的状态有很多方面都是内心世界的投射。我们大部分人都是由内心世界一片混沌的父母养大的。结果呢，这一点反映在我们的成长中，也很可能把这种混乱传承给我们的子女。这些心灵上的混沌和不觉醒会从一代人传到下一代人。由于对这些一无所知，我们许多人宁愿在现实生活中遇事责怪别人，而不是把它当作一面镜子来观照自己。

我们的子女就是特别明亮的镜子，因为我们可以与伴侣离异，与朋友绝交，孩子却依然会留在我们的生命里。正是在我们与孩子的关系中，我们比其他任何人都更容易受到挑战，去审视自己通常会否认或逃避的一面。当我们能够看着子女这面镜子，承认我们的问题时，我们不仅能擦去了自己视野中的迷雾，而且也开始看到我们孩子的真实模样。这样，我们也成了他们的真我所投射的镜子。

家长常常担心，如果他们不能“获准”对子女发作，他们便会感到窒息，不真诚，甚至心怀怨恨。其实除了情绪发作，还有很多种回应方式。我们许多人只是没有觉悟到如何不带情绪地与对方沟通。我们不习惯与自己的情绪平起平坐，总是让情绪带着走，而且我们不知道除了咄咄逼人以外，我们还能怎样坚持自己的立场。我们很少人懂得用平和的语言来表达真实的自己。

要是我们能被允许像孩子那样，用最“原本”的方式表达真实的自我，我们就可以直接与我们真实的声音联系起来，而不需要求助于对他人的操纵、控制，还有各种各样的混乱情绪。表达真实的自己本应是世界上最容易的事情，但由于这使我们的监护人觉得惊慌，结果就变成了世界上最难的事情。和孩子们一起回归真实的表达，是我们能够给予子女的最美好的礼物之一，因为这为他们打开了真诚的大门。

不再盲目反应，开始真实表达，这会为我们与子女的关系带来巨大的转变。让我们来看看一些真实生活中的例子，看如何从盲目反应转变到真实表达：

盲目反应:

不要玩手机，我在跟你说话呢！我不敢相信你竟然没为测验复习。把手机丢一边去，否则我会永久没收。

真实表达:

我知道你没留意到你现在有些分心。我看得出来你在无意识地逃避测验。我可以帮助你做复习计划吗？那样你就可以好好准备考试了。

或者是:

恐怕你不知道你此刻的选择会带来什么后果，而作为你的家长我非常担心。我需要你的帮助来提醒我，你是明白你的选择会造成什么影响的。我们能来聊聊你为什么选择不去学习吗？看看如何改变你的这种心态?

或者是:

我见你对手上的小玩意爱不释手。我再给你 5 分钟，你就要开始完成你的任务了。不过，要是时间到了，你还任由自己逃避责任，我就不得不拿走你的手机，直到你完成功课。我不希望没收你的东西，但我需要看到你学会自律。

盲目反应:

你既不听话，又不尊重长辈。你可不能用这种语气跟我说话。你这个周末不准外出。

真实表达:

我看得出你感到有必要用这种负气的语调跟我说话。很明显，你是不开心了，不然你不会这样对我说话的。我要 5 分钟冷静一下。我建议你也花点时间来思考一下怎么才能实现自己的需求。

或者是:

我看出来了，此时的你被情绪笼罩着。我想听听你的感受，但你用这种语气跟我说话，我很难听到你的心声。当你准备好和我分享你的感受，而不是冲着我说难听的话时，我会做你的听众。

或者是：

你这样冲我说难听的话，我很难明白你的意思。我也是有感受的，听到你这样对我说话，我很难过。我现在会离开房间，给你一些空间。当你准备好冷静地和我讨论时，我们再继续聊。

当我们真诚地表达自己的时候，我们是在双方关系中注入了风度、正念和责任心。我们让孩子知道他们是聪明的、有能力的，同时我们也知道这个时候我们的情绪有多么激动，我们愿意为了改变双方的对立状态而做出必要的改变。当孩子看到我们是发自内心，而不是着力让他们感觉自己像坏人的时候，他们会放下防卫，和我们一起寻找问题的解决方案。

身为家长，我们的神圣任务就是要记得，每个孩子身上都有一种深切的愿望，要被看见、被聆听，以及被理解。的确，每个孩子最深刻的渴望，如之前我提到的，就是知道这个问题的答案："我够不够好，我做得好不好，我是不是个有价值的人？"他们渴望别人理解他们的世界观、立场和感受，他们可以因为做自己而感到有用。他们希望自己的声音有用，他们的意见有影响，以及他们的贡献有价值。

我们的孩子与他们的情感保持高度一致，因此他们敢于感受自己的感觉，并不害怕表达出来。但我们在面对他们的感觉，尤其是那些痛苦的感受时，通常都怎么做呢？我们没有去接纳，而是选择了拒绝。我们要他们"闭嘴"。要不我们就让他们为自己的感受而难堪甚至觉得疯狂。最终，孩子会以为他们有毛病。其实这直接反映出我们自己没有能力去感受和接受我们真实的感觉。当我们接受自己身上的光芒以及阴影时，我们也允许我们的孩子这样做。我们提醒了他们，真正的勇气来自坦白和真诚。

更新承诺，放下过去

即使我有多么希望相信
生活的种种模样应该如何，
我知道我对现状的抵触来自
我的恐惧，
它挡住了我的眼睛，使我看不见活在当下的珍贵。

如果我能放下我的控制欲，
我可以带着活力走进未知。
让我的勇气、坚韧和力量做主，
我可以成为
我希望看见的改变后的样子。

不再拒绝，
我以觉悟和欢乐的心，迎接此刻。

第16章

从混乱到平静

从我们的呼吸，到四季的更迭，自然界遵循着它的节奏。虽然表面上看来，万物都在改变，但整个宇宙联系在一个统一的内在基础之上。每一刻的变化看起来虽然毫不费力，但生命仿佛悬浮在一片安详的平静之上，除了它的“本真”状态之外并无其他。

记得少年时，在孟买我家附近海滩散步的时候，我问妈妈：“浪花要到哪里去？”

妈妈回答说：“它们回到大海里去。它们过来打招呼，然后又道别。一个浪花接着一个浪花，来来去去。很多浪花离去了，但你看大海依然是这么宽广！”这是说给一个年轻女孩听的简单答案，但我牢牢记在了心中。妈妈在不知不觉中教会了我，生命中所有事物都有其潮起潮落的时候。聪明的人不会被潮起或潮落迷惑，而是领悟到藏在其中的平静。我们领会了，便可以摆脱生活的摆布。

当我们的孩子看见我们因为工作加薪，或者朋友的称赞而兴奋不已时，他们就会吸收这些外部事件对我们产生的影响。同样，当他们看到我们因为失业而变得绝望，或在一些小事上，例如为长胖了一两磅而纠结时，我们的心情轻易成为外部世界的奴隶，这种情绪变化也会被他们所吸纳。相反，要是他们看见我们在困难的处境面前保持稳定、坚决和坚韧，他们便学会了在生活中顺其自然而不是与它做斗争。他们学到了生活中有时会顺利，有时会不顺，但无论高潮还是低谷都不能影响我们的本质。我们感受一切，但不被任何事情所塑造，只有真我能够代表我们。

明白生命遵循节奏的道理，可以帮助我们在碰到与子女有关的困难时能够清醒地去面对。我们明白他们的情绪不是永恒的，而他们的情绪并不能说明他们是怎样的人，正如我们的情绪也不能说明我们是怎样的人。只要我们允许情绪有起有伏，它们自然会来也会走。它们并不能说明我们是什么样的人。

大海的品质并不会因为浪花的高低而改变。我们的内在本质也是一样。它不会随着时间而改变，也不会被我们的心情、成败或长相影响。要是我们能够放弃我们的“自我”，做一个纯粹的家长，我们可以避免育儿过程中的许多混乱和问题。这一切都在于，不要只看到我们或我们所爱的人的表面，而是要看到彼此更深刻的、更持久的内在本质。

静默的力量

静默，是我们生命中被开发利用得最少的力量之一。我们许多人很害怕它，以为它毫无意义，因为它意味着无所作为。静默的状态让很多人觉得不舒服，不仅因为它与我们从小到大所信奉的要保持忙碌和有所作为相违背，还因为它让我们痛苦地面对“真我”应该有的样子：空无一物。

要在绝对安静的赤裸裸的静默状态下面对自己，让我们感到浑身不自在。我们暴饮暴食，麻木地陷进社交活动，参加一大堆不情愿的活动来逃避静止。我们内心没完没了的躁动最终制造了不和谐和失衡。在无止境的意见、批评和主意的打扰下，我们的内心无法以最佳状态运行。

每天抽出几分钟来静坐，可以帮助我们觉悟自己的本质，也帮助我们充电。花几分钟坐下来，关注自己的呼吸，让我们的心从无休止的信息处理中暂停一会。仅仅几分钟的专注，便可以提醒我们生命中最重要的是什么——与自己的联系、与他人的联系。外在的成就在不断迷惑我们，可如果我们失去了这两种联系，本质上我们一无所有。

犹如大雨可以清洁空气，10 分钟的呼吸静坐也可以净化心灵。我们的子女可以立刻感受到我们身上能量的转变。每天关注自己，让我们在说话前学会暂停，让我们可以更加关注我们沟通的方式。注意力集中对于我们的觉醒式教养至关重要。

静默，意味着外在和内心都要安静下来。这意味着我们聆听心里的话，但不参与进去。通过每天的练习，内心的噪音会慢慢消失。过去有我们的参与，噪音才会喋喋不休。如果我们不再参与，只是让它存在，它慢慢会消失的。

要练习静坐，我让家长安排出时间来，期间不和孩子说话——除非这个过程中孩子需要他们。这并不意味着家长要忽视孩子，或者留他们独处。相反，这是家长与孩子分享此刻，而不想着塑造或改变他们。我让家长把他们用来说教的能量转到观察孩子中去。我建议他们留意孩子的坐姿。他们低着头，耸着肩吗？然后观察他们的眼睛，他们的笑容，还有他们的声线。给自己足够的安静时间，可以有效影响我们回应子女的方式。

当家长问我具体而实际的问题，如："要是我看到孩子没把牙膏的盖子盖上，我该怎么做？"我回答说：

"5 分钟之内，不要说话。"

"要是他们出了房间，没关灯呢？"

"5 分钟之内，不要说话。"

"要是他们考试不及格呢？"

"5 分钟之内，不要说话。"

"要是他们对我或对别人没礼貌呢？"

"5 分钟之内，不要说话。"

"要是他们打我或者打兄弟姐妹呢？"

"5 分钟之内，不要说话。"

我估计现在，你心里头所有的警报都在响着。太离谱了，不是吗？当别人告诉我们要改变一个习惯时，我们很自然会发慌。也许你觉得我是在剥夺你作为家长的权利，因而在鼓励负面行为？要不就是我太仁慈了？要不就是对孩子的坏习惯听之任之？

这些都不是我要你 5 分钟之内不说话的意思。它不意味着我们不采取行动。它只是单纯让我们留出空间来，想出最明智的行动，因为只有当我们从事件中抽身出来一会儿、让自己冷静下来后，智慧才会浮现上来。这意味着你要克制评判的冲动，即使你觉得事情已经黑白分明了。一旦你发现这个做法给你和孩子做出改变所带来的效果，你就会送给自己几分钟寂静，让问题的最佳解决方法自动浮现出来。

我的顾客奥莉维亚向我讲述了一次她带 4 岁的孩子和父母外出用餐的经历。崔斯坦这个小孩子开始捣蛋。妈妈骂他："别胡闹了。好好坐着，要不我们就走。"

他回答说："我要现在回家。我们走吧！"

奥莉维亚怔住了，发起火来："你给我好好坐着，"她对儿子说，"要不你不许到外公家过夜。"崔斯坦开始大声叫喊，奥莉维亚把他抱起来，离开餐厅，取消了过夜安排，带他回家。过后她说："不能去外公家，他很失望。我以为他会因此学到一课，但第二天他还是没礼貌，惹人讨厌。我糊涂了，不知道该怎么做。"

我向奥莉维亚指出她的反应太鲁莽了，她很惊讶："我觉得那一刻我必须马上说点什么。这不是你一直要我们做的吗？"

我解释说："用心地去了解孩子的需求，和盲目地由着自己的情绪做出反应，两者之间是不同的。崔斯坦不安分，那说明他需要人帮助他冷静下来。而你没有想办法帮他，就匆忙地威胁他、惩罚他，当然他会反感。他越是反抗，就越陷入麻烦。假如当时你第一反应不是说狠话？假如你给自己留些空间来关注他，也许让他坐到你的大腿上，或者就安静地抱着他？这些不都比你朝他大喊大叫来得更好吗？"

奥莉维亚意识到她上了一天的班十分疲累，导致她随时准备向任何违背她期望的人发泄。她看清了自己的怒气如何让儿子没达到她的要求。她说："我该怎么学会深度暂停下来呢？我该学学这个了。"

我回答说："这种技巧，像我们身上的肌肉，必须靠锻炼才能培养。保持沉默并不代表默许或者被动，而只是单纯花时间来肯定此刻的感受，并为当前的处境找出合适的回应。"

静默的时间让我们走进内心，找到另一种方式来表达我们的欲望。不再是盲目地在我们和孩子之间发起攻击，我们可以利用这个零度反应空间来走近我们的子女，而不是盲目开始与他们斗争。即使只有几分钟的宁静，我们对某些事情最初的抵触情绪也可能消失，我们可以开始寻求从其他角度来看待事情。

静默使我们以一种全新的方式看待自己以及我们的子女。通过观察，我们与他们沉默的能量同步，注意到他们发出的信号。我们对于他们的生活方式以及和我们相处的方式变得敏感起来。生活是什么这个问题，慢慢地被怎样去生活而取代。我们开始问自己我们以前在分心或者混乱的时候没想过的问题。在这种时候值得去问的问题包括：

- 眼前的事件是否生死攸关？
- 这件事从全局来看、从更大的背景来看会是怎样的呢？
- 现在是与孩子摊牌的最好时机吗？
- 有什么别的方法来表达我的愿望，以使他们可以接受吗？
- 眼前的局面有多少是我造成的？
- 我可以采取的最人性化的处理方法是什么？

在这短促而又关键的静默时间里，我们可以走出自己狭隘的心胸，转而聆听我们内心的智慧。走进心灵的旅程有时不止花费 5 分钟或 10 分钟，有时候得花上更长的时间。无论如何，它让我们的内心成长得更加清澈，更有同情心，更加勇敢。因此，这条路也直接引领我们走进孩子的内心。

在说多错多的时候——深度倾听的价值

当我们给孩子安排的计划没实现的时候——这是通常发生的事情——我们相信必须要给他们把话说清楚。通过谈话我们固然获得了对话和互动的机会，但有时我们想把所有事情说清楚的冲动，更多的是受我们内心焦虑的驱使，是我们与内心失去联系的表现，而并非真心沟通。把事情说出来使我们觉得舒服，让我们以为找到了解决方法。西方文化鼓励人们发泄、表达，把烦心的事

我们对讨论的执着更多的是反映出我们内心的不自在，而不是为了建立真诚关系的真正沟通。

情都吐出来。我们对讨论的执着更多的是反映出我们内心的不自在，而不是为了建立真诚关系的真正沟通。这种执着来自我们内心的匮乏感，来自一种对被肯定、被认可、被了解的需求。当我们这样做是出于内心的匮乏感，就会让我们的孩子感到困惑，实际上是让他们远离我们，而不是亲近我们。

这并不意味着带着无动于衷的情绪是更聪明的做法。无论是谈话或者忍让，如果这样做只是为了消除难受，而不是针对现状而做出的真诚回应，那么两者都同样是不觉醒的行为。正是不觉醒的行为最经常刺激到我们的孩子，使他们逃避我们那些不自觉中强加到他们身上的期望。

看到孩子把自己关在房间内，不愿意走出这个避难所，许多家长都觉得不解。他们纳闷："为什么我的孩子不想跟我聊聊，我明明是很欢迎他们和我谈话的啊？"孩子之所以要避开我们，是因为他们感觉到，我们想聊的只是自己——我们需要通过聊天来控制我们的焦虑，还有控制孩子。

宝拉觉得很难放手不去管她 14 岁的儿子汤姆，她觉得儿子正在逃离母子之间过去那种相依为命的关系。和许多同龄的男孩子一样，汤姆对和朋友一起打电玩游戏，比和妈妈待在一起更感兴趣。宝拉对自己的焦虑反应过度不安，并试图利用每次与儿子在一起的机会与他谈话。要是她察觉到汤姆今天不是安静就是有情绪，她马上高度警觉，并会说一些这样的话："汤姆，你怎么了？你生气了吗？来跟妈妈聊聊，告诉我你发生什么事了。我真的希望你可以舒舒服服地跟我聊天，来告诉我你现在出了什么事。"当看见汤姆一脸不置可否、耸着肩膀而又一言不发的样子，宝拉就认为儿子把自己拒之门外。

她实在没办法了，来问我的意见，她抱怨说："我觉得他正在疏远我。我真心希望我们之间能非常亲密，可以告诉对方所有事情。我感觉我要失去我的儿子了。"她之所以有这样的感觉，是因为她以为，聊天是与汤姆沟通的唯一方法。

9 岁女孩特蕾莎的妈妈罗瑟琳也有同样的感觉。特蕾莎碰到学习或者朋友之间的烦心事，罗瑟琳就开始长篇大论地对她说教。她觉得她是好心帮女儿，她会说："亲爱的，我知道你一定很难过。我完全明白你的感受，我会在你身边陪着你。告诉我你为什么有这些感觉呢，让我来帮你。"表面上听来，她的话是在安慰人，甚至很善解人意。然而，特蕾莎却越来越沉默了，她妈妈觉得沮丧，结果更喋喋不休起来。最后，女儿忍不住大喊：“别再说了，妈妈！我最讨厌跟你说话，因为你从来没有听进去。我讨厌你总是告诉我去做什么，想什么，感觉什么。”

因为罗瑟琳的话没有被女儿接受，我们需要问，她的话究竟是在真正帮助女儿的需要，还是只是满足她自己的需求呢。像汤姆一样，特蕾莎也给妈妈一个讯息，就是她需要的，是有人来聆听她，而不是对她说教。两个妈妈，尽管出发点都是好的，但却都摆起一副“修理问题”的架势，而她们的孩子都感觉到了。

当我们说话是为了满足我们自己的需要，而不是真心想和孩子沟通时，孩子只会感受到我们控制他们的欲望，他们会关上心房。我总是告诉家长，要检验他们的谈话是想控制还是想沟通，一个明显的信号就是孩子的反应。他们是接受和分享，还是越来越生气或寡言少语，到最后一声不吭呢？

仅为打破沉默而说话破坏了沟通的氛围。正如我对宝拉和罗瑟琳说的那样：“表面上看来你们是想和孩子沟通，但假如你们对自己诚实的话，你会看到你只是在试图让他们明白你的观点，或者想改变他们正在做的事情。孩子们能感受到你的意图，并马上开启心理防卫。除非你们有足够的勇气，反思自己说话的目的，并坦白你的意图，否则孩子们会继续拒你于千里之外。”

我鼓励家长们只在最有必要的时候说话，尤其当孩子处于少年期和青春期时。到了 10 岁，孩子已经非常熟悉我们说话的方式和内容了。他们不需要我们的建议或者责骂了。他们需要的是我们的聆听和感同身受，创造空间让他们自愿来找我们。要做到这一点，我们需要变得静默，成为在沟通中有吸引力的人。

许多家长需要停止犯以下这些常见错误，停止做所有疏远孩子的事情：八卦、打听、质问、评判、说教、讲理论、假设、总结、批评、审判、责骂等。反过来，大部分时间里我们应该保持沉默，保持一种开放的、不带评判眼光的、不偏不倚的态度，要小心别让自己挤进我们不该去的地方。

用心说话，而不是凭大脑指挥去说话，意味着我们要少说话。心的交流无须言语，只是愿意以接纳和温暖的心去沟通。所有这些都充满力量。它是一种身心感受，从无言深处中体会相互尊重。随着我们不再执迷于口头上的交流，双手的轻触或眼神的交流都会变得更有力量。如果孩子孩子愿意表达，我们会认真倾听他们说出来的和没说出来的感受和愿望。在这种全心的倾听中，我们什么也不说，直到一切都自然变得明了。

家长在与子女之间的关系里碰了壁，我都会对他们说："这是因为你没有真正倾听他们。"他们以为这是要他们按子女所想的去做。我澄清："我不是说你们要在子女面前退让。深度倾听与溺爱孩子完全无关。它是关于我们如何用心地、随时随地和觉悟地去沟通。"

当我们致力于深度倾听孩子时，我们会改变彼此沟通的频率。我们不再焦虑、分心，或者在对话中寻找控制权，而是能够与孩子的心灵与感受连线。我以我和女儿最近一次的沟通来说明吧。我的女儿 12 岁，已经养成独立完成个人清洁等日常事情的生活习惯，在个人护理方面很少寻求我的协助或建议。然而有一天晚上，她准备刷牙的时候，忽然把我叫进浴室说："还记得我小时候你是怎么帮我刷牙的吗？能再帮我刷一次牙吗？我想重温一下。"

我第一反应就是："这也太傻了，玛雅。你已经完全有能力自己刷牙了啊。"我不用说一个字，她立刻感觉到了我的频率，因为她看到我双肩紧缩，眉头一皱。我留意到她的嘴唇在颤抖，失望写在了脸上。她的频率已经变得跟我的一致。

看到她这样子，我自问："为什么我要拒绝她开心的邀请呢？"我需要聆听她的心声。她想通过这个邀请实现什么呢？答案马上变得清晰了。她想我们重新回到她眼中单纯美好的童年时代。她想我们以她珍惜的方式相处。我的心融化了："当然可以，"我改变了我的本意，"这是我的荣幸。我也怀念那些时光。"玛雅喜出望外，于是我们享受了一次"回到四岁"的美好时光。

要对孩子始终敞开心扉，关键是改变我们习以为常的想要控制他们的频率，而转到适合双方沟通的频率。亲子关系中绝大部分的问题，都是由于我们缺乏对自身或者子女的沟通频率的觉悟而造成的。我们以为只要我们说的话听起来使人感到安慰或舒服，孩子们就不会感受到我们内心的焦虑，但事实上，他们唯一接收到的就只有我们的焦虑。

以开放的态度深度倾听孩子，也使我们免于无间断地为他们修补错误，或为他们救场。我再次重申，倾听孩子并不代表要去溺爱他们或者在他们面前退让。它意味着我们从最契合彼此频率的沟通出发，寻找能实现彼此最大成长的最佳沟通方式。与其不假思索地就做出反应，我们不如让自己完成觉醒式教养中的关键任务，就是成为观察者。一名冷静的观察者的角色非常关键，因为只有我们唤醒这些能力，我们才能完全与孩子感同身受，明白他们每时每刻从父母身上所需要的是什么。

发现你作为家长的力量

我的一位客户佩吉，自从学会默默地运用自己沉着镇静的力量后，常常惊讶地发现改变她和孩子之间的关系变得如此轻松。在此之前她常常恐吓和惩罚孩子，以为唯一能影响孩子的方法就是拿走他们的东西或者让他们禁足。结果，她和孩子之间的一点点小摩擦都会迅速升级为激烈的争吵。

我观察到佩吉和她的儿子们之间的一次争执，那是在我的办公室里，当时我们正在进行家庭辅导，佩吉让孩子们停止玩平板电脑。然而孩子们不习惯留意她的话，继续在玩。佩吉把平板电脑从他们手中夺过来，还用经典的惩罚教条威胁他们。他们看着她仿佛整个人都处在暴怒中。然后，一个在绷着脸生闷气，另一个踢了她的小腿一脚并夺门而去。

佩吉看着我，一脸绝望："情况总是这样。我只是让他们做一些小事，然后我都不知道怎么整个家就成了一片战场。"

佩吉看不到她这样做的不合理的地方，因为作为家长，我们被全权委托可以以几乎任何我们想要的方式来对待我们的子女。当我告诉她，在这种情况下她对儿子的处理方式，等同于她的朋友在她迟到时揪她的耳朵，或者在她忘记了她的生日时给她一巴掌。佩吉明白了我的意思。我们不敢用这种方式对待我们的同辈。

我们没有意识到的是，这种受到恐惧支配的信号，对于孩子会造成多大的负面影响。我对佩吉说:“仅仅是前后几秒钟，你就从对他们提要求，到恐吓他们。还有很多其他的方法，为什么你就没想过使用它们呢？”

佩吉不明白我说的话，她问:“你说的其他方法是怎么样的？”

我解释说:“你有那样的反应，是因为在你对儿子们提出要求而他们没有听话的那一刻，你的心里一定发生了一些变化。要是我们找出那个变化是什么，我们就可以把它处理掉。当你让他们把电脑收好时，你的感受是什么？”

“这很简单，”佩吉说，“我感到很难堪。我一想到他们在你面前的行为，我就觉得很尴尬。到了我让他们把电脑放好的时候，我知道他们是不会听话的。我很担心他们有什么反应，也预感到他们会爆发。”

“正是这样，”我同意。“你预感到他们不会听你的话。因此，当他们没有马上把电脑收起来时，你把它解读为他们在与你对抗。基于你的解读，你马上把你的要求升级为恐吓。”

“的确是这样。”佩吉承认，回想着心里产生了什么感觉。

“要是你心里期望的是他们听你的话呢？”我继续探问，“你会用怎样不同的方式去处理？”

“我想我会更有耐心、更加放松吧。”佩吉承认说。

我继续说:“要是你当时是另一种心情，心里面是踏实的，你不会为儿子们的反应感到害怕。这会让他们感受到你作为家长的力量，那会通过你放松的态度表现出来。例如，你可以走到儿子们面前，把他们的平板电脑放下来，看着他们的眼睛对他们说出你的要求。这样你是从有力的领导者的位置上对他们提出要求的，他们会为你清晰的要求和强大的沉着姿态所折服，他们别无选择，只能跟随着你的指引。真正的沉着比起策略或威吓更有效。”

佩吉对这种方式心存怀疑。这种方式没有任何夸张的言语或动作，显得微不足道。她需要亲身感受到它是如何起作用的。我向她保证，当我们的声音，我们的凝望，还有我们整个身心都牢固地建立在我们平静的内心之上时，我们可以与人建立起深刻的联系。要是我们失去了与内在力量的联系，我们就会展示出软弱的姿态，因而不得不把事件升级才能引起孩子的注意。

花点时间来享受时间

尽管我们有着强烈的愿望，但在现实世界中愿望的实现需要时间。万物皆有其时。因此，我们不能为了安抚不安全感和焦虑感而催促生命。事实上，我们越是感觉到不安全和担忧，就会越发干扰到我们身上发出的正能量，从而拖慢事情的进展。

只是单纯地观察，就是因为我们懂得待时机成熟时，事情自然会实现的。我们对这个信念越是坚定，我们便越不容易抓狂。事实上，我们要的恰恰是与抓狂的能量相反的能量。我们需要来自静默中的能量。

我们许多人就是难以忍受静静地坐着等待，要我们去观察事物的自然发展让人觉得痛苦。说到底，我们是害怕愿望得不到实现。因为害怕，我们不愿意去播下所需的种子，然后相信它们会自然而然地发芽。相信，是关键因素。我们多少人真正相信自己、相信宇宙会实现我们心中所愿？

当牵涉到我们的孩子，所有的怀疑、迷惑和比较都是出于恐惧的驱使，而不是来自信心。

学会信任，其中一个最大的障碍来自我们总是被生活中的“应该”动摇，它阻止了我们去认识内心的指引。因为我们没有自然地相信自己，我们总是过早下结论，在我们不应该插手的地方插手，举棋不定，事事控制。我们所有这些焦虑的行为妨碍了我们的孩子寻找他们自己的方法，解决他们自己的问题，以及制定他们的道路。

在十月怀胎的时候，我们的恐惧是毫无益处的。与其担心事情会不会一切顺利，不如为未来做适当的预备，包括装修宝宝的卧室，购买宝宝出生后所需的用品。等宝宝出生，我们承担起育儿的责任，情况也没有什么不同。我们的任务仅仅就是播下种子，然后退到一边，怀着兴奋的心情看着我们的孩子“灌溉”与自己性格相符合的种子，忽略不相符的种子。要是我们尝试为孩子选择哪些该浇水，哪些不该，焦虑就会产生。我们凭什么决定孩子要怎么浇灌哪些种子呢？

为孩子的发展播下种子，就等于为生命的旅程本身赋予比实现我们热衷的目标更高的价值。我们重视过程，而不是对于完美产品的梦想，这种“完美”是以他们的表现来作衡量标准的。即使我们的孩子没有获得什么大成就，我们也为他们的存在欢欣鼓舞，让他们知道自己是被无条件地尊重的。这样的方式反而能激励孩子到达更高的程度。他们对自己的感觉越是良好，他们就越是会毫无顾忌地追随内心的呼唤。他们学会相信自己，因为这正是他们成长以来从我们这里观察到的事情。当心存怀疑时，他们会搜索他们的情绪档案，我们对他们成长的信心使他们感到安心，从而让他们能善待自己，把时间花在享受生命的旅程上。

子女教养不是一场讲究策略控制的心理游戏。它是一场信心之旅，要求我们全然顺服于宇宙以及它无穷的力量。我们的信心越足，我们就会越少担忧孩子的前途。我们完全遵守万物的时间表，而不用怀疑事情没有如我们所愿地发展。我们顺服于生命的赐予。不是我们成长所需的东西，它就不会在我们的生命中出现。我们接受自然中一切美丽的事物都需要时间和空间来孕育。

我们狂热地设置许多时间表的时候，我们就是忘记了为一些必要的事情预留时间。我们没有预留好“缓冲带”，以便一旦堵车时我们可以不用被逼疯；或是见到孩子游手好闲时，我们可以不用对他们破口大骂。在今天这个疯狂的世界中，预留时间本身就是一门艺术。那些懂得为生活安排足够休息时间的人其实是给自己创造了充电的机会。一位觉醒的家长不会把什么都没做的那些时刻看成是空虚和无用的，而是抓住这些时刻，将它们变成与孩子沟通交流、发挥创意和享受乐趣的宝贵机会。我们的孩子需要认识到生活不是只有工作，也不是只有玩耍。在两者之间找到平衡，是觉醒式生活艺术的一部分。

更新承诺，停止忙乱

从外部世界抽离一阵子，
脏盘子由它放着，怒气也随它消散，
家务活就让它搁着吧。

是时候后退一步，走进内心，
感受沉默，停止喧嚣。
这是做出改变的唯一方法。

不要害怕走进自己的内心。
在絮叨之下埋藏着金矿，
安心，沉着，坚定，平静。
它们的外层需要一层一层地剥去：
首先是羞耻，其次是自卑，最后是恐惧。
当你接近无物时，便知正道已近。

当你到达真我最深刻之处，
你便知晓真实与自由。
告别恐惧，你变得更加强大和坚定，
预备好迎接孩子的心灵，
没有负担，无拘无束，自由翱翔。

第17章

从有角色到无角色

我们没有意识到的是，我们觉得自己是谁，大部分是由我们的外在因素决定的——我们的性别、种族、社会阶层、兄弟姐妹的排行，以及我们有多么漂亮、多么俊俏或多么聪明。甚至在孩子两三岁之前，父母就想知道孩子有没有运动才华，有没有艺术天赋，是性情粗暴，还是性格内向。我们需要用标签和角色来定义自己或我们的子女。要是没有了这些，我们就觉得很难在世上找到定位。

“除去名字、角色、宗教或身份之外，我究竟是谁？”这个问题值得每个人去深思，尤其是在养育子女的过程中。它之所以在亲子关系中非常关键，原因就在于，我们迷恋角色或者其他外在的价值度量标准——我们是“什么”，而不是我们是“谁”——虽然某种意义上也许很方便，但最终却会导致我们惯于评判，固执死板，缺乏灵活性。

劳拉是18岁的琳赛的妈妈，一天她突然停止来找我作心理辅导。当我问她为什么不再过来了时，她告诉我她正在经历某种抑郁期。然而她并不是那种会患上抑郁症的人，我知道她一定是对什么事情反应过激了。当她终于冲破自己的阴霾，回到我的辅导中心来时，她向我透露了抑郁的原因。琳赛马上高中毕业，要去上大学了。一想到女儿快要离家，像个大人一样独立生活了，劳拉就惊恐不已。她不但没有感到这是件值得庆祝的事情，反而无法对于女儿的成熟感到一丝高兴。她即将失去她对于“孩子”的“母亲”身份，这使她变得抑郁起来。用她的话说就是：“我还没有准备好这个改变。我不要这种情况。我不要为它感到开心。”

劳拉开始泪流满面：“她不再是我的小宝贝了。我无法相信。我怀念当她的妈妈的感觉。我喜欢做养育子女各方面的事情。我喜欢照顾她，陪伴她成长。现在她要开始没有我的生活了。”

我能感受到劳拉正在经历的这种失落感。眼看孩子离开自己，开始他们独立的生活，家长们感到伤感是很自然的。当然，那些对母亲或者父亲的身份非常依恋的人会觉得异常艰难。然而，这是每一位家长必须面对的转变。在孩子人生中这个特殊阶段，我们在转身成为孩子所需的角色方面做得越是优雅，就越能引领他们进入走向成熟的下一个阶段。

劳拉继续说：“因为我一直感到很难过，在过去几个月我都无法接近女儿或者我的丈夫。我不但没有陪伴他们，反而让他们担心起我来。”

我温柔地回答说：“你的女儿不但没有觉得她可以完全没有负担地走向人生的新阶段，反而要担心起妈妈来。也许这是你在用你的方式保持与女儿的联系。让她紧紧围绕在你身边，就是让她把快乐寄托在你身上。这样你才可以继续觉得被需要。你需要感觉到被需要，胜过了你女儿享受生命历程的能力。要是你不小心处理，你也许会把她这种能力全部夺走。”

劳拉喘着气，难以相信自己通过抑郁的方式来抵制女儿正在经历的无可逃避的转型。我提醒她，她对于母亲身份的深切迷恋使她养育了一名优秀的女儿。现在是时候让琳赛把她过去从妈妈身上学到的经验应用到她的生活中了。

这时候我问：“那么，现在到了收获你辛勤工作的果实，并且看着女儿展翅飞翔的时候了，你真的忍心折断她的翅膀吗？难道你不想看着她成长为你心目中的女人吗？是时候放下自己希望她像小时候那样依靠你的需要了，你们可以像最佳拍档一样一起走向各自生命旅程的下一阶段。”

劳拉之所以受到如此大的精神压力，是因为这些年来，她没有花足够的功夫放下母亲这个身份。如今她是被迫要放手，对她而言极度困难。我们不把自己看作孩子的精神导师，却迷恋着家长的身份，这时我们不仅限制了孩子独立成人的能力，也使我们无法投入到一种像最紧密同盟一样互惠互利的亲子关系中。

许多家长问我：“这么多年来我都是全年无休地当一个妈妈，我怎么才能放下这个角色？我不知道如何做个半途而废的妈妈。”

我解释说：“一名精神导师能够养育子女，陪伴子女，但是怀着帮助子女心灵成长的深切觉悟。”他们的角色超越了仅仅做“妈妈”或“爸爸”，而是更关注孩子们心灵的需求。他们会问自己：“他们如今的成长阶段需要关注的是哪个方面？我该如何扩展和提升我的觉悟，来帮助我的孩子展示他们最真实的自我？”

要当好一名精神导师的角色，要求家长抛开我们以前盲目推崇的那套教养方法。我们的关注焦点不再是孩子考试是否答对了全部题目，而是他们做错了题目时有什么感受；不再是孩子是否融入某个特定的社交圈子，而是他们独处的时候有什么感受。我们把焦点从传统的成功的标志，转向那些被主流社会忽略的方面。我们感兴趣的是孩子笑得有多开怀，感触有多深，爱得有多么无畏，哭得有多么畅快。

领悟宇宙的指引

我用宇宙的比喻来帮助家长从对父母角色的迷恋中走出来，并带领他们使用不同的方式与孩子相处。为什么是宇宙？因为它反映了我们的内心。如果我们把自己看作是这浩瀚宇宙的镜像，我们就可以开掘我们自身蕴藏着的无穷资源，也鼓励我们的子女去开发他们身上的潜能。我们最终会发现天堂确实存在于世上，只是我们缺少觉悟，才无法享受它的美好存在。当我们去开发宇宙的广博丰盛，我们会意识到它是多么无垠，多么瑰丽，多么丰裕。我们不仅可以从自身感受到这份丰盛，还可以从与别人的关系中感受到，尤其是我们与伴侣以及与子女的关系，只要我们愿意挖掘自己内心的完整。

要享受现实世界中的丰盛，要从完完全全接受我们自己原本的样子开始。这与把我们自己主要看作是某种角色，例如一名母亲或一名父亲，有着根本的不同。有时角色是有帮助的，但角色必须由我们完整纯粹的本质去支持，否则，角色会很容易严重影响我们的能量平衡，因为它使我们困在一个固化的心理形象中，迫使我们“应该”去做母亲或者父亲，而不是做我们真正的自己。

自然界在为我们的生命提供必需的平衡中扮演着强大的角色——这种平衡可以传递到我们的子女身上去。我认为它极为重要，因为以我当心理辅导师的经验，现代人与自然界越来越疏远，这造成了许多孩子都经历过的毛病——不适、压抑与机能障碍。我鼓励父母帮助孩子接触大自然，以及学习自然运行的种种规律。我们都是宇宙的孩子，我们也希望看见子女循序渐进地有机成长，而不是被迫成长或者在既定的模式下成长。后者往往是我们在自己或儿女身上强加各种角色造成的。

我把一个成长中的孩子看作一朵多瓣的花朵，花瓣层叠交错。如果我们只观察其中的一瓣，便无法欣赏整朵花的美丽。同样，我们的子女也有着许多层次的花瓣，而我们的任务就是帮助他们寻找他们完整的内在美——特别说明，如前文所强调的，孩子的潜能是从每天的生活经历中发现的，不是存在于那些我们催促孩子要完成的未来目标里。

把握住大自然中的能量，使我们走出狭隘的、僵化的角色设定，感受人类体验的丰富性与统一性。这种与人类命运相连的感受使我们消解隔离的观念，享受新的自由，无羁绊也无期待地与他人共处。正是通过这样的方式，我们开始真正地与彼此联系在一起。

走进无角色的境界：大自然的启发

我们已经看到，我们对于生儿育女抱有太多“应该怎样做”的执着，以及许多生硬的角色设定，这使得我们远离内心，阻碍了我们与子女建立起深刻的联系。

为了摆脱以“自我”为中心的角色，让自己牢牢地抓紧内心，我发现一个有用的方法，那就是向大自然里那些一贯被视为重要的“元素”求助。虽然，这些“元素”远远偏离现代科学认识宇宙的方式，但它们永恒的品质却提醒我们，我们依然需要深切地向自然界那些养育我们人类的关键特性学习。让我们来看一下这些关键“元素”，并努力学习它们最基本的品质。

» 大地

大地的能量是牢固的，根深蒂固的和坚实的。它是我们生存的基石。大地是无限慷慨的，它孕育并滋养万物。当我们在家中发挥这种能量时，我们提醒自己在控制孩子的各种情绪时要坚定，有理有节。即使他们大发脾气，或者有时候不开心，我们也不被他们所激怒。我们给子女定下有利于他们成长的规矩时要保持坚定，充满信任与信心。

与此同时，当孩子经历失败，或是面对自己的局限时，我们的心态依然是充满关爱与同情。当他们害怕或者担忧时，我们依然保持坚强。

具体实践会如何？举例来说，如果我们看到子女毫无节制地玩电脑，我们不往他们身上贴上“坏孩子”的标签，不与他们对着干。直接的反对总会导致同等程度的反抗。相反，我们会自问：“我的孩子要全面发展的话，他需要什么？”如果答案是他们需要少些把时间花在小玩意儿上，那我们就应帮他们多把时间花在别的地方——不是因为玩电脑不好，而是因为孩子的成长走偏了，失去了平衡。

同样，如果我们看到孩子花太多的时间独处，我们应给他们介绍更多的人去接触，更多的事情去经历。或者，如果我们的孩子很爱社交活动，花很多时间与人交际，为了平衡，我们需要鼓励他们拿出少许时间来安静内省，甚至带他们去儿童瑜伽班，或者为他们挑选一本书，拿出一个小时来陪他们阅读。

我不是在让家长们去操纵孩子的时间和活动，像一名指挥家那样把某些乐器的声音放大，同时把某些声音减少。这种方式鼓励我们把自己的角色转换成孩子的精神导师，时刻关注孩子在成长过程中哪些地方卡了壳。帮助孩子摆脱顽固思维的桎梏，与逼他们按某种方式做人从根本上来说是不同的。这一切同样取决于我们与孩子相处时的能量。如果我们和他们相处时带着要修正、控制和操纵他们的目的，我们便会自动地把战线拉开。相反，如果我们怀着要支持他们以自己的努力去成长的心态，孩子几乎不会有任何反抗。

任何时候，我们都应持续地在孩子的生活中陪伴他们，成为他们可信赖的人，为他们提供一个他们可以平衡、全面成长的基础，使他们可以吸取他们本性中丰富的养分。

》空气

空气在万物周围，充满万物之间。空间散发出光明和广阔，这些都是我们希望子女能拥有的品质。而我们却常常经历着反面的能量：匆忙、疲劳、担忧，表现出沉重、束缚、犹豫和局限。一方面，空间代表着静止和沉默，折射出我们内心的平静，另一方面，当空气变成飓风的时候后它又是强大无比的，无人能敌。

空间的象征意义促使我们去思考，我们是否能让孩子有他们自己的空间，不仅包括保护他们的隐私权、财产权、习惯、偏好以及他们的热情等，还包括我们尊重他们天性的节奏和生活的步调，在有需要的时候调低我们的能量。

我们让子女做自己，鼓励他们与宇宙建立起私密的关系，这种关系不需要依赖于学习成绩、人生成就或是“优良”行为。当我们的孩子感受到他们与周边的空间以及自己在世上的位置之间的紧密联系时，他们会感觉到他们的梦想和目标属于他们自己。

》火

我认为火可以燃烧我们生命中的渣滓。火敏于行，具有破坏力，它能促使我们对逃避很久的事情做出改变。躲藏在某种角色之下帮助我们逃避改变。因此每当在某件我们不愿意处理的事情上我们的权威被挑战时，我们总会倾向说“因为我是你的妈妈！”之类的反驳话语。

同时，火是温暖的、热情的，可以拯救生命。与其把火的力量看作是吓人的，不如把它看作一种强大力量的象征，可以驱赶我们生命中所有的负能量，让我们的温暖和爱心可以发光发热。

当我们在家里发挥火的能量时，我们提醒自己要心怀暖意，接受改变，同时迅速地面对负面能量，诸如缺乏安全感、行为过分、浪费、仇恨、拖延和倦怠。随着我们把对过去的执迷以及对未来的担忧燃烧殆尽，我们就能以火一般的能量充分投入到自己和孩子的当下。

火的能量教会我们，同样的事物可以助长生命，也可以摧毁生命，关键在于如何使用它。这个比喻使我们懂得，我们孩子身上的缺点也可以成为优点，反之亦然。

高度敏感的孩子可以学会懂得，他们虽然容易受伤，但这同时也让他们富有同情和爱心。进取心强的孩子可以学会懂得，进取可以在这个世界上给他们带来优势，也会使他们与人疏远。有主见的孩子可以被分配到能学习耐心和团队合作的环境中去。同样，害羞的孩子可以适当被邀请去承担一定程度的风险。

要点是，不要反对孩子的天性，而是去平衡他们的天性，让孩子可以发展全面的个性，活出更完整的生命。

每个家长都有必要来平衡孩子的能量。如果我们看到孩子非常敏感，我们可以通过安排一些比较随性的活动来平衡，或者通过悉心的指引帮助他们变得更强韧一些。如果我们的孩子很厚脸皮，不敏感，我们可以故意让他们接触一些培养同理心的环境，来帮助他们发展敏感、关心的品质。

当我把这条平衡原则应用在我的生活中时，无论我的孩子正在经历什么，我都通过运用其对立一面的能量来尝试平衡我的能量。例如，当她担心的时候，我保持对她的信任；当她生气的时候，我保持静默；当她沮丧的时候，我选择平静。我控制住自己不充满跟她一样的能量，因为这样只会加强她的负能量，而是尝试寻求那些能解除她的能量的毒性的特质。这种能量的转换沉静而深刻，它使我的女儿能自然地找到自己能量的平衡，找回自己。

因此，火提醒我们要尊重我们拥有的既能创造也能摧毁的能量。这一切都取决于我们选择为哪些火焰煽风。

» 水

水象征着随波逐流的能力。流动，是我们日常生活中一个重要的概念。处在流动的状态意味着我们不再对生活感到焦虑不已，不再心怀紧张和恐惧并与之做斗争。

我们在《道德经》里学到这个原则，它说：“无为而无不为。”运动员明白这种“流动”的感觉，他们称作“进入状态”，当整个人完全与体育运动融合在一起时，不费吹灰之力便可取得卓越表现。当我们处于流动的状态时，我们可以取得巨大的成绩，而且毫无压力。我们很放松，全然投入。

也许你也曾经经历过这种“流动”的状态。它是令人振奋的，不是吗？我认为这些巅峰时刻打开了一扇窗，让活出完整生命有了可能。

水还令我们联系到其他形象。它时而喷薄，时而安静，时而缓缓而流，时而汹涌澎湃，我们也提醒自己要这样对待我们的孩子。虽然角色会限制我们，但我们可以随着孩子的天性而流动，而不是拒绝接受他们的真我。这要求我们穿越他们的障碍，帮他们走向广阔的海洋。这也同样要求我们温柔地对待他们，同时也显示我们强大的存在。换句话说，水呼唤我们应情况要求，发挥出或平静或强烈的能量。

我们很多人都对孩子们的挑战感到不满。然而，这种负能量对我们是不利的，尽管我们通常不知道它到底有多大作用。只有当我们以全然接受的态度投入到我们的生活中，而不是坚持死板定义的角色带来的种种限制时，我们才可以做出必要的改变。无论我们的孩子是谁，我们都需要从全然接受他们开始。

“但是，当孩子吵闹不停的时候，我如何能够看到完整的他呢？”一位家长这样问。提出这样的问题不难理解。

要是我们接受在我们的生命里，每一个独立的个人都有权有自己的感受，选择自己的行为，而他们最高的行为来自于他们对自己生命的主权意识，我们便会从抵触和厌恶中走出来，从而走向接纳。这不意味着我们不尊重或否定我们自己的行为或感受，我们只是停止抵触他人的行为或感受。

中和能量的力量

自然界有其自我平衡的方法。冷热，光暗，生死，万物包含着矛盾两极。要是我们记着这个关键的事实，我们也许可以很大程度上改变我们与子女的关系。

让我们来看一个例子。有一个孩子，每当要他去洗澡，他就开始大吵大闹。很有可能这个孩子的家长也会提高自己的音量跟孩子理论，要是他听不进去，家长就开始责骂他。孩子听出来家长生气了，觉得紧张，便乱踢乱闹得更厉害。家长变得不耐烦，使出全身力气对孩子吼叫。孩子干脆往地板上一躺，开始踢打家长，把家长的腿踢得红肿，家长于是扇了孩子一耳光。

我们看到的是一种多米诺骨牌效应，很明显的是从孩子不愿意洗澡开始的。但推倒第一块骨牌的并不是孩子——是家长的反应。这就是为什么我们的孩子，尤其是越小的孩子，越不会在这种情况下产生什么改变。要改变的必须是家长。你可以看到，在这次碰撞中，家长的能量与孩子的能量是一致的。孩子的音量加大，家长也跟着加大。孩子发作，家长也发作，几乎到了歇斯底里的程度。家长没有使情况平息下来，反而火上浇油，使双方的情绪越来越紧绷。

这时我们可以向大自然学习，运用另一极的能量，而不是一点一点助长孩子的反应。在这个例子里，孩子因为感到焦虑而不愿意洗澡，我们的方法应该是创造一种中和能量，例如欢乐和宁静。例如，我们可以打趣地把孩子的哭喊变成一首歌，慢慢带他们和浴池里的肥皂泡玩游戏，也可以温柔地和他们一起泡在浴缸里，用香皂和肥皂泡安抚他们。如果孩子从家长那里感受到最微小的焦虑感，这只会加剧他们自身的焦虑感。相反，孩子需要从家长那里感受到另一极的能量——平静的能量——这样他们才能做出不同的反应。

我们与孩子之间的问题不是来自彼此能量的互相冲突，虽然表面上看来是如此，但当家长和孩子双方都表现出相同的行为时，这样的情况只会愈演愈烈。要避免与他人发生冲突，就不能因为觉得“我是家长我最大”、我有权制定规矩而坚持按我们的想法去做，而是需要抓住另一极的能量，即中和的能量。如果你的孩子非常焦虑，你需要降低你的焦虑感。如果你的孩子特别激进，你可以通过降低自己的激进度来帮助他。

当我们用与孩子正感受的情绪能量相同的能量来与他们谈话或者试图沟通时——作为家长我们很容易会这样做——我们是在不经意间增强了这种能量，而不是使孩子平静下来。因为这个原因，与充满焦虑的孩子聊天几乎对他们毫无帮助。这只会逼他们钻牛角尖，而他们脑袋里已经有够多事情担忧了。尽管我们表面上看来对他们充满关心、同情和怜悯，我们最有可能只是想结束孩子正体验的不愉快。对一个充满焦虑的孩子说：“凡事看积极的一面”“我们来聊点别的吧”或是“我明白你现在的感受，但是……”，这样的话百分百会增加孩子的焦虑感。

我们不能指望孩子能控制好自己的行为。但通过调节我们自身的能量，我们可以给予他们改变行为的空间和许可。因为我们的能量会从他们身上反射回来，我们就不仅需要留心我们在表面上如何表达自己，而且更重要的是，留心我们的能量是否给他们的能量提供中和的力量。

情绪容器的力量

要知道在孩子的身上哪些地方该鼓励支持，哪些地方该限制，一个关键的方面就是，当他们散发出破坏性的能量时，我们能够给他们提供一个情绪的容器。如果你的孩子累了，对你说:“我心情不好，因为我累了。”你要接纳他们的心情。但如果他们开始说:“我讨厌你”，或者累的时候就对你或者家人无礼，他们的情绪就需要受到限制。这个情绪容器可以是一个简单的停顿，或者强烈一点的例如一个“不要动”的指令。做孩子的镜子，意味着当他们失去节奏的时候要向他们反映出来，让他们拾回理智。

为我们的孩子提供情绪容器与站在权威的位置上统治他们有本质上的不同，你不应该诉诸角色的权威说一些“我是你的爸爸。你得尊敬我！”的话。与居高临下相反，我们要做孩子情感反应的密切观察者，而不是被他们的情绪牵着走。带着这样的目的，当我看到女儿闹情绪时，我提醒自己她只是这一刻被某些情绪笼罩着。她内心的宁静空间暂时被情绪蒙蔽了，那是来自她内心深处的恐惧在作祟。

佛祖说，不要执迷于情绪的高低起伏。他的做法是观照自身的情绪，但不被它们牵引进去。他教会我们如何从世事变幻无常的枷锁中解脱而出。这是值得传给我们孩子的、非常宝贵的道理。当我们看到孩子迷失在他们的情绪爆发中时，我们可以避免被他们的负能量牵引并做出反应。通过保持自我，我们让他们看到，情绪会消失，他们会重回内心。但如果他们看到的却是我们总被自身变化不定的情绪来回折腾的样子，他们又如何学得会呢？

作孩子的情绪容器并不容易，它要求我们进入我们内心神圣的空间，那个安静祥和的空间。把这个神圣的空间想象为地球的能量，因为它同样是踏踏实实的。或者一间教堂的能量，宽广、庄严。或是一座山峰的能量，巍然耸立，岿然不动。或是海洋的能量，无边无界，包纳百川。当我们进入这种强大的状态时，我们就能够在孩子们迷失时为他们提供安全的情绪容器。

为了进入安静的内心，我发现每天花 15 到 20 分钟，坐在安静的地方默想自己的念头很有帮助。如果你没尝试过而想试试的话，一开始你会觉得很难受，因为我们中很少人除了睡觉之外，能够习惯这种安静的状态。或者你发现自己会在默想过程中打瞌睡。然而，如果你坚持练习一段时间，会发生一些奇迹。你会发现你能保持警觉的时间越来越长。你还会发现你能够更清晰地观察自己的想法。这时候你意识到了你不需要对每个想法做出反应。最重要的是，你意识到，念头只是以能量的形式进进出出你的心，而不会留下多少痕迹。它们唯一有力量的时候就是当我们把它们锁定，再把它们编成故事的时候。如果我们不这样做，念头只会自然来自然去。

同样，当我们为孩子多变的脾气提供一个情绪容器时，这些情绪也会过去。随着我们技巧的提升，我们能够为孩子提供他们真正所需要的，有时候是为他们定下规矩和界限，有时候是鼓励他们慢慢扩大自己的空间。有一天，家长对亲子关系的管理变得收放自如，家长与孩子就会本能地跟随彼此的节奏。

情绪容器的比喻告诉我们，当我们不再焦虑时，便不会掉进自己的念头或者情绪反应的陷阱里，从而可以中立客观地看待孩子的行为。与其盲目地回应，不如利用幽默感、讲故事、角色扮演，还有一系列其他相关的活动来平息孩子的胡闹。通过这种方式，情感容器帮助我们的孩子处理他们的感受，让他们越来越保持真我。

创造空间，迎接光明

当我们的内心一片混乱，受到各种情绪纷扰的时候，我们觉得整个人紧绷，很有压力，具体表现为无法集中精神，失去耐心，以及产生挫败感。我们

情绪容器的比喻告诉我们，当我们不再焦虑时，便不会掉进自己的念头或者情绪反应的陷阱里，从而可以中立客观地看待孩子的行为。

觉得自己的耐性在减少，很容易就冲着孩子叫喊。教养孩子不再是有趣或有意义的事情了，我们怀疑何时才能得到解放，何时才能变得轻松一点。这时候，我们容易受到诱惑，去借助我们的“角色”去维护我们的权威。不过，要是我们冷静下来，仅仅是去观察而不是习惯性地暴跳如雷，我们内在的宁静便会创造出空间，让我们更深入去了解我们的孩子——仅仅依靠家长的角色可做不到这一点！

让我来总结一下给我们创造空间的方法吧：

好奇的空间。一旦闭上责骂的嘴，我们处在一种没有威胁的状态，我们会发现自己对孩子的行为充满好奇。与其尝试去管他们，不如学着去理解他们。我们也许会这样说：

“我对你这个想法很好奇。你能和我分享一下吗？”

“我很好奇你会有什么感觉。你能告诉我吗？”

“我真想知道你是怎么得出这个结论的。你能跟我分享一下你的想法吗？”

“我对你的想法和感受超级感兴趣。我想了解多一些。”

“听起来你好像有特别强烈的感受。你可以跟我分享一下吗？”

用这种开放式的、不带侵略性的口吻，我们邀请孩子表达他们最深切的感受，同时也鼓励他们窥探自己的内心世界。我们这样去做，并不觉得有必要把我们的想法加诸他们身上。我们让孩子自己得出结论。当他们迷失了方向时，如果他们乐于接受意见，我们可以温柔地提供一些选择——我强调的是“提供”，供他们去考虑，这和强加意见是完全不一样的。

当他们没准备好的时候，强迫一个孩子用大人的眼光看待事情是毫无意义的。这些时候，聪明的做法应该是通过温和的建议或提问在他们心中播下种子。虽然表面上这种做法看起来微不足道，但孩子总会在某程度上注意到的。当他们独处时，他们便会开始内省的过程。这样做对他们很有帮助，尤其是当我们不能陪伴他们身边时。

分享的空间。我们的心情不再急于冲动反应，我们可以借鉴我们自己孩提时的经历，问问自己哪些经历和感受可以与子女现在的情形相联系。也许我们会给孩子讲一个可以引起他们共鸣的我们小时候的故事。只要我们不是利用故事去说教，它可以从以下方面提供帮助：

让双方关系达到平等。

分享我们人性化的一面。

不把某些行为妖魔化。

增强人性化的交流。

让孩子感受到我们私人的一面。

保持沟通渠道的畅通。

教导孩子一些我们学到的道理——但再一次强调，不是要去说教。

当孩子观察到我们不是用负罪感绑架他们，而是对他们敞开心怀时，他们会感到安全，愿意安心地投入到舒适的亲子关系中。对孩子敞开心怀，等于一种信号，让他们知道对父母敞开心怀也是安全的。深度的分享是非常强有力的沟通，会为孩子留下他们在未来的生命中珍视的回忆。

幽默的空间。当我们收起控制的触角，我们甚至可以用一种幽默的眼光看待当下的情形。这会使我们用一种更加轻松的态度面对孩子，因此也可以让孩子得到一些有力的教训，如：

生活不是一场悲剧，哪怕你做了坏事，或者犯了大错。

生活永远会给你一些值得微笑或大笑的东西。

没有什么事情会像世界末日来了那么糟糕。

任何事情小题大做都不会有帮助。

举重若轻的态度让我们可以学会放下执着并开始成长。

如果我们从更宽广的角度、以幽默的态度看待事情，孩子也会学会这样去看待生活。他们学会了轻松自在地度过生活，而无须把喜剧或悲剧的情节强加于人。

创新活动的空间。当我们心情平静时，我们更容易记起孩子是被允许犯错误的。确实，童年的意义不在于完美，而是学习与成长。平静的心情可以帮助我们使用创新的手法帮助孩子把我们希望他们学会的道理牢记心中。我用过一些创新手法来帮助孩子学会一些他们生命中需要懂得的道理：

- **角色调换：**让孩子来当家长，而家长来当孩子。这可以让孩子学会从我们的角度看事情，同样重要的也使我们更深入了解孩子的心情。这样的练习可以增进彼此的理解。
- **角色扮演：**要孩子学会一项技能，再也没有比让他们和我们一起花好些天或者几周的时间去实践更好的方法了。要孩子学会适应与我们分开、去学校上学，或者是自己独立睡觉，或者是独立上厕所，与孩子一起练习去做是非常宝贵的方法。它让孩子明白每项技能都像锻炼肌肉一样，需要投入时间和精力。用这个方法，我们教会孩子学会技能，也无须把诸如愤怒或羞耻的情绪倾注在他们身上。

我们很容易陷进惩罚和恐吓的习惯中，以至于没有意识到可能会有一种完全不同的方法来处理这种情况——这种方法不会打击孩子自身的价值，反而是加强了他们对自己的认同。要教孩子学会什么是正确行为的聪明方法有很多。要充分发挥这些方法的效用，我们必须先抛弃我们的情绪反应。

给自己预留暂停的时间，马上就可以看到回报。孩子会眼前一亮，肩膀放松下来，他们的心仿佛在说："谢谢你把我当作一个平等的人来看待，谢谢你体谅我值得拥有这个从错误里学习的机会。"

更新承诺，卸下角色

对角色的定义让我们找到定位，也限制了我们；
角色不仅有调节作用，还会控制人；
头衔很吸引人，但也贬损人；
标签很华丽，但也扭曲人。

这些身外之名，
不过构建起虚假的自我，

为我们内心的空虚，
那个深刻的、灼热的问题，
提供片刻的慰藉。

除非去触碰我们的伤痕和疮疤，
否则世上所有的珠宝、皇冠和盛宴，
也永远填补不了
心中的缺陷。

因此——
不要华丽的长袍，
或者是厚密的面具，
我们要勇敢地卸下面具，脱去华服，
褪去死皮。

因为只有此刻，
当我们怀着赤子之心，
我们才可彼此真诚相见，
并发现那一直存在的真我。

第18章

从情绪到感受

人们常常把情绪与感受搞混，以为两者是同一样东西。我却看见两者之间巨大的差别。简单地说，当我们不能好好处理我们的感受时，我们的情绪就会爆发。当我们觉得难受，情绪就会指使我们有所行动。例如，我们吃饭、饮水、抽烟、责怪他人、觉得愧疚、发脾气，等等，这些看起来都是感受，但事实上却是在对我们真正感受的逃避。

真相是，真正的感受，只能通过我们内心深处的安静去体会。它们需要呼唤、陪伴、触摸，甚至通过颤抖或震动去体验。感受只能发自肺腑地、从非常个人的层面去得到我们的承认。这是因为我们大部分人都没有接受过如何去体会自身感受的训练，从没有真正地体会到它们，因此我们只能把它们以情绪反应的形式发泄到我们爱的人身上。

我们去体会感受时，就不会把时间花在情绪的反应上。我们关注感受，听它倾诉，让它清洗我们的心灵，并且彻底改造我们。我们意识到正在体验强烈的感受，便不会让它通过情绪倾泻而出。我们会安静下来，纹丝不动，让这些感受帮助我们成长。

而我们却已经恰恰习惯了反过来做，那就是情绪发泄得越激烈、越戏剧化，我们才越觉得自在。孩子很容易成为我们不满情绪发泄的靶子。可惜的是，他们不会处理我们发射过来的情绪。对他们而言这个负担太重了，简直可以碾碎他们的心神。因此，我们不应该指望让孩子来处理我们的内在情绪。他们也无须用他们的余生来背负我们的情绪包袱。

第一步就是要走到情绪的背后。例如，当我们发现自己对孩子失去了耐性，开始责骂他们，我们要马上注意并暂停下来。“我在骂我的孩子，那我现在真正的感受是什么？”

要是我们是在骂孩子不上床睡觉，我们可以问自己：“我究竟在骂什么？”表面上看来，我们好像是担心他们睡得不够，或者是他们违背我们的命令。要是再深入了解，我们也许会发现其实是我们觉得累了，经过漫长的一天我们需要一些独处的时间来恢复精力。换句话说，情绪是指向孩子的，而感受却是我们需要时间来自我恢复。在这种情况下，我们可以用一种平静的语气说：“我忙了一天，现在很累了。我再也打不起精神了，我需要休息。所以我的语气开始变得不耐烦，几乎控制不住。你能帮个忙吗？你也需要休息。”当我们诚实地对孩子说出我们的情绪反应时，我们就进入了自己的内心世界，完全掌握了我们所经历的一切。只要我们是从内心出发，孩子们就更可能理解我们，也更有可能体会我们的感受。

再假设我们真正担心的是孩子的睡眠需求。即使我们不对孩子表达出来，仅仅是观察到了这种担忧，我们也会发现自己开始平静下来。意识到这种担忧后，我们也许会后退一步，对自己说：“如果担忧支配了我的行为，我会给自己和孩子制造更多的担忧。相比起来，孩子少睡几分钟，比我们之间失去心灵联系要好得多。”我总是对来访者这样说：“保留你的感受，去掉你的情绪反应。”

在安静聆听和感受的过程中，我们那些平时被隐藏、因孩子违抗我们的控制去做某些事情而被激发出来的焦虑得到了整合。我们的能量如今得以运用在我们和孩子的生活中，不用再为孩子的反抗行为或不稳定的情绪而纠结，成了有创造力的能量流。

14 岁的泰勒在周末结束前要完成一个庞大的功课项目。他是个爱拖延的孩子，打算到最后一刻才开始行动。这把他焦虑的父亲艾伦气疯了。艾伦本来就是个容易神经过敏的人，整天精神紧绷。到周六晚餐时分他的焦虑终于爆发了，因为泰勒坦白说他在房间里玩了一天的电脑游戏，并没有做功课，甚至连书本都没有打开过。

听到这里，艾伦再也无法控制自己的情绪。“你一个月不能出门，”他吼叫，“我真的无法相信你竟然这么懒。你肯定不能完成这个学期的课程。”

泰勒反驳说：“但下个周末我的橄榄球队要打决赛了，我为了进球队，已经训练了整个学期。”

“你早就该想到会这样，”艾伦继续发怒。“你的功课比打球重要多了。你一个月不能出门，就这样决定了。”

泰勒不甘示弱，提高嗓门说：“我讨厌这样的项目。我不在乎成绩。我就想打橄榄球。我打得可好了。以后我要当职业球员。你不能阻止我错过这个重要比赛！”

艾伦怒不可遏：“我不能吗？你以为你是谁，竟然这样跟我说话？你再说一句话，你这个学期都别想再出门了。”

泰勒站起来冲上楼梯跑回自己的房间。“我恨你，”他甩下话，“你永远觉得我会一事无成。要是我失败了，那是因为你每件事都管我，那全是你的错。”艾伦听了，真的决定把他禁足一个学期。

周一上班时，艾伦的同事对他说：“艾伦，周六的比赛你一定很期待吧。泰勒打得那么好，他以后一定可以成为一个职业橄榄球员的。”

艾伦开始后悔自己做得太极端了。是他鼓励泰勒爱上橄榄球的，他也知道泰勒有天赋。但泰勒的拖延症使他大发雷霆，也把自己逼到了角落里去。他要怎么把禁足令给撤销了，但又不失掉他做父亲的权威呢？

艾伦在这次冲突发生前的几个星期就开始来找我做心理咨询，他很担心儿子的学业。艾伦认为泰勒缺乏学习动机，并没有把他的潜能发挥出来，于是他想让我与他的儿子见面。我通常的做法，是先只对家长进行辅导。艾伦那周在冲突爆发后来到我的办公室，告诉了我这件事。我帮他看清了在儿子抗拒学习这件事上，他怎样扮演了一个推波助澜的角色。

“我真心希望泰勒可以在橄榄球上取得成功。”艾伦说，“但我同样希望他在学校里也取得好成绩。要是他成不了职业球员怎么办？他总得有个学位做后备呀。”

像许多家长一样，艾伦的本意是好的。我们每个人都希望看到自己的孩子取得令人瞩目的成就。我们为了孩子的成功投入巨大，不惜一切去帮助他们，为他们牺牲自己。艾伦那天早上在我办公室的谈话让我更相信这一点。

问题是，我们强烈希望着孩子能成功，另一方面却透过我们内心对他们会失败的恐惧与他们交流。这使得孩子感染了我们的恐惧。但我们怎样才能避免恐惧的支配呢？难道失败不是实实在在会发生的结果吗？

但恐惧往往导致事与愿违。在泰勒的例子中，他感受到了爸爸的担心，他很反感。这给了他太多的压力。这种压力没有鼓励他发奋完成学校的项目，反而令他更加不愿意动手。换句话说，当他责怪父亲事事干涉，他的失败全是爸爸的错时，他是准确地解析了问题的根源。“你的本意是帮助儿子，但你的担心把所有事情都搅乱了，”我解释说，“当你害怕不能控制儿子时，你的情绪就占了上风，让你无法变得客观，也使你看不到自己的真正感受。你没有和儿子一起想办法来解决问题，却把自己变成了儿子的敌人。这下子，他不再被迫去处理自己学习拖延的问题，而是把他的焦点转移到反抗你上面。换言之，泰勒作业上的问题，是他与老师之间的问题，你却把它变成了他和你之间的问题。”

“我真的不想这样的，”艾伦承认说，“我只是想帮他。我不知道整件事为什么变得那么严重。我真心不想他错过周末的比赛。我现在甚至没那么生他的气了。我只是想做最好的爸爸。”

“要处理好这件事，就要从你最初的感受出发，”我具体地解释说，“你的感受和你的情绪反应有很大的不同。你的感受是关心泰勒，希望保护他不被学业失败所困。问题是，你害怕他受拖延症控制，在学校里的成绩会越来越差，这使你变得焦虑。当你聆听内心焦虑的声音，你会发现它已经淹没了你，使你大发雷霆。你的情绪掩盖了你真正的感受。”

“我以为这是同一回事。”艾伦说。

“你的感受是要支持儿子，给他最好的东西。但当你变得焦虑不堪时，你恐惧的情绪就会占据上风，把你引向和你愿望相反的道路。你对泰勒的关心很自然地会增加你的焦虑，关键是要容忍你的焦虑，而不是被它激怒。”

“你说的‘容忍’，是什么意思？”

“当我们观察到我们正在经历的感受，无论是什么感受，只要我们纯粹地让自己沐浴其中，却不被它淹没，我们便是学会了容忍这种感受，而不是被它支配着去做出任何情绪反应。”

对于生活中的各种处境，我们都本能地有所感受。焦虑作为一种感受是很自然的。然而，如果我们不知道如何简单地坐下来安抚自己的焦虑的话，焦虑就会把我们吞噬掉。当这种情况发生时，情绪会淹没我们，阻碍我们真正的感受。情绪自带抵抗的能量。这就是为什么我们会有那些负面情绪，例如妒忌，想要控制他人，想要闹别扭或者闷闷不乐，把自己隔离起来，或者冲着某人发脾气。这一切都是因为我们无法与我们的感受共处，安抚自己的内心。

那么，当我们感到焦虑时，我们该做些什么呢？

首先就是要承认你的真实感受。我们许多人在生活中都习惯于与自己的感受隔离，这就意味着我们总是做出破坏性的反应，而不是建设性地回应。只要我们关注自己的感受，当某种情绪反应开始掩盖它的时候能及时觉察，我们便不会把它们发泄到孩子身上去。

当我向艾伦解释的时候，他进一步询问：“那你说的是，要是当时我能够与我的焦虑感共处，并学着去安抚它，我就不会陷入把泰勒禁足的境地了？”

“正是如此。因为我们从来没有学习过如何和我们的焦虑感共处，单纯地去感受它，观察它，我们很容易就怒火上升，最终爆发。你要是看到泰勒的学习成绩是你的情绪触发器，本来你是可以避免那些令你失控的情绪反应的。其实你可以单纯地让焦虑感留在那里，而不是把它放到舞台中央。这样的话，它仍然是一种感受，就不会跑出来破坏你和儿子的关系。”

“这有点像给自己喊停，”艾伦敏锐地指出，“在做出任何决定前给自己一个安静下来的空间，那么我就不用为我说过的话后悔了。”

你也可以给自己设置一个暂停的时间，来和自己相处，问自己一些问题，例如：

- 为什么儿子的学习成绩会成为我焦虑的触发器？
- 为什么我把孩子的问题变成了自己的问题？
- 这情况可以怎样反映出我的自我价值？

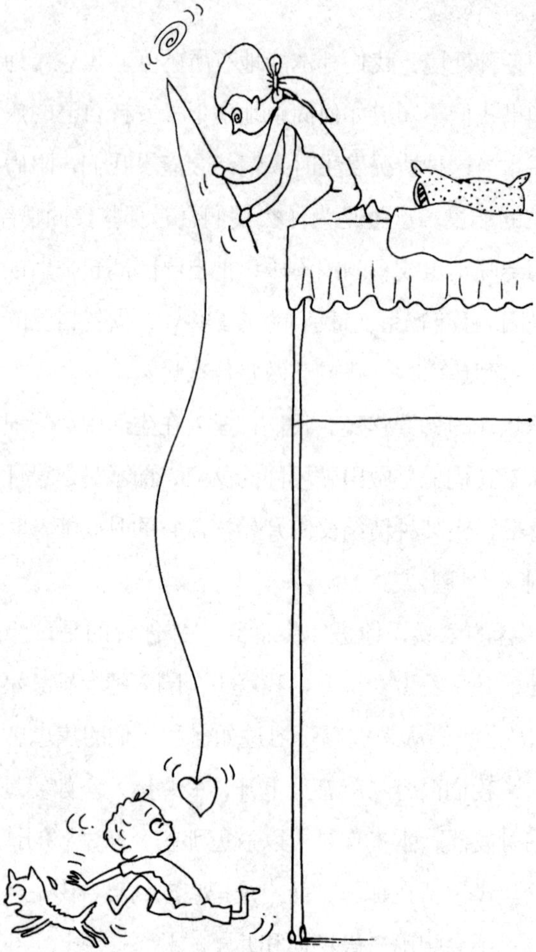

只要我们是从心出发，孩子们会更愿意与我们从心交流，也更有可能与我们感同身受。

- **为什么我把自己的感受和儿子的学习成绩绑在一起？**

这些问题可以向我们显示焦虑感其实来自我们的“自我”。它与一种权力感捆绑在一起，促使我们想去控制孩子。我们这样想，是因为我们把孩子带到世界上，他们就是我们自身的映像。这导致我们以为自己有权利去对他们有所期待。因为我们对自己的价值也不自信，当孩子身上反映出与我们的期望相违背的特质时，我们就会感到不安。我们就开始去控制他们，支配他们，对他们生气。

而要是我们对自己感到踏实，我们就无须扮演那个缺乏安全感，因而惯于自我防卫的“自我”。我们可以单纯地做自己，而不需要像“自我”那样把自己想象成一个特定的人。当我们有坚实的自我认知时，我们就不需要一个想象出来的自我形象。我们根本无须去想自己是怎样的人，因为我们已经完全专注于做自己。

从完整的内心出发，而不是从残缺的“自我”出发，我们会感受到的生命是仁慈的，在我们触礁坠海时，它会随时为我们抛来拯救的网。我们凭着充盈的信心去做人，就满有平安和喜乐。这不是尝试去相信自己，这种尝试仍出于“自我”。我们不需要尝试什么。我们不需要给自己打气，树立信心，或者刻意积极思考。我们只是纯粹地享受做自己，而这也会让我们享受看见我们的孩子按着他们的内心去成长，而无须靠我们去指挥这个过程。

最本质的自我不需要寻求价值——不从我们孩子身上找，甚至也不是从我们身上找。我们甚至无须思考我们的价值，因为我们就是价值的化身。那是我们自然的状态，过去我们对它有疑问仅仅是因为我们的家庭、教育系统、社会对它有所怀疑。

与自己的感受共处最大的令人不安之处，是我们不相信自己能做到。如之前讨论过的，静默对于很多人来说是个可怕的事情，人们总是忙得停不下来。每当我们觉得有点难受了，我们的条件反射是往外看。我们没有抓住这个机会来使自己静下心来，反而做相反的事情。我们总是寻求各种方法来逃避这种不安的感觉。

“要是我学会与情绪共处，我就能再次感受到与泰勒之间的心灵纽带，那我该怎么办呢？”艾伦问。

“你要去支持他，”我解释说。“最好的方法，就是把自己从他的选择中分离出来。你可以投入自己的力量去培养他的幸福，但你必须与结果保持一定的距离。当你们心心相印，他能感受到你对他的深厚的爱，也相信你关心他的幸福安康，你就给他创造了让他的人生动力展示出来的空间。但只要你强迫他去做什么，上面的这些就不会出现。只有当你学会了放手，而同时继续为他付出的时候，他才能从自己的内心找到灵魂指引他去做的事情。”

当我们给孩子施压时，无论是有意的还是无心的，孩子接下来一段时间都会失去动力。这时我们要安抚自己，相信从我们的压力走出来以后的一段时间内，孩子会重新找到他们的方向。这好比在秋天播种，经过严冬岁月，直到春天的温暖和滋润使种子发芽。要是种子还在冬眠，而我们却被焦虑心指使，错误地翻开泥土看种子怎么样了，结果便是扼杀种子。

与这种错误微妙类似的一个错误是对孩子说：“你需要自己去犯错，并对自己的选择负责。你已经长大了，你应该明白成绩差的后果是什么。要面对成绩不好带来的后果的人是你，而不是我。你要接受你自己的努力和表现。”当我们提出这样的建议，以为我们解放了孩子，让他去寻找自己，其实我们是在扼杀只有从他们内心才能长出来的种子——我们依然在尝试着去创造结果，尽管是用难以察觉的方式。我们在种子处在必要的冬眠期时就把它挖了起来。

艾伦的担忧又浮上心头：“你是在说，我应该什么都不做，仅仅怀着爱心在他身边吗？要是他继续在该做功课的时候玩电子游戏呢？我坐视不理吗？”

“你要给泰勒时间让他自己明白。要是他交不了作业，让老师和他去进行合适的互动。待时机一到，学校一定会主动联系你的。到了那时，再介入才会有效果。很明显，电脑游戏是一种逃避的手段，你可以平静地对孩子这样说：‘要是我见你去吸毒，别的什么事都不做，如果我不提醒你，我就是一个失职的爸爸。或者如果我看见你喝醉了酒还准备开车，我也不把你的钥匙抢过来，我就是在害你。学校告诉我你并没有把足够的心思放在学习上。其实你值得给自己一次机会尝试把功课完成。我可以插手进来，给你定下我觉得你需要的规矩，但我宁愿你自己去做，因为你已经长大了，可以自律了。”

如果泰勒看到艾伦是自己的同盟，而不是对手，他很可能会给予爸爸积极的响应。他获得了选择权，而不是被迫去做事。我们只有置身于结果之外，才能给予孩子真正的支持——而且，我们也看到了，孩子们本能地能感应到父母什么时候是真正为了他们好，什么时候是出于他们自己的动机。但干预孩子的事情需要找好时机，要由生活本身的推动，而不是出于我们的担忧。当然，这意味着我们需要时刻保持警觉。只有真正关注当下的觉醒意识才能察觉到何时才是正确的时机。对于觉醒的人来说，合适的时机会有足够的提示，生活会提供大量的线索。

许多父母没有意识到这一点，但孩子其实渴望着与我们合作。然而，他们需要感受到我们与他们同步，是在帮助他们完成他们的目标，而不是我们的目标。我们的子女需要知道我们的出发点是对他们善良本质的充分信任，而不是对他们未来会失败的焦虑。再强调一下前文所看到的，我们所发出的能量至关重要，因为它们胜过我们的千言万语。

“再说回这周末的橄榄球决赛吧，”艾伦说，“我究竟要怎么做？”

我回答他说：“从你的心出发。告诉泰勒你的担心把事情弄砸了。承认你当时很焦虑，不知道如何处理你的感受，所以才有那样的反应。向他解释你知道他是值得信赖的人，也看到他想要出类拔萃。最后告诉他你很期待这个周末看他上场比赛。”

艾伦采纳了我的建议，而泰勒则做出了积极回应，两人讨论了他把项目做完的计划。

我们的感受是灵魂的晴雨表，而我们的情绪反应是我们的“自我”被触动的提示器。要是我们保持发自内心的感觉，任自己的情绪反应在心中生长然后消亡，而不陷入其中、不被它们刺激，我们将会进入一个平静的、更完整的心境。

对周遭的变化有着觉醒的心，是避免把我们自身未解决的问题发泄到孩子身上的关键。只要我们保持清醒，我们的问题便不会投射到孩子身上去。当我们与内心酝酿着的情绪共处，安静地观察它们，而不是拿来编故事时，我们便会慢慢稳定下来，让我们过去的又一个碎片得到整合，我们因此会变得更加有智慧，更加强大。

随着被情绪吞噬的情况的减少，我们会发现自己比那个由“自我”想象出来的我要强大得多。我们潜在的能力和智慧超过我们所知。这样感谢我们孩子碰到的各种问题——对于他们和我们其实都是礼物，通过这些问题我们最终发现做自己是多么的美妙

为感受铺一条直路

生活中与世界上所有冲突的根源，就是我们被禁止去感受我们的感觉。我们被教育去扭曲自己的感觉，而将它用来对抗别人。

我们执迷于了解子女的感受，其实也是在反对他们拥有自己的感受。我们错误地把自己对他们感受的关心，当成对他们感受的接纳，还以为我们给了他们空间。然而，我们被子女的感受迷惑，或者对他们的感受表现出控制欲，都给了他们一种信号，使他们害怕自己的感受。我们没有对他们的感受保持客观中立，把他们的感受看作既是平常的又是不可避免的，反而无意中对他们指指点点，导致他们对自己的感受无法释怀，有时甚至失去控制。

我们应该给孩子带去这样的信息，那就是：感受是日常生活的一部分，正如他们的恐惧。各种各样的感受和恐惧总是会有的，正如他们脑海中总会有不同的念头。允许它们的存在，而不是去扰乱、控制或者逃避，反而会令它们自然地来也自然地走。正是我们的干涉和控制才导致一切都乱了套。

当我们给自己铺一条通往内心感受的清晰而直接的路线时，我们便不再害怕在必要的时候对它们进行反省，也不再被它们挟制。我们可以说，“我现在很难过”或者“我觉得很沮丧”。单纯而清晰地承认我们的感受，让我们能够认清它们，而不是被它们的力量所控制。

当我们的孩子看见自己的父母在他们面前表现得固执己见，阴晴不定，甚至发狂，他们不仅会不再信任我们，还会开始害怕我们。不幸的是，我们从孩子的眼睛里读到了他们的恐惧，还误以为那是尊重。事实上，我们都被家长要当统治者的迷思迷惑了，在不知不觉之间，我们享受着用恐惧威吓孩子、让他

们向我们屈服的快感。我们的“自我”进一步得到了膨胀，以为自己很强大，很重要。

一旦我们习惯了恐吓孩子，从情感上要挟他们，孩子便会害怕我们，表面上服从我们，但长期而言这对他们改变行为几乎没有帮助。孩子的内心还会充满着诸如厌恶、愤怒等情绪，要是我们持续这样用情绪虐待他们的话，它们甚至会心怀怨怼。相反，当孩子感受不到家长强加给他们的期望时，他们便不会辜负我们的信任。培养信心需要时间和诚心，而且只有随着我们真正成熟起来才能实现。

如果希望与孩子创造良好的沟通，我们需要制止自己控制孩子的欲望。要做到这一点，我们需要接受孩子当下的真实模样。例如，要是我们看到房间乱糟糟的，而想抑制自己不要发作，我们可以问自己：“为什么衣服掉在地上会影响到我的心理平衡呢？为什么我觉得自己受到了威胁，以致会有想责骂孩子的冲动呢？”

我们吸收了太多“事情本该如此”的标准价值，常常觉得自己没有选择，只能发作。我们身不由己。然而，通过观察每个反应，认清究竟是哪种迷思使它发作起来（通常不止一种迷思），我们开始学着去驯服自己的激动反应。我们所需要做的就是去观察，在某种特定情景下，我们给了自己什么信号。这样能帮助我们去辨认我们究竟被哪一种或哪几种文化迷思给蛊惑了。

这意味着我们永远不对孩子生气吗？完全不是。问题不在于我们被惹恼了，而在于我们对心头涌起的情绪做出什么反应。我们是直接盲目地发作，给孩子可怕的惩罚，还是用一种更加健康的教养方式去处理，来促进亲子之间的交流和关爱呢？

任何情况下，把情绪的因素拿掉，拿出最真挚的感觉，我们就可以创造出一种合作伙伴的关系。与子女分享我们的感受，与随着性子发作有着根本的不同。我们停止了责备，改变了反复无常的性情。这样，我们可以自由地与孩子讨论问题，意识到双方都有权表达同意或者异议。在一种彼此联合、平和对话的方式下，双方最终能达成统一的抉择。大家的共识是各方都负有责任。换句话说，孩子看见我们没有控制他们，而且真心地希望得到他们的协助，他们也会愿意支持彼此达成的协议，甚至还会提出我们没想到的好建议呢。

要是你觉得我宣扬的是不闻不问、放任自流的育儿方法，也许你可以开始看清在觉醒式教养中，我们究竟投入了多少。我们投入了更多的时间与精力与子女真诚地分享我们的感受，和他们讨论问题直到达成共识，而不是简单粗暴地对着他们吼叫“我说了是这样就这样！”。在我们的命令和独裁之下，孩子是不会给我们积极的回应的——没有人会。

那么，一场能抛开所有负面情绪来向孩子表达我们感受的真诚对话，究竟是怎样的呢？具体怎么做，才能让我们给孩子发声的机会，从而让他们接受双方讨论后达成的任何决定呢？

以下的对话是一些如何让孩子参与到决策过程的例子，哪怕孩子只有两三岁大：

家长：看见你的房间乱糟糟的，就让我感到不舒服，因为我是个喜欢整洁干净的人。你会为凌乱的房间感到不舒服吗？

孩子：不会，我觉得挺好的。

家长：要是妈妈把家里都弄得和你的房间一样脏乱呢？你会觉得怎么样？

孩子：我不喜欢那样。我喜欢家里干干净净的。但我喜欢我的房间乱糟糟的。

家长：那么你对自己和给妈妈有个不同的标准吗？我可是尝试为自己和为你定下同样的标准哦。我喜欢把家里保持得整整齐齐的，也希望你也把房间收拾得干干净净的。我们一起商量一下，怎样做才能满足我们双方的标准呢？我希望你的房间保持整齐，这样你就会学会有条理的生活方式。你的房间乱不乱，不会改变我的生活，但我希望教会你这个宝贵的技能。你学会做一个生活整洁的人，对我来说很重要。就好比你喜欢看到我把家里收拾得整齐干净。我也希望你为你自己的房间做到这一点。我能做什么来帮你做到这一点呢？

孩子：我每周会打扫一次房间。要是不够干净的话，你可以提醒我吗？或者帮我收拾一下？

家长：当然可以。

当孩子感受到我们不是在朝他们发作时，他们会对我们参与进他们的生活保持一种更开放的态度。他们了解到我们担心的事情，会和我们一起想办法解决问题，而不是忙着和我们作对。这一切都源于我们学会控制和驯服自己的情绪反应，好让孩子倾听到我们的真实感受，而不是被我们的情绪爆发吓跑，或者把我们拒之千里。我们不再需要对孩子说：“你在听我说话吗？”或者：“你听到了没有？”

控制情绪，是一件难事，尤其是当我们处在恐惧之中时。在现实中，感受恐惧是怎么一回事呢？

感受：孩子是个慢性子，你越来越对他失去了耐性。你觉得很无助，很沮丧，也觉得自己不称职。

反应：你总想推他们一把，甚至朝他们喊叫来催促他们。

走进恐惧：留意到你的情绪被激发了。红灯亮了起来，警告着你要停下来。

马上按下你内心的冷静按钮。留意到你的怒气，深吸一口气，然后让内心平静下来。要是有必要的话，离开房间。通过问问题来检视你的恐惧：

- 我正在感受的恐惧，其本质究竟是什么？
- 什么是我害怕会发生的？
- 情况真的有那么差吗？
- 那是世界末日吗？
- 这种恐惧是不是来自我过去的经历？
- 我能否看清这与孩子无关？
- 我能不能让这种感觉慢慢过去，选择进一步信任我的孩子？

当你检视你的恐惧时，你仅仅是在观察它。你一边做，一边确认以下这些点：

- 我的恐惧，是来自我内心的迷失。
- 我的恐惧，是来自我要做完美主义者的观念。

- 我的恐惧，是因为我相信我不够好。
- 我的恐惧，是与我要抚养一名模范孩子的压力相连的。
- 我的恐惧，是自然的，正常的。
- 我的恐惧，不能定义我是谁，它只是我的一面。
- 我允许恐惧的存在，同时我也好好过我的生活。
- 我恐惧的事实并不能削弱我的能量。
- 我所需要做的，就是观察我的恐惧，任它是怎样就是怎样。
- 我让恐惧静静地躺在心里头。我必须慢慢消化它，而不是让其他人去处理它。
- 只要我任它存在，慢慢地我的恐惧就会消散。
- 若是我否定它，或者做出情绪反应，那我的恐惧便会加剧。

通过承认你的恐惧存在，并且任它是怎样就是怎样，你其实是在消化和整合它。现在，你可以集中注意力，以一种更加平和的方式去面对孩子，他们也会感到你在倾听他们，接纳他们。

面对我们的情绪反应，没有其他人能保护我们的孩子。孩子没有选择，不是屈服就是反抗。无论哪种方式，他们都需要花大量的精力来与我们斗争——这些精力本来可以花在天马行空的幻想和随心玩耍上。我们必须严肃地保护我们的孩子的心灵。孩子来到我们的生命中，是让我们去尊重他们真实的声音，培养他们真实的自我，而不是为了成为我们的复制品。

更新承诺，抛弃情绪反应

我与愤怒的关系，尽管亲密，
而且给我短暂的力量，
却已经超出了它的目的，
而且受到了过多的欢迎。

当它不再能带来改变，
给人勇气，
它就该消失，就该放下，
让混乱、噪音和闹剧都停止吧。

只留下一片宁静
让真理诞生。
一开始，寂静也许是喧闹的，
但一旦拥抱了它，你便听到了革新的呼声。

第19章

从干涉束缚到独立自主

一位叫瓦莱丽的客户对我说:“我总是督促我的儿子丹尼尔好好学习，因为社会是个大丛林。像丹尼尔这样的黑人年轻人在现实社会中要取得成功实在不容易。我知道世界有多无情。正是因为我知道这一点，我得努力让他做好准备。”瓦莱丽迫切地希望儿子能为“真实的世界”做好准备，她不断地向他灌输她对这个残酷和不公平的世界的理解，也包括她经历过的情绪。她向他灌输了充满恐惧和焦虑的世界观。

对于瓦莱丽而言，世界是危险的、不公平的。她为儿子担惊受怕，是因为孩子的肤色。在她眼中，她的恐惧是合理的，谁也不能反驳她。她过去也做过不少心理咨询，心理咨询师们试图减缓她的感受，告诉她时代已经不同于过去，种族主义现在只是一个概念，而不是现实。瓦莱丽看到没有人能理解她的立场，她感到委屈和失望。

我采取了不同的方法与她交流。“我完全尊重你的立场。你说得对，这个世界是残酷和不公的，尤其是对于有色人种。我完全能体会到你想保护儿子、想为他预备最好的东西的感受。”

“你真的可以体会到？”瓦莱丽充满了惊喜地说，也觉得松了一口气，终于有人明白和肯定她的感受了。

“你的感受绝对是有道理的，也是非常真实的。问题不在于其他人是否理解你。问题是你自己是否理解自己。你的感受是你自己的，正因为是你自己的感受，你完全有权去感受它。”

“有人告诉过我，我是个偏执的人，而且我会做出我所担心的事情。”

“你不是偏执狂。那只是对你的感受的评判。我们不应该去评判感受。感受就是感受。我们应该原原本本地去感受。你要知道的，是你其实根本没有在感受你的感受。”

“我没有感受？”瓦莱丽吓了一跳。

“你只是对感受做出反应，把它投射到你儿子的身上。你这样做，把他也变得紧张兮兮的。”

“那我要怎么去感受我的感受，但又不把我的儿子弄得紧张？我绝对不想这样对他。我要他成为一个坚强的人，有能力的人。我以为我一直在这样做。”

“你要和你的感受共处，才能感受它。感受是你自己的，不是他的。你要学会和感受做朋友，让它自然地来，也让它自然地走，无须想办法修理它。你正在想办法修理你的感受。你和你之前那一位治疗师都希望把你的感受赶走。事实上，你和她在做同一件事情：就是否定你的感受。”

“我在否定它？”瓦莱丽难以置信。

“你担心儿子，但你很不喜欢这种担心的感觉，于是你尽最大力气要把他变成一个不会令你担心的人。你整天喋喋不休地敦促他，让他做一个不同的人，不断地向他灌输他现在那个样子不够好的观念。你讨厌担心的感觉，以为要是督促得足够多，他就会改变，到时你就不用再担心了。换句话说，这一切都跟你有关。”

“我真不敢相信我一直利用他来解决自己的问题。我以为我是在帮他。现在我明白了，原来我一直都通过控制他，来对付我痛苦的感受。”

“你的痛苦感受是真实的。你的恐惧也是真实的。于是你就开始糊涂了。这些感受是真实的，但不是说它们对所有人都是真实的。它们是真实合理的，因为对你来说是如此。但只因为它们对你来说是真实合理的，并不代表对你的儿子来说也是真实合理的。你要尊重这些感受，因为它们是你的感受，但不要因此认为你有权利把你的感受变成儿子的感受。它们不存在于你儿子的世界里；它们只存在于你的世界里。你正在把你的感受投射到儿子身上。你要做的，是学会与你这些痛苦的感受共处，然后慢慢消化它。这意味着，也许你会因为感到无助而痛哭，也许会与你处境相似的人谈论，但归根结底还是得你愿意认识到，你的感受来自你自己的经历、你的立场，还有你的世界观。没有人质疑你的立场。唯一值得质疑的是你在自己感受的驱使下对儿子做的事情。”

“那我该怎么做，才能保证他不被这个残酷的世界不公地对待呢？”

“你不能保证任何事情。这就如同问你怎样保证你所搭乘的航班不会失事。你要求生活给你做出保证，这是违背生活的本质的。人生本来就是无常的，既有破坏性力量，也有建设性力量。这是万物的本质，想明白这一点，能帮助你不再去寻求保证。你担心的不仅仅是生活会对你的儿子不公，而且更大程度是他是否足够强大去应付。这又是一种投射。我们无法得知我们的孩子究竟在面对生活时内心有多坚韧。然而，要是我们把自己的恐惧心理传送到他们身上，我们几乎可以肯定他们是不够强大的。我们担心孩子会因为肤色或性别难以应对生活的考验，但正是我们的这种担心最终会使他们出问题，而不是现实本身。与其为孩子挡开所有的苦痛经历，不如反其道而行之，教育他们人生不如意事十常八九，但他们自身具有应付的能力。后者更有帮助。

“有些孩子在现实中也许会成为纵欲者或霸凌者的目标，我们要教导年轻的孩子遵守规矩，相信他们内心的声音，并且能够安心地向我们即时汇报他们遇到的暴力行为。有些孩子会遭到同伴最不公平的排斥对待，我们要让他们做好心理准备，帮助他们在面对这样的事情时不是感到焦虑，而是有强大的内心去应对。我们要告诉孩子足够的方法，去辨别欺凌的行为，还有攻击他们的语言。与其教女孩子去节食来迎合社会对于美丽的标准，以免面临被排斥的痛苦，不如教导她们现在的样子就很好，要是被人辱骂，她们有能力站起来去面对。教导孩子他们自己就是完整的人，这样我们就教会了他们变得强大。”

“那么，看到他成绩差，我该怎么做呢？我就该由着他吗？”

“你担心的不应该是最终的结果，或者他的表现。你的关注点需要放在自己身上。可以问自己问题：‘我有没有为儿子创造条件去亲身经历成功或失败？我有没有干涉这个过程？我该如何指导而不是主导他的学习？在这种情况下我正在发出怎样的能量？我制造了多少负能量？我教给他的是自信，还是自损？我对他的担心怎样影响了他的成功？’”

瓦莱丽努力地去思考。最后她说:“一切都是我的问题，难道不是吗？我用自己的恐惧破坏了他的行动力。现在，他完全失去了主动性。我甚至没觉得他在努力。我并没有给他充足的希望和自信，反而让他讨厌自己。他也许讨厌备考，因为他知道我会加倍紧张，把他逼疯。我得停止这样做。我希望我可以做到。”

那天，瓦莱丽学到了重要的一课。她明白了家长身上没处理好的感受会化作具有破坏力的情绪反应，会对孩子的真我表达造成永久的伤害。

情感融合的陷阱

父母觉得无法区分他们自己的感受和孩子的感受，那是因为他们的感情已经高度缠绕在了一起，更专业的说法称之为“情感融合”。

当我们变得更加留意的时候，我们就能开始整理头脑里的乱麻。就像从洗衣篮里把袜子拿出来，整齐地叠好。对于家庭而言，我们不再把自己的感受投射到孩子身上，而开始学会分门别类地整理好——放在我们心中，而不是在子女身上。这个过程让我们看到子女的真实模样，因此我们能更好地理解他们的真我，而不是我们对他们的印象。

对于很多人来说，使自己从情感上和子女分离开是件吓人的事情。我们以为这意味着要斩断心中的欲望，或者是在自己与我们爱的人之间划清界限。其实，我说的是一种完全不同的分离——看似是分离，实际上是为了建立真正的联系。我说的是终结我们的情感融合，把自己的感受和孩子的感受分开，把自己的体验和孩子的体验分开，也把自己内心的故事和孩子的分开。

我们之所以大部分时间都享受不到和孩子之间的亲密感觉，是因为我们没有与他们的原本样子沟通，去欣赏他们丰盛的内心，而是把自己的内心状态投射到他们身上。我们熟悉这种内心状态，因为它生于我们的内心。将其投射到孩子身上，给我们一种与孩子亲近的虚假感觉。我们很少能意识到，我们不是真正地在和孩子交流，而只是和我们的内心投射交流，那仅仅是我们心目中孩子的形象。只要对方允许我们对他们保留着这种印象，我们就会感受到彼此亲

我们之所以大部分时间都享受不到和孩子之间的亲密感觉，是因为我们没有与他们的原本样子沟通，去欣赏他们丰盛的内心，而是把自己的内心状态投射到他们身上。

近。然而，一旦我们心中的形象与对方的真实模样不相符，这种亲密感觉会马上消失。

因为这个原因，家长们挺害怕他们正处于青少年时期的子女。青少年面对家长的控制，总会宣称："我就是我，我要找到自我表达的方式。既然你不同意的话，那我必须挣脱你，获得自由。"鼓励子女去做自己，独立于父母，这看起来会威胁亲子之间的亲密联系，然而，这才是通向真正的亲子联系的道路，因为只有独立的个体，才有能力与他人建立真正的联系。

增进自我觉醒的过程，能帮我们将自我情绪从子女身上健康地分离，因为它给我们的内心带来清醒与秩序。我们为自己的世界观负责，也尊重他人不同的世界观。对我们的内心有条不紊地梳理，就是我所说的情绪分离。我们的情感不再相互交缠或者相互融合，而是独立自主。我们能够这样做，因为我们与自己内心的参照物联系了起来。也许这会令人觉得不安，但只有情绪的分离，才能真正使两颗独一无二的心联系起来。

培养情感自主能力

随着我们把感受和行为分离开，控制我们对孩子的印象和期望，我们的生活开始发生重大改变。过去我们被需求感和匮乏感驱使着，如今我们沟通的出发点是自我实现和自强。突然间，我们不再依赖于他人给予我们的批准、认同以及肯定。

情感自主对于觉醒的父母是必不可少的。第一阶段的情感分离，从婴儿的蹒跚学步阶段就开始了，接着贯穿于孩子的每个关键阶段：幼儿园、小学一年级、初中，最后是高中毕业。如果父母难以认识这些关键时期孩子的需要从而给予他们更大的自由去感受、去失败、栽跟头，他们便是给孩子创造了不健康的对父母的依赖心理。孩子会以为要是没有父母在身边帮助他们处理事情，他们就会什么都干不成。

父母与子女婴儿时期的共生关系是必需的。然而，要是这种共生关系超过了孩子的所需，而更多的是出于父母想要感受到自己的重要性，孩子就会遭罪。通常我们都会谈到青少年叛逆，但实际上，是父母在反抗着他们的青少年子女日益增强的独立自主权。父母为青少年子女对于独立自主的需求感到害怕，于是便尝试加强他们对子女的控制来做出反抗。青少年子女做的是他们应该做的事情。事实上，越是叛逆的孩子，越是在发出强烈的警醒信号，要父母从自己的情感投射中退后。青少年子女不是在“使坏”。正好相反，他们主动开始与父母的情感投射分离。这是因为父母没有按照孩子需要的方式主动进行情感分离。

父母与青少年子女之间的冲突，是由父母发起的战争引起的。他们试图对抗青少年为实现自然、健康且必要的分离而做的努力。与其在我们的青少年孩子身上贴上“难搞”的标签，我们必须认识到，通常情况下，真正难搞的是父母。青少年只有在对付难缠的父母别无他法时才显得难缠。

我们的孩子总是在试图变强，试图自主。要实现真正的亲子联系，我们必须认清，在面对孩子要求独立自主的愿望时，我们内心会感到有多惊慌。当我们能在自我觉醒的基础上站稳脚跟时，我们会意识到每个人都有权利感受自己的感受，每个人的感受都是独立于别人的。我们越能敏锐地认清这一点，我们就越能够尊重孩子的天性。我们不会再把自己对他们的印象投射到他们身上，而是尊重他们的感受，尊重他们的价值观，以及他们选择的人生道路。我们把他们看作是独立于我们之外的存在，并意识到身为家长，帮助引领他们走上独特的人生道路是多么荣幸。

那些被允许有自己感受、能用自己的方式去经历人生的孩子，就是获得了授权去承担适当的风险，懂得把人生看作一次冒险。因为他们能够安心做自己，能用一颗敞开的心去信任和爱护他人。于是，当他们需要我们的时候，他们也不会羞于承认。事实上，越是情感独立和有主见的孩子，越是能在必要的时候用健康的方式依靠我们。

作为心理咨询师，我必须时刻保持警觉，不能让我的客户对我的依赖成为我无意识之间的需求。伊丽莎白是我的一位客户，在最近的辅导过程中，她正在经历着艰难的时刻。她几乎全程都在哭。我提醒她，要是她有需要，可以在下次辅导之前来访。在接下来的一次辅导中，她对我说：“在你没有给我打电话或发邮件问我过得怎样的时候，我觉得很受伤。我开始觉得你嫌弃我。但后来我想起了你总是教我的关于受害者角色的知识，我意识到要是我有需要，我必须主动求助。你不是不关心我，你实际上是在告诉我，我足够强大去应付问题。”

我们常常以最微妙的方式，向我们爱的人传达不相信他们或者不信他们足够强大去解决问题的信息。即使到了今天，我还是时常要忍住冲动，不给我女儿发类似“你怎么样了？”或者“你现在是什么感受？”之类的短信以监视她的状况。我必须要对母女间的亲密关系有信心，相信要是她有事情想分享的话，她会和我分享的。我提醒家长们，要是孩子把自己锁在房间里，家长不应该去干涉。孩子正在对我们说：“我现在需要独处。”家长对他们的自主权的尊重，显示了我们对彼此的关系觉得安心。当然，要是孩子需要做作业或者到了吃饭时间，我们当然可以走进他们的空间，就是要记住不要出于我们自己的需要去干涉他们。

我的客户经常说这样的话：“我太笨了，我真不敢相信我做了这样的事情。”作为回应，我不会急于改变他们的想法，或者鼓励他们告诉自己足够聪明，无须担忧。反而，我会顺着他们当下的思路，这样说：“我明白你感到自己很笨。你的感受是有道理的，因为它代表了你想变得更好。但是要记住，你的感受只是现在的心情，你无须感到害怕。”然后我们再深入探讨这种心情，而无须被恐惧劫持。

对待我们的孩子，传统的做法是否定他们的负面评价，说：“不，你并不笨，你很聪明。”这样的回答会减轻孩子的担心和不安的感觉吗？恰恰相反，这是我们强加在他们身上的想法。在这种时刻，我们的孩子最需要的不是马上感到自己变得聪明，而是学会消化觉得自己“笨”的感受。

作为家长，总是容易在这种节骨眼上搞错。我们的愿望是不要看到孩子受苦，于是我们总爱插手，干预他们与内心感受之间的联系。我们需要记住，感受仅仅是感受而已。它们并不会决定一个人是什么样的人。当我们明确这一点时，我们就不会那么担心自己或孩子在某个时刻的心情，从而让我们更加专注地帮助他们去充分体会自己的感受。

不要惧怕异议

当孩子明白提出不同意见不代表出问题时，他们会建立信心去倾听自己、表达自己的感受。他们学会在不同的关系中欢迎异议的存在，不再惧怕与不同观点谈判所带来的不愉快。他们不把异议看作是问题，而会把它看作是健康的。

莫琳的例子可以告诉我们怎么做到这一点。她来找我咨询，因为她和17岁的女儿争吵不休，这令她很苦恼。我问到她们是为什么而吵，莫琳说："哦，我们几乎什么都吵。我说蓝色，她就会说红色。我说吃意大利菜吧，她就会说吃中餐。不知不觉中我们就开始彼此对骂难听的话。我担心再这样不和下去，我会失去女儿。"

莫琳说起过去她和女儿有多么亲密时，十分自豪。"我们曾经形影不离。我们从来、从来没有过争执。她像我的影子一样。我去哪儿她都跟着。但今年开始，情况变了，如今她每件事都要和我顶嘴。我很害怕会失去她。"

莫琳对女儿的控制，已经到了使小女孩的真实自我无法成长的地步了。她这样做，是为了给卑微的自己打打气。事实上，这位孝顺的女儿多年来都在背叛自己的感受和意见，就是为了让妈妈自我感觉良好。她几乎本能地感应到她是妈妈的生命线。莫琳太过依赖于女儿来获得母亲的身份认知，以致她觉得要是失去了这个身份，她就什么都不是。这使她疯狂地抓紧女儿不放，而女儿已经到了想拥有自己的话语权，想享受没有母亲监控的空间的年龄了。这就是引发母女间众多不和的原因。

数周过去了，莫琳学着欣赏异议的价值，把它看作尊重彼此是独立存在个体的方式。她不再被异议吓坏，而开始把它融合到自己的生活中去。她发现，造成彼此疏离的原因，并不是双方的意见不合，而是彼此无法容忍对方的不同之处。

真正的亲密关系，要求双方的互相依存状态是健康的，就是说，家长与孩子都欣赏和帮助彼此，而不是觉得要牺牲自己去支撑对方。与其彼此拖累，不如在亲子之间保持亲密联系的同时，有权力和自由去当真实的自己。真正的联系有别于情感纠缠，因为亲密关系完全不需要控制对方。真正的联系使我们自由，而情感融合束缚我们。

拥抱伤痛

要是说有什么事情能引发我们的情感纠缠，那就是看到我们的孩子受苦了。然而，在痛苦的经历引发我们情绪纠缠的时候，我们可以利用它来成长。

当我女儿只有 8 个月大的时候，有一天我们在床上玩耍。我忽然一分神，她摔到了地上，把头撞到了硬木地板上。那声响声如今还在我脑海中挥之不去。她脸色发白，眼珠子翻转，几乎要晕过去。我顿时惊慌失措，简直不敢相信自己竟然如此粗心大意。我联系医生，他说要是女儿第二天继续没精打采的话会进行一些测试。

我把女儿放在大腿上哄了好久，她依然头痛，反复地沉睡，或是痛苦大哭。每次她哭，我都揪心，几乎无法呼吸。不管我怎样努力，都无法对我的情绪置之不理。没人能责怪，没人能发火，我只能一个人承受这次经历带来的全部震撼。这是一件坏事吗？恰恰相反。没有发泄的出口，反而全然改变了我对痛苦的认识。

那一周我与客户见面时，他们每一个人都说我看起来有多么不同。他们发现我更活在当下，更心胸开朗，而且更少地被心情左右。我也感觉到自己变得不同了。漫长的哭喊，面对每一个“万一……”的担心，似乎使我深刻地觉悟到生存的奇妙之处。这次经历，使我从理智转向内心，帮助我更好地与其他家长感同身受。我可以用更少的批判眼光，以及更人性、更有治疗效果的方式，来看待他们对我诉说的分心、错误判断以及发火等经历。

我这次感悟的其中一个方面，就是看到即使多么痛苦的感受，都不足以摧毁我们。相反，它们教会了我们同理心。事实上，我学到了，与“快乐”的经历相比，痛苦的经历更有潜质深刻地开发我们的潜能。它帮我们看清我们的局限和脆弱，提醒我们不过是普通人，有着普通人的品质，我们无须扮作超人。

更新承诺，放下对伤痛的恐惧

我谦卑地让每次伤痛的经历改变我。
尽管过程很痛苦，我依然相信，依然顺服，
正面面对痛苦，而不再寻求减轻或逃避的方法。
我会做到，因为我知道，
我越是抗拒它，它只会越恶化，
但如果我学会抱紧它，
它会使我深刻地觉悟到
生而为人的滋味。
也因此
让我找到更有意义的方式，
与那些与我共度人生的人紧密地联系在一起。

第20章

从评判到共情

今天天气好得不得了，万里无云，马儿在青葱的草原上吃着草，孩子们在奔跑嬉戏。这是我女儿在纽约长岛的马术训练营中典型的一天。今天，所有的家长会过来看他们的孩子在年度马术展览上展示才华。孩子们与他们最心爱的马匹组队在一起，高兴而忙碌地为马匹上马具、装马鞍、梳理毛发。

马匹准备要上赛道了，我听到有人大声叫喊："我不要骑这匹马。我要露西。我只要骑露西！"那是10岁的萨万娜的声音。

"哦，"我心里想，幸好不是我的女儿。"这下可好了。她的父母要怎么处理呢？"

我看着她的父母蹲下来围着她，像教科书一般标准，他们用充满同情的声音说："我们明白你没有分到露西觉得很难过。但我们可以试着找别的方法，而且……"

萨万娜打断了他们，哭得更大声了："我不要，我不能。我要回家。马上带我回家！"这一次她开始号啕大哭了，引得一群孩子围过来看。

萨万娜不管别人的围观，继续大哭："你们不能逼我去。我讨厌你们。我要离开这里。"

这时妈妈对她说："你知道吗，萨万娜，要是你今天骑着这匹新马，我们会为你感到骄傲，下周末呢，我们会带你去水上乐园。"

我心里笑了："甜头来了。"为了引诱女儿骑上这匹新马，这位妈妈还能继续做出什么承诺呢？

萨万娜不为所动，妈妈继续哄着她："然后我们可以去你最喜欢的服装店，去买你一直想要的可爱的小短裤。"

萨万娜依然没有回应，妈妈再加大筹码："要是你骑上你的新马，"她几乎开始哀求了，"我们可以去苹果专卖店给你买你一直都想要的最新款的 iPad。你不是想要吗？"

萨万娜还是大喊："我不管。别理我。我要坐车回家。"

这时爸爸开始干涉了，他抓住萨万娜的手臂，把她拉过来，狠狠地摇着她的肩膀，咬牙切齿地嚷着："你可不能这样对我们说话。别给我胡闹！"

"我没有胡闹！我就是不想再待在这里了。我们可以走吗？"萨万娜恳求说。

爸爸继续说："参加这个夏令营花了我们好几千块。是你求我们到这里来的。现在，你要不乖乖骑上你的马，要不日后我不会再花钱给你骑马。"

萨万娜吓着了，哭哭啼啼地说："对不起，爸爸，但我就是做不到。"

"现在说抱歉也晚了，"妈妈插嘴说，"抱歉也不能起死回生。你看你闹了个什么乱子出来。你让我觉得很丢脸，很失望。我们现在就回去，以后再也不回来了。"

妈妈拉着不知所措的萨万娜，愤怒地转身离去。

我还没来得及整理思绪，我的女儿和她的一群朋友围拢了过来。玛雅说："你看到吗？她的父母太过分了。"

"可怜的萨万娜，我为她难过。"艾莉森说，眼眶都湿了。

"为什么他们不能让她留下来，看我们比赛呢？有什么大不了的啊？"宝拉愤愤不平地插嘴说。

我几乎要赞同大家的说法，并表示我有多么不赞同萨万娜的父母处理事情的方式。要是在 5 年前，我一定会站在正义的一方，沉浸在指责这对家长中："他们怎么能这样做呢！要是我，一定会用完全不同的方法处理。我绝对不会在这种情况下大声嚷嚷。事实上，我也永远不会遇到这种情况，因为我的女儿绝对不会发这样大的脾气。"如果以孩子们简单的方式来看待这种情况，我一定会责怪这对家长宠溺孩子，使她变得那么自我中心。但遇到了同样的情形，也见识到自己如何发作，如今的我已经可以用一种更加谦和和同情的态度来看待这种情况了。

我向孩子们解释："批评萨万娜的父母，这对我们来说太容易了。你们说得对，他们不该这么愤怒地发作。但你们也应该明白，他们感到很无助，完全不知道该怎么办。他们的本意不是要那么过分的，他们只是陷进了他们无法解决的局面。等你们做了家长的时候，就会明白他们的感受了。"

虽然我理解孩子们的感受，但对于他们来说，重要的是要认识到在任何关系中，如果出现了问题，原因往往都不是一方面的，也不是简单得一眼就能看透。孩子往往对父母抗议："你太坏了！"即使他们觉得被背叛的感受可能有道理，但这不足以让他们有充分理由觉得自己受到了任何人的伤害，尤其是他们的父母。

在萨万娜的例子中，父母和孩子都任由自己被焦虑感挟持，使他们看不到其实他们还有其他选择。双方都认为事情完全是对方的错，都被这个想法束缚了手脚。冲突往往就这样发展成为僵局，使我们感到无力改变局面。我们太容易评判对方，认为是我对你错。但我发现这种看待问题的方式并不能给我们带来多少帮助。

为什么这个女儿会崩溃呢？当我们问诸如这样的问题时，我们毫无疑问会先做出一些评判，例如："她就是个捣蛋鬼。她被宠坏了。她得学一下生活中不是事事都如她的意。她得多尊重他人。"换句话说，我们面对负面情况的最初反应本身就是负面的。我们似乎程式化地对负面的情况做出负面反应，仿佛采取正面或客观中立的态度都是丢人的。我们一旦做出了这种评价，我们自然地得出结论，对付"捣蛋鬼"的唯一办法就是责骂他们，或用某些方式控制他们。我们心目中以为自己是理智的，却没有意识到我们的评判其实是错误的，完全是带有偏见的。

要理清像萨万娜发脾气这种情况，第一步就是要觉悟到，我们是如何把我们的偏见、意见和批评投射到人们的行为上去，而没有尝试去理解交流中所传出的深层意义。因为他们是"我们的"孩子，我们一厢情愿地把我们的想法投射到他们身上，一切视我们的心情而定。当他们反抗时，我们觉得被侵犯，并把他们保护自己的权利称之为“无礼”和“不尊重”。这是因为我们期望孩子成为我们评判的被动接受者，仅仅因为他们只是孩子。这种做法，不仅仅本质上不公平，而且对培养孩子日后面对不公时保护自己的能力也十分有害。到那时候，我们一定会不解地看到他们任由自己被欺凌，或者陷进受虐的关系中。

共情的真正含义

如果我们要提高我们对育儿常见陷阱的觉悟，我们不能只是做出对和错的评判。让我们从另一个角度来看问题。我们不要关注行为，而是去问每个人的内心具体经历着什么。我们的行为最终是受我们的感受驱使的。只有深入探究我们的感受，才能发现我们的行为是被什么驱动的，并辨别出需要采取的行动。

萨万娜有什么样的感受呢？首先，她很明显是被当时的情况吓坏了。别人对她的巨大期望，使她的情绪受到了挟持。她的焦虑超越了她应对压力的能力。她的父母越是逼她，她就越是反抗，直到最后终于崩溃。萨万娜的父母忽略了这些关键信息。

与她的父母所相信的相反，萨万娜对这一切并不是故意的，甚至无所察觉。这都是她无意识的焦虑能量的意外爆发。人一旦被焦虑压垮了，一切讲理的方法都是徒劳的。耳朵再也听不到逻辑的劝告。与焦虑沟通，我们需要采取另一种语言。父母们从来没学过这种语言。这种语言发自内心，而不是来自头脑控制的地方。这是坦诚和勇敢的语言，而不是控制或操纵的语言。

许多育儿书教给我们一些技巧，看起来有助于我们帮助子女，但事实上大部分技巧都是在教我们如何去操纵孩子的感受，夺走他们自身的感受。育儿书的目标是实现“双方都开心”的结果，而不去关注我们该如何深切地把握自己和孩子的真实感受。

虽然萨万娜的父母一开始尝试用教科书上的方法去回应女儿，去与女儿共情，但很明显，他们没有帮助她去处理这一难题。虽然他们看起来很有同理心，但随着问题的升级，可以看出他们并不是真正地在共情。其实，他们心里早有计划，共情仅仅是一种手段，用来控制萨万娜去做他们想要她做的事情。

当我们真正对他人产生共情时，我们不会对他人有所期待。真正出于共情的回应，是马上认识到他人的处境与我们的处境有极大的不同；认识到要想与他们建立联系，我们必须完全抛弃自己的期望。要做到迅速放下自己的期望，要求我们专注当下，明白与他人相连是一种双方每时每刻能量的交换，但并不保证事情会达到什么结果。我们明白那是关于交流的过程，而不是我们需要在哪里停止，或是达到谁的既定目标。它充分重视双方在交流过程中每步都携手前行，全身心投入而且完全自主。

一位妈妈告诉我，她如何与女儿共情。“我知道我的孩子正在经历着什么，”她坚称，“我知道她很担心，于是我试着帮她别那么紧张。”这是真正的共情吗？一方面，这位妈妈宣称她知道自己的女儿正在经历着什么，听起来的确像是共情。但她转而又实际上宣称，“我不喜欢你的感觉。我要你的感觉都消失。”不是的，这完全不是共情。

我们的孩子听到我们的花言巧语，开始对自己应该有什么感受感到糊涂。我们大部分人都犯了这个错误，以为我们是在共情孩子，其实却不是。我们以为我们懂，其实我们不懂。这就是为什么许多孩子都冲他们的父母大声说：“你就是不明白我！”他们说得完全正确。我们真的不懂他们。

共情，是一种能体会他人感受的能力。这要求我们首先接受我们的孩子、伴侣或朋友有某种特定的感受。他们当然有自己的感受，因为我们与他们是完全不同的个体。这是健康的关系中事物的自然状态。我们不需要改变他人，也不需要改变自己。我们仅仅需要承认其他人的感受，正如我们希望他人承认我们的感受。一开始，在我们心中为双方的见解保留空间是极具挑战性的事情。我们只有不被自己的情绪所包围时，才能做到这一点。我们的内心常被焦虑所束缚，使我们瞬间变成了控制狂，马上又变成暴怒狂。这正是发生在萨万娜父母身上的情况。

孩子们能够察觉到父母到底是在与他们建立联系，还是在试图控制自己按照父母的意愿去做。这样只会让孩子觉得他们不被倾听，他们的意愿是微不足道的，进而增加他们的焦虑感。一旦我们没有真正设身处地地与孩子沟通，我们只会把问题弄得更难。孩子觉得我们没有倾听他们的心声，他们便关上了心门，不再与我们合作。要是我们知道如何真正设身处地地为孩子考虑，我们就可以创造一扇美妙的大门，迎接双方更亲密、更心心相印的合作关系。

在萨万娜的情况中，如果她能与父母沟通心里真实的感受，她也许会这样说："我心里好像有一场暴风雨，把我吞没掉了，你们正在把事情变糟。我需要你们冷静下来，对我笑，告诉我还有别的方法来对付我的恐惧，而不是对我凶。"事实上，萨万娜的父母对她的焦虑表示关注，但只限于试着想办法去终止它，让女儿按他们的意愿行事。他们只关心如何把女儿哄上马。但他们越是专注于要让萨万娜做什么来让他们开心，他们越是令她焦虑不堪。

这一切所隐含的潜台词是，真正的问题并不在于萨万娜是否会骑上她的新马，而在于帮助她如何驾驭压力的怒涛。她的父母所采取的策略——同情、命令、引诱或威吓——都没有解决问题。她的父母也开始崩溃，因为萨万娜的焦虑引发了他们自己的焦虑。这种情况下，他们不可能帮助女儿处理好她的情绪。

萨万娜的父母需要设身处地体会女儿的感受。要做到这样，他们要从自己的感受中抽离。要是他们自身的感受太过强烈，他们就需要走到一边，先把自己的感受处理好，正如我前面的章节提到的。

父母需要把注意力转到萨万娜身上，了解她当时的处境。要做到这样，他们需要放下关于她"应该"怎么做的想法，单纯地接纳她当时的心情。他们可以这样说："你不想骑马，没问题的。以后还有大把机会。我们一起出去散散步吧。"我们就是这样去共情别人的感受的。我们并不是要把他们的感受打发走。我们也不能让自己的感受脱缰。反而，我们要把孩子感受的缰绳收住。这样一来，我们可以让他们看到，担心并不是值得害怕的事。

接纳孩子，要做到真正的接纳。我们要摒弃让孩子按我们希望的样子去做的念头。我们不再想着如何让她骑上那匹马。我们唯一关心的，是与孩子把握眼前的时光共处，陪伴他们，安抚和接纳他们。我们要把所有期许都抛弃掉。

我正在提议的做法，与在这种情况下"告诉孩子怎么做"的通常做法不同。通常的做法是告诉他们"不要害怕"，我的建议是，与其催促他们去面对他们的担心并且战胜它，不如安抚孩子说："担心是正常的，因此不需要为你的担心而感到担心。就像对待你的激动或开心的心情一样去看待它。让担心发生，不要去否定它或者抗拒它。"当我们否定或抗拒焦虑时，它会变成兴风作浪的无赖。我们最好面对它原始自然的状态。然后，当时间到了，它就会用自己的方式消失。并不是因为我们使劲赶它走，而是因为我们优雅地超越了它。

要是我们留意这两位家长在听到女儿不愿意骑马时的担忧心情，我们也许会听到这样的心声：

- 其他家长会怎么想？
- 我的孩子怎么和其他孩子相比？
- 其他孩子会不会揶揄她？
- 要是我们把钱都浪费了，怎么办？
- 要是顺着她的意不去骑马，会不会等于教她遇见困难就放弃呢？
- 这件事是否能反映出她日后能否成功？

如果萨万娜的妈妈没有发作，她也许会要女儿带她去马厩看所有的马匹。我不会迫使她这样做，我只是提议。要是她同意的话，她会对女儿学过的所有东西展示出好奇心，从而肯定她已经取得的成绩，而不是关注她还要实现什么目标。她也许还会要女儿告诉她马匹的故事以及她与它们的经历。她的所有注意力都放在女儿学习的过程，而不是她该有什么表现。

接下来，她也许会问女儿她是否愿意给她看其他的马匹，一匹让她感到亲近的马匹。她也许还会建议女儿骑上这匹马几分钟看看她是否觉得合意。但只有全心全意的同意才算数，不能哄骗。或者也许她会愿意牵着那匹马在赛道附近溜达。但绝对不要试图说服她去比赛，除非是女儿自己愿意。

要让妈妈完全安然接受女儿不参加比赛是关键。萨万娜很可能会被她的能量和对结果的超然态度所感染。吸收了妈妈的放松心情，她也许会意识到自己其实是有能力做一名骑手，也能够参加马术表演的，哪怕自己骑的马不是露西。只要她怀着真正超然的心态，无论哪种结果都是可以接受的。

真正出于共情的回应，是马上认识到他人的处境与我们的处境有极大的不同；认识到要想与他们建立联系，我们必须完全抛弃自己的期望。

有人也许会分析说："采取这种处理方式，会让我们的孩子觉得选择放弃也不是大不了的事情。"我的回答是，此处的核心是萨万娜想要探索她的兴趣所在，这比她对骑马的热爱更重要。即使她决定放弃骑马，这一点也是正确的。探索一项兴趣，即使只是在一段时间内乐在其中——这就是我们一直做着的事情，因为没有事情可以永恒不变。无论萨万娜有多喜欢骑马，她可能或早或晚都会被迫放弃。这是我们短暂存在的本质。

真正重要的，是我们对待自己是真实的，无论选择投入什么事情，在我们选择投入的期间尽情享受它。满足感只存在于当下，而不是来自于某些事情会持续多久的想法中。要是我们不能珍视学习过程中每一刻的价值，那我们就会失去欣赏任何事物所拥有的价值，以及理解世事总是变幻无常的能力。

我们从来无法要求孩子保证一直坚持做某事。孩子有权利拥有他们的感受和经历，哪怕与我们的期望相违背。随着他们成长，他们的兴趣会自然而然地发生改变。这并不是需要反对，反而是需要鼓励的事情。我们在孩子身上寻求的本质特性，与孩子能多长久地坚持做某事无关，而与他们能够在多大程度上投入自己的身心灵有关。这种投入是无法量化的，这一点使我们深感不安。我们习惯于重视看得见的结果。当我们这样做的时候，我们就剥夺了自己对一些不可估量的东西的感受，就是让我们无法感受到每时每刻探索新体验的过程。

我们宣称希望孩子能够无畏无惧，充分拥抱生活。然而，我们对于结果的执迷却增加了我们孩子的恐惧，使他们受到焦虑的困扰，从而使他们不能全力以赴。如果我们不关心他们的努力，只关心他们的成功，孩子是能感受到的。这就是为什么他们停止了努力。不是因为他们懒，而是因为他们害怕失败。萨万娜坚持要露西，并不是在"捣蛋"，她只是害怕骑上其他马匹，她会失败。

当我们面对自己的人性并学习接受它，我们会发现自己能在更高的程度上对孩子共情。共情发自心灵而不是头脑。它是关于他人的——他人的感受和体验，而不是我们自己的。

如何在现实生活中共情

你也许会疑惑:“要是对孩子的某些感受，我无法找到解决的方法，我该怎么处理呢？例如他们不愿意上学，但不得不上学。我是不是要任由他们继续有这种感受？我是不是该共情他们想留在家里的愿望？这能解决任何问题吗？”

有一点必须得澄清，我们讨论教养孩子，不是要培养他们生活在一串感受的泡泡中而不生活在现实中。我们面临的挑战，是如何帮助孩子去理解与协调他们的感受。无论如何，他们总会受到感受的支配。只是他们并不知道，而我们也没有发现。如果我们教导孩子如何学会表达自己的感受，他们会学到自己可以让感受在心头自然流动，而不是被它淹没。孩子不愿意上学，我们可以借此机会教导他们，首先给他们感受的空间。但我必须非常清晰地说明这意味着什么。给他们去感受的空间——尤其是关于焦虑的感受——意味着我们对于这份感受的存在本身并不感到任何的担心。一旦我们为孩子的担心而担心，孩子会马上感受得到，然后会毫无疑问地崩溃。与其说服他们不要担心，不如肯定他们原本的感受，接受这些感受的出现。

从我们许多人的反应可以看到其中的差别。我们也许会说这样的话:“别犯傻了，你得上学呀！”“不要觉得害怕。”或者是:“要是不上学，你会被罚的哦。”任何这些反应都不但不能驱散孩子的恐惧，还教导孩子该为他们的感受而羞耻，甚至害怕。还有更差劲的说法，我听过许多家长这样说:“好，我明白你不想上学。那就别上了。”这只会教孩子屈服于他们的恐惧，逃避现实。

让我与你分享一个更有觉悟的做法吧。我们把感受请进来。让孩子把他们的感受画下来，并且说一个故事。分享你童年时候面对各种感受的故事。然后，为了给孩子宽心解愁，向他们解释这样的感受是正常的、自然的。这样，孩子学到了面对恐惧，不是要投降或者逃跑，而是要接受它的本来面目，要忍受它。

等到孩子能够接受他们的恐惧，就好比他们能够与它做朋友了，那会带来一种舒缓的心理效果。我们应该这样表达共情——不是为孩子感到难过，或是尝试去拯救他们，而是帮助他们在一个安全的环境中去面对恐惧。当我们采取了这种方式，通常恐惧会自然消散，不一定是马上，但过完了一段就会消失。要是想赶紧结束这个过程，就等于否定了让孩子学会消化感受的本意。学会忍耐恐惧，让它自然地走完它的过程，能成功帮助孩子探索他们的内心世界。

要是我们的孩子在幼龄时期就已经完成了这个过程，他们就能消化恐惧，投入其中的精力就可以用来找出创造性的解决方法。一个原本抗拒上学的孩子，会最终为自己找到解决方案，不是盲目屈服，而是使自己控制局面。像之前提过的，诸如角色扮演或角色调换的技巧，有助于把过去投入到恐惧中的精力用于解决问题，因为它们提供了创新、乐趣以及冒险的机会。

由于我们许多人都执迷于行动的需求，我帮家长制作了一张新的待办事项清单，在孩子觉得难过时使用。我告诉家长一些具体“要做”的事情，来帮助他们更好地体会孩子的心境。以下是一些例子：

- 要完全安静地坐在孩子身边。
- 要望着他们的眼睛，凝视他们。
- 要温柔地向他们重复他们的感受。
- 要用你的身体姿势告诉孩子你在他们身边。
- 要尝试理解他们的体验而不去打扰。
- 要把自己的观点、说教和训示咽回肚子。
- 要让他们相信，他们的感觉受很重要。
- 要给他们空间安静地坐下来，感受他们的感受，直到慢慢消化它。
- 要肯定地告诉他们，他们的感受没问题，因为那是他们自己的感受，无须为之觉得羞耻。
- 要感受自己的焦虑并设法消化。

当感受在一个安全的地方被表达出来，并且被充分肯定时，我们的孩子便能够处理它们，并让它们慢慢消失，而不必用间接的方式让它爆发出来。这对于我们的孩子来说真的是一份非常强大的礼物。

共情不代表共谋

有时我们把孩子埋进对生活杂事的恐慌中却不自知。例如，爱丽丝已经8岁了，她害怕坐电梯。她的父母带她外出到市区一趟都成了极度头疼的事情。后来情况恶化到她拒绝搭乘任何电梯。每当走进高楼时，父母只能带她去爬楼梯。"我太能理解她了，"爱丽丝的妈妈说，"我小时候也常慌慌张张的，对很多事情感到害怕。因此我不忙着催促女儿直面恐惧。我感觉到我该同情她。但我不知道我是在帮她，还是使她更加神经过敏。"

与萨万娜的父母不同，这位妈妈尝试着完全认同女儿的感受。正如我之前所说，这是积极的举动。然而，她没有明白共情与过分认同女儿之间的差别。因为这位女儿的恐慌反映出母亲自己的童年体验，也使她想起自己的脆弱，她就变得过分保护，罩着女儿不让她直面恐惧的痛苦。

问题不在于电梯，而在于女儿害怕自己太脆弱了，不能承受这个挑战。这种脆弱是从妈妈自己的幼年体验中直接吸收过来的。我们再次看到缺乏自信是如何一代传给一代的。

妈妈该做什么呢？第一步就是要认识到共情与共谋是不一样的。共情的话是这样说的："我理解电梯看起来很恐怖。我会陪伴着你，帮你面对这个困难。我们会共同面对。"相反，共谋的话会这样说："我以前也害怕坐电梯。我们一起走楼梯吧。"女儿的恐惧得到了支持，被认可为是一种合理的生活方式，而她真正需要的是去感受和面对。

你从这位妈妈的走楼梯解决方法中看到她自己的恐惧了吗？她正在说，女儿没有足够的韧性来克服这样一个平常的恐惧。她以为将其与自己的童年体验联系起来，就可以把女儿的恐惧化为正常，事实上她是在这件事上投射了自己的体验。这种过分保护的方法没有把女儿的恐惧变得平常，反而使它显得更加病态。女儿没有得到解脱，反而变得更加无助。

要帮助爱丽丝克服恐惧，她的妈妈可以采取许多不同的方法。她可以在家里创造一个玩耍的场景，让女儿把恐惧画出来或写下来，两人假装乘坐电梯。通过这种安全的方式，妈妈不但可以帮女儿直面她的恐惧，还可以消除她由此引发的情绪。

通过角色扮演来反映这个情景，妈妈可以对女儿说："我在想，你最喜欢的熊宝宝会不会喜欢来一次兴奋的电梯之旅？不如我带它坐一层电梯，看它怎么样？你可以走楼梯上一层，到电梯外面等我们。要是小熊喜欢，你也许也会喜欢和我们一起坐电梯下去。要是它不喜欢，你可以帮我告诉它乘电梯有多安全。我们可以教它按哪个按钮，电梯才会开动，我们还可以让它看到坐电梯有多好玩。"

凭借一点冒险精神，我们可以通过角色扮演想象出许多让爱丽丝适应电梯的方法。要是她喜欢某个音乐组合，妈妈可以建议坐电梯时带上 iPod，听着她们最喜欢的歌曲。她们可以边坐电梯边吃爱丽丝最喜欢的雪糕。她们还可以带上她最好的朋友。妈妈在面对这项挑战时保持乐观的能力——既不是催促或控制女儿，也不是在绝望中放弃——会使局面变得完全不同。

通过这种方法，孩子们学到他们不应该逃避恐惧，反而要通过创新的方法去面对它。其中的关键，是妈妈决心不让女儿向恐惧屈服。要有这样的决心，源于要先相信我们必须面对焦虑感。同样，妈妈也需要在相当一段时间内保持韧性。

要记住，我们不是要把焦点放在这位女儿是否学会了喜欢坐电梯，就像在萨万娜的例子中，不在于她是否喜欢骑某一匹马。也许有人真的不喜欢电梯。走楼梯也并不是不行，还能锻炼身体呢。问题是在于我们看到孩子出现了焦虑情绪，我们如何去处理。当焦虑不再是问题时，坐电梯还是走楼梯，就纯粹是个人选择而已。

整理你的内心世界

焦虑支配了我们大部分的行为。学会如何处理恐惧，对于家长来说，是真正的挑战，它能使我们为孩子装备必要的武器去面对他们自己的恐惧。

对付恐惧的方法，不是试着去消灭它，那样做只会把恐惧放大。积极的处理方法是接受恐惧，与我们的恐惧做朋友。正如我先前所说，那些无畏的人，正是学会了如何忍耐他们的焦虑。他们并不是没有焦虑，但他们开放地迎接焦虑，一旦他们感受到了焦虑，他们会完全任由焦虑感存在于身边，而不是被它们击倒。我常常通过视觉画面，让我的客户看看如何把恐惧从司机的座位上赶走，让它坐到副驾的座位上。学会允许自己与恐惧共处，在恐惧在旁的情况下继续做该做的事情，这样就给了我们把它慢慢消化的机会。

要更好地理解恐惧，可以问自己以下的问题：

- 我正在感受的这种恐惧，究竟是什么？
- 目前的情况使我有哪种触动？
- 这种感觉是要告诉我一些什么东西？

一旦我们认识到我们在恐惧什么，我们便可以想出办法来处理它。关键是要认识它。要是我们一直无意识地被恐惧支配着，它的力量就会盖过我们。因此，仔细研究我们的恐惧究竟是什么非常重要。

虽然我鼓励你问自己一些关键的问题去理解恐惧，但我不是在提倡你自说自话，即使这是积极的，但却完全没有帮助。觉悟，和你与自己在内心对话根本上是有区别的。我们大部分人都沉浸在自说自话中，内心的闲聊永无休止——这些内心独白常常都是在评论、担忧、对比，以及责备。

你也许在想，就像一些人教导的那样，你可以把你的内心独白引向更高层次的善，或许就可以克服你的恐惧。但这却恰恰是觉悟的反面。当我们有所觉悟时，我们只是简单地观察我们的内心独白，但不参与其中。觉悟可以改造人，但自说自话却只会消耗人，因为我们永远不能单凭心里说的，就能在生活中活得更加高效。

举个例子说，早上起来时你感到焦虑。如果你运用觉醒的办法，你会让自己暂停下来，去留意你的焦虑。你所要做的仅仅就是去观察你的感受。你完全不需要对它做任何事情。当然，你的大脑总会告诉你去做些什么，因为它喜欢咀嚼类似这样的东西。单纯的觉知——仅仅是留意到你的感受——让你能够主宰和尊重你的焦虑。通过这种方式，你无须通过把情绪发泄到孩子或伴侣身上来消化它。它不需要你采取行动，或者与别人谈论，它需要你有意识地容纳和限制。

正如我刚刚所说的，要是和自己的内心谈论我们的焦虑无济于事的话，那么尝试着凌驾于焦虑之上也不会带来好处。无论我们选用其中的哪种做法，焦虑只会从别的地方显现出来。保持警觉让我们可以去适应它，陪伴它，从而设法解决正在发生的事情。你也许会说，保持警觉——学习持续地观察我们自己，让我们意识到自己内心正在经历的变化——就好比我们每天都使用牙线，来防止污垢积聚在我们的牙缝中导致牙病。

当我们观察自己时，我们需要问自己这样的问题：

- 我是否正在用自己希望的方式生活——做我自己，而不是做想象中“我应该是”的那个人？
- 我有没有把自己性格的各个方面都融合到我的生活中？
- 我是否在生活中定下了必需的规矩和界限，好让我能尊重自己，重视自己？

在真实和开明的家长抚养下成长的孩子，能学会不去惧怕自己的内心感受。他们能坚定地做自己，并对自己内在的善良充满自信，他们的心与他人的善良相连，因而无惧敞开心灵去投入世界。

更新承诺，放下评判

我爱评判别人，
因为我内心的空虚，
因为我曾经
被别人用同样的方式评判。

虽然评判远比自省容易，
但我意识到它关闭了我的心。
只有对他人怀着真正的同理心，
我才能最终宽恕自己。

第21章

从纪律到开明的规矩

一旦你学会了自我反省，因之调整自己与孩子的关系，那么养育子女的下一个最重要的任务几乎和建立联系一样神圣。这就是关于设立规矩的艺术和纪律。注意我说的“设立规矩的纪律”，而不是“设立纪律的艺术”。后者关注如何通过设立纪律来改变孩子，而前者关注的是如何约束我们自己做出改变。我的书《父母的觉醒2》强调，惩戒性的育儿策略都只是控制和操纵的手段。我们对如何定下合适的规矩缺乏了解，就会造成所谓的“纪律问题”，好像问题都是孩子的错。

本章最重要的一课就是：**孩子出现的所有纪律问题，都是由于家长缺乏纪律。**我们需要干预的是家长缺乏纪律的问题，而不是孩子！

我相信，如何建立好界限以及制定适合的规矩，是子女教养中更困难的方面。当我们尝试去做的时候，我们总容易变得要不就太严苛，要不就太松散，我们不知道如何才能为孩子的茁壮成长创造恰好合适的条件。

孩子的生活需要有框架，有可预见性。每天基本的日程需要由家长来制定，这个日程需要为孩子的特殊需要量身订制，同时也必须服务于整个家庭。然而在这个框架下，还需要为孩子的率真天性与即兴游乐保留大量的空间。当意料之外的情况或事件发生时，孩子难免会有某种程度的别扭。在这些时候，家长必须肩负起调和孩子情绪风暴的重任，毕竟那是孩子们面对剧变和混乱时难以避免的情绪。

要是我们能给孩子制定清晰、连贯、为他们着想的规矩，我们就无须采取任何带有惩戒性质的育儿策略。我们缺乏对规矩的理解，也不知道如何去建立规矩，是导致家里出现混乱和争吵的根源。无论我们喜不喜欢，要实现家庭的和谐，掌握制定好规矩的艺术是必不可少的。问题在于，我们有许多人在设定界限和订立规矩方面毫不手软，也有很多人对定规矩浑身不自在。然而，做好这件事太重要了。正如我们与孩子建立联系使他们感觉安全自在，建立健康良好的规矩也能让他们感到安心。

你不能设立自己都不遵守的规矩

当你听到"规矩"这个词时，你也许会以为我说的是给孩子定规矩。然而，我总是要求先从家长做起。我不太担心孩子对规矩的理解，而更关心的是我们内心的规矩在哪里。当孩子越轨的时候，其实我们自己也好不到哪儿去。

要是你纳闷现实中设立规矩是怎么样的，那意味着我们对自己给自己定的规矩和界限是模糊不清的。我们心中与头脑中对于合适与不合适之间的界限并不够清楚。我们的界限不明，正是孩子不断破坏规矩的原因。与觉醒式教养的其他方面无异，这种失调是从我们自身开始的。

很自然的，家长听到我告诉他们说，孩子不尊重规矩，是因为他们自己对规矩模棱两可的时候，他们不高兴了。他们以为自己是很清晰的，但他们没有意识到他们给孩子发送了多少模糊的信息。要是孩子能说清楚自己被大人搞得多么糊里糊涂的话，我们就能大概知道孩子跟我们生活真是一件难事。尤其是谈到规矩时，我们缺乏清晰和连贯性，这造成了家里的争吵，促使我们更加本能地责备孩子不听话，责怪他们叛逆。由于我们自身对规矩的不清晰，造成了双方皆输的结果：孩子感到被误解和被否定，我们感到被忽略和无助。传统的育儿方式给了我们过度的权利，让我们以任何我们觉得必要的方式来发泄不满和报复，哪怕是把情况弄得一团糟。

我的客户帕翠西亚，有两个年龄分别是 5 岁和 7 岁的孩子。晚上如何哄他们睡觉是一件很头疼的事，她通常得在卧室中花几个小时哄他们睡着。睡觉时间已经成了整个家庭的噩梦时间。我让她描述一下过程，她说："我让茱莉亚和史蒂芬睡觉的时候，答应给他们念两个故事，还有给他们唱他们最喜欢的电影《绿野仙踪》里的两首歌。我没开始多久，他们就开始提出过分的要求，硬是要我再多唱一首。然后三首变成了四首，之后我都不会意识到我什么时候开始朝他们大吼大叫了，他们也开始哭起来，整个过程最后成了一场噩梦。”

我问：“当你同意说两个故事和唱两首歌的时候，你的心里对这条规矩清晰吗？”

“当然是的！”她反驳说，“但他们又再恳求的时候，我就想：干吗不听他们的呢？他们那么可爱，也许再唱一首吧。接下来要是我拒绝了他们，他们就一定要哭闹。”

很明显，帕翠西亚对规矩的底线很不清晰。和许多家长一样，她的所谓规矩其实不算规矩。它是完全可以改动的，由她的孩子的心情来控制。我们可以选择灵活，但我们需要接受这样一个事实，我们不能在任何时候随心所欲地关掉灵活的开关，因为我们的孩子很自然地会对这突如其来的转变做出反应。在帕翠西亚的例子里，她并没有有意识地选择灵活，所以孩子们不乖乖听话就把她惹生气了。

我解释说：“规矩必须是我们用身体和头脑都能感受到的。规矩有就是有，没有就是没有。是你，而不是你的孩子，去决定规矩是写在泥沙上或是刻在石板上。当你明确你定下的界限是像沙子一样容易被擦掉，还是像石刻一样不易改变时，其他事情也会变得清晰。”

帕翠西亚点头同意。“是的，一开始我的规矩是刻在石板上，后来却变成了写在泥沙上。当我拒绝孩子的时候，我会觉得自己像个坏妈妈。但最终我还是朝他们大骂，变成了真正的虎妈！”

“你的孩子正在做他们应该做的事情，”我澄清说，“他们正在享受着好时光，当然要求更多。这再正常不过了。他们没有停下享受，不是因为他们在‘使坏’。因为你没有遵守自己的规矩，所以对孩子的管理也没有效果。”

孩子感受到了我们的前后矛盾，尤其当这一切来自我们的恐惧时，比如担心我们不讨人喜欢，或是担心我们太自私。当孩子挑战我们时，我们之所以会对着他们生气，是因为他们逼我们去面对我们不愿意坚持自己的事实，更有甚者，他们逼迫我们去做我们认为对孩子成长“正确”的事情。一旦我们心里弄清楚到底该怎么做，我们就不会觉得难以表达。我指的不是关于道德原则的基本正义感，而只是指内心深处的觉悟，究竟什么才是对于我们以及孩子而言正确的选择，这个选择的基础是能让双方都获得更大的觉悟。要是我们的孩子睡9个小时才是最好的，那么我们需要尽最大力气创造给他们提供9个小时睡眠的条件，而无须为此制造战争。我们需要花时间和经验去思考孩子成长所需，以及如何才能最好地为他们提供这些条件。

要是孩子能表达清楚他们心里所想，他们也许会这样说：

> 嘿，爸妈，你们能不能不再这么含糊不清，告诉我到底要怎么做？今天说是，明天又说不是。究竟真正的界限在哪里？别为我的情绪或脾气而动摇了。我只是在测试你们，看看你们是否知道你们正在说的是什么。看见你们是清楚的，我很可能就退让了——尽管我也许依然会闹一场，因为我也真的在努力寻找我的界限。我其实很讨厌争吵，所以你们头脑越清晰，我就越不会吵，我答应。就是别当一个暴君。订规矩界限时，请保持和蔼可亲。我学习规矩的时候，请对我有耐心。最重要的是，当我踩过界时，要原谅我。

定规矩的目标

要是我们对自己诚实，就会发现我们在给孩子设立规矩时，我们都甚至不知道我们这样做的真正原因是什么。我们许多的规矩都是出于当下的条件反射，这意味着它们往往是基于我们有多累或有多焦虑。它们都不是有目的的深思熟虑的结果。

我希望通过问以下两个问题的方式，来帮助家长们找到他们定规矩的目的：

- 这条规矩是否服务于你和你的孩子更高层的自我（而不仅仅是你的“自我”）？

- 这条规矩是否有商榷的余地?

随着思考这两个问题，我们定规矩背后的期望，以及通常藏在这些规矩背后的未经自己检视的恐惧就会渐渐显露出来。

我们给孩子定下的每条规矩，必须以服务孩子成长为目的。一条规矩的订立，不能仅是为了我们自己舒服或方便，或是出于我们的担心。有些规矩能帮助人生长进，有些只是满足我们的“自我”。帮助人生长进的规矩能帮助我们的孩子应对生活。它们能提高孩子的韧性，使他们有安全感。作为总体秩序的一部分，它们帮助孩子成长为全面的人，有能力在社会上独立生存并且为社会做出贡献。

哪些是帮助人生长进的规矩呢？虽然每个家庭都有着自己独特的规矩，但允许我分享一些我多年来作为一名家庭心理咨询师及一位妈妈的心得:

帮助人生长进的规矩

- 尊重自我——做好自我护理，包括清洁和睡眠
- 尊重个人所处的环境——整洁的房间和家
- 尊重个人的内心——正式或非正式的教育过程
- 尊重家庭和社区——与人沟通及贡献社会

围绕以上方面我对家长们说:“定规矩时一定要清晰明了、平和冷静，以及富有同理心。要与每个规矩所代表的更高目标协调，并专注于那个愿景。当孩子测试你，或与你作对时，想想那个更高的目标，坚持住。这么说，规矩不是为了满足人的突发奇想，无论你的还是孩子的，而是为了增进更高的益处。你不要发怒责骂，只需坚持实现更高益处这个愿景，并与孩子交流这个想法。”

家长会问:“要是我的孩子不愿意上学，怎么办？”

我对他们说:“首先，你得搞清楚他们的厌学情绪从何而来。是因为叛逆，还是出于真正的心理需求？如果是后者，那并不是一时三刻能解决的。然而，要是前者，那么因为你意识到这是关于帮助生命长进与成长的事情，你就必须

坚守教育是人生中一项重要任务这个底线。你坚持这个愿景，也许需要灵活对待它如何在孩子的生命中实现，因为并不是每间学校都适合每个孩子，正如不是每个职业生涯都能适合每个大人。这也许意味着你得花时间帮助孩子为这项人生大事做好准备，让他们慢慢接受这个转变。也许你可以在开学前一个月，就与孩子做角色扮演的游戏。或者你可以借助其他技巧，例如与老师、同辈沟通，把这个转变过程变得不那么有压力。无论如何，只要你决定了，因为安逸懒散而不去上学是不可接受的，你的孩子会明白并遵守你的规矩的。他们也许会焦虑，会惶恐，但他们知道，他们必须鼓起勇气来迎接这个标准的人生仪式（“标准的”并不意味着是最好的，只是我们当下的社会的设置是如此）。有时我们害怕孩子会害怕某件事，这种担心会损害我们的能力，使我们不能清晰而连贯地坚持一些有益于孩子的规矩。”

要是你年幼的孩子不喜欢洗澡，一到洗澡时间就闹呢？要是你很清楚你的规矩有帮助生命长进的力量，你需要坚持它。你的孩子也许要花一段时间才能适应洗澡，但他们最终会明白洗澡是自我护理的神圣行为，因为你在生活中也为他们做出了榜样。一开始你也许需要发挥创意，帮助孩子发现肥皂泡很好玩，或者你也许需要让他们和你一起淋浴，让他们看见你在淋浴中觉得很舒服，引导他们最终把清洁和自爱的力量消化到心里去。同样的原则可以应用到孩子刷牙这件事上。也许一开始你需要花 30 分钟陪孩子刷牙——原本 10 分钟就能搞定的。要是你相信刷牙这件事能带给孩子更大的好处，你需要预备去做任何需要的事情，来帮助孩子接受这个习惯。

注意到我没有把爱好和课外活动加入清单中。这些活动当然能帮助生命长进，但它们却不是强制的，因此得按照孩子的兴趣而不是家长的冲动去选择。当你要为这一类活动定下规矩时，必须谨慎考虑你愿意在多大程度上参与。重要的是要问自己:“究竟是我的‘自我’在推动这项活动，还是这项活动真正契合我孩子的需要？”通过这样的自省可以帮助你决定哪些事情是真正重要的，而哪些不是。我常常告诉家长们，如果你鼓励孩子发展某种兴趣爱好，而那并不是孩子生命中必需的，那你得预备好用弹性的态度去面对孩子的态度。例如，如果你希望他们学一门乐器，而他们却非常不情愿，你至少要给他们提供一些弹性的选择，例如每周练习几次，等等。说到底，只有当每个人有机会去做出他们自己的人生选择时，他们才会真正对这些选择负责并获得成长。

我们再接着谈关于定规矩的下一个问题。一条规矩究竟能有多少商量的余地？家长们需要自己去决定。要是每天刷牙洗澡是有商量余地的，那么家长不应该假装这些是不可商量的。我有一位客户，儿子 14 岁了，经常不刷牙。当我问他们有没有花时间和精力来让儿子明白这件事对于生活有多大帮助、有多么必要，他们说完全不知道这是他们该做的事情。那么孩子没有从我们身上学到生活和做人的方式也就不奇怪了；那是因为我们没有觉悟到要花心思与他们沟通这些事情。

孩子从我们的行为上获得暗示。我们的行动必须与我们的信念保持一致。我们不能说一套做一套，否则孩子会看穿我们的虚饰，揭穿我们的虚张声势。一旦他们有了这样的印象，再设定任何规矩都成了极端的难事。无论是什么类型，当决定一条规矩是不可商量的时候，也要非常小心。我保证，有一天你一定会被要求兑现这条规矩。我告诉家长在宣布一条规矩是不可商量的时候一定要心里有数。很少有家长准备好去兑现遵守一条不可商量的规矩所需要的全部承诺。

为了帮助家长理解他们需要付出多少来坚守一条规矩，我让他们去想想当孩子受伤害时，他们是什么感受。“要是他们受了很严重的伤，你会为立刻送他们去急诊室感到犹豫吗？你会不会只因为他们哭个不停或者骂你坏而不送他们去呢？”同样，一旦你决定了某条规矩是不可动摇的，你需要一以贯之践行它。我们太习惯说我们致力于实现某个目标，但假如事情变得越来越难——例如孩子开始不厌其烦地磨蹭、反抗，或变得焦躁——我们就会把这些看作是停止的信号而不再去实行。

让孩子面对后果还是实施惩罚？

一位父亲让我帮他给他六岁的儿子订立罚站的措施。我对他说：“要是你要找人帮你去让儿子面壁思过，那你找错人了。”

他回答说：“你是说，在任何情况下，都不应该罚站吗？”

我解释说，除非在偶然的事件中，例如孩子在餐桌上过分吵闹，你需要让他离开饭厅让其他人好好吃饭，否则我坚决反对把孩子赶到脏乱的墙角、凳子上或楼梯间去受罚。

这位父亲好奇地继续探问：“那么，怎样才能让孩子学乖呢？”

我反问说：“使用武力，是正确的做法，还是只是懒惰的做法呢？”为了进一步说明我的立场，我说：“传统的育儿方法一直支持家长无节制地使用父母的权力。古老的说法是，父母把良好的教养等同于他们对孩子的控制。觉醒式教养反对这种对待子女的陈旧过时的方式。正如美国，在民主原则上立国，成为创新的沃土，家庭也是一样——一个拥有自身权利的国家——必须远离独裁主义。各种惩罚、隔离，还有使用专横的恐吓去羞辱孩子，禁止他们发声，这些都不是有效的教养方式，而恰恰是懒惰、机械式的教养方式的特征。”

当家长们看到我对待孩子的方式是多么顽固时，许多人都会提出反驳。毕竟，这反映了他们是如何被抚养成人的。许多人反驳我：“我也是从小在棍棒之下长大的，也没被打死啊。”那些取得成功的人士还把它作为一个准绳：“我过得好好的，所以我想那也不是什么坏事吧？”

家长们希望我肯定他们自己成长的方式的原因有几个。一个是，这能让他们赋予自己的父母一点理想化色彩，让他们继续相信父母的好意。再一个是，这能让他们把童年时受过的伤痛合理化，让他们感觉到这一切最终都是有价值的。说到底，只是出于父母的无知，他们才无缘无故地承受了那些难以想象的伤痛，这是很难令人接受的事实。许多家长很难鼓起勇气承认，“我爸妈对我凶，羞辱我，我长大后变得担惊受怕，没安全感，却充满负罪感”，或者是“我嗑药酗酒的原因，就是因为在家里，我从来没被当作一个独立的人来对待，我从来不能有自己的感受”。

通常而言，承认童年痛苦经历的代价实在是太高了。我们更容易选择去否认我们的真实感受，装出一副快乐的面孔。对许多人来说，正视在家里受到的排挤是难以承受的。与主流看法保持一致，无论心里多么扭曲多么受伤，也好过自己独自去面对。这些人从小被教育不去面对真相，他们过着不真实的生活，与真正的自我割裂开来，不敢去面对自己的真实感受。

清晰的界限和规矩的力量

既然我反对惩罚孩子，那么我相信什么才是教导孩子正确行为的有效策略呢？我相信自然和符合逻辑的结果的力量。它们不是强加到孩子身上去的。我们并不“给出”结果。结果直接随着这个问题的答案而产生：“我的孩子的行为表达了什么样的需求？”当能明确行为背后的需求时，我们就能把“果”与因联系起来。注意——很多家长都会忍不住想创造“果”。要让结果起作用，那必须与我们无关，而是要让它自然而然地发生，因为那与孩子行为所表达的需求紧密联系。

在我们探究自然和符合逻辑的结果之前，关注孩子的行为有何原因是很重要的。这些原因与我们有关，也只与我们有关。它们直接与我们是否有能力建立一以贯之的规矩和保持清晰的界限有关。一旦决定制定一条规矩并致力于遵守它，相信它能带给孩子最大的好处，我们便需要以共情的方式给这条规矩定下界限，而且必须牢牢扎根在当下的现实中。如果我们定了一条规矩：做功课前看电视时间不能超过半个小时，而孩子不遵守的话，我们必须坚持这个限制，同时也展现出我们的同理心。

有很多具体的方法：我们可以与孩子达成协议，并将他们的意见也纳入考虑之中，那么要是他们破坏了协议，他们就会知道不能再看电视，除非完成作业；另一种做法就是半个小时结束后，直接让他们交出手机或者平板，并且保证做完功课后会还给他们。哪怕孩子闹脾气，家长也要保持坚定，要求他们关闭手机或平板，或者将它们交出来。

坚持遵守规矩和界限不代表我们要使用胁迫或严厉的手段，那会很容易走到暴力的边缘。反而，我们要帮助孩子以一种乐观和轻松的心态去面对问题。例如，在孩子学习刷牙期间，孩子刷牙时，家长可以陪伴在他们身边给予支持，看他们欢欣地实践自己清理自己的承诺，也许还可以让孩子给家长刷牙，或是给他们的玩具娃娃刷牙。重要的是别让你的“自我”参与进来，因为“自我”会迅速引发权力的争斗，那与觉醒式教育恰恰背道而驰。

“要是我的孩子不愿意配合呢？”一位家长问。我回应说，这位家长需要明白，他们的孩子还没有习惯有一位坚持界限的家长。这样的孩子很可能需要更长的时间去自觉地适应规矩。家长只需坚守阵地，绝不离开，直到他们把手机或平板关掉，或者把它们交过来。坚持界限很重要的一点，就是记得别忍不住要去分享你的那个时刻的心灵故事，并开始对孩子说教，或是让他们觉得惭愧。我们只需要坚守当下时刻，保持冷静，重复我们的要求，直到孩子认识到除非我们的要求获得满足，否则我们不会动摇半步。一旦孩子开始看到，家长说话算话，言出必行，那么他们学会适应规矩的时间就会更短，因为他们自己将会承担起控制屏幕时间的责任。

关键是尽早教育我们的孩子，生活中有些必要的原则是需要去遵守的。这些原则必须以一种自然的方式融入日常生活之中，而不是小题大做，以使孩子最终学会把这些原则看作是做人、保持健康所必需的重要原则。父母必须致力于坚持这些原则。有时需要简单地说：“你现在需要去刷牙。然后我们来读故事书。”关键是要坚持清晰的底线，别让“自我”掺和进来。要家长在过程中保持平和冷静并不是容易的事，但是坚持不懈至关重要。

遵守这个“如果，那么就……”的原则，孩子就会看到在家里遵循自然秩序的结果。一旦你搞清楚了规矩，知道自己需要如何坚守底线，你的孩子也会理解后果的力量，并因此改变他们的行为。我再一次强调：不是我们“给出”后果给孩子，它是自然地从孩子的行动中生成的。

通过这种方式，家长就不再需要依赖外部的奖赏或惩罚。你与孩子的关系会变得更加坚固，并成为孩子成长最具有影响力的催化剂。你会发现，你需要做的越来越少。一切都随着你作为家长如何在心里对待规矩而自然发生。家庭里发生的改变也会见证这一切。

坚守底线的运作机制

我们倾向于不对他人说“不”，因为我们害怕不受欢迎和冲突。嘴上说

“不”，行为上也配合拒绝别人，不仅仅在当下很难，而且坚持这样做会更难。之前我们考虑了这个事实，就是每当我们决定一条具体的规矩不容商量的时候，必须保证这样的决定是经过深思熟虑的，使我们能确保它最大程度上服务于我们的孩子而不是满足我们自身的幻想、未满足的需求或者是控制欲。

假设你的孩子对巧克力过敏，这种过敏已经到了危及生命的程度。你会允许他们哪怕尝一小口吗？每个家长都会毫不犹豫地说：“绝对不会！”

我的下一个问题来了：“孩子很想吃巧克力，你会如何对他说不呢？你会对此优柔寡断吗？”因为坚持这种界限有着更高的目标，家长就不会害怕被看作专横或恶毒。任何关于他们会被看作是坏人的担心，在这种情况下都不是问题。

我们的孩子也许不会喜欢我们对他们的拒绝。但当性命攸关时，就没有商量的余地。我们会这样告诉孩子：“我知道你不理解我的原因，但你不需要去理解。总有一天你就会明白的。”

只有当某事确信无疑的时候，人们才应该采取绝不动摇的方式。要是还有疑问的空间，那么任何规矩的设定都应该是家长与孩子协商的结果。我们究竟对某个行为能有多大的容忍度，取决于我称之为“可商量的程度”。拿 iPad 的使用做例子，家长需要问自己，对孩子说“不”是否能保护孩子的生命或健康。iPad 本身不会带来伤害或死亡，很明显这条规矩不是围绕 iPad 本身，而是围绕孩子花在它上面的时间。由于这不是一个明确的问题，因此需要进行协商。当然，一旦界限已商量确定，我们就需要依靠三个原则去坚持这个底线，那就是清晰、坚持和共情。我们也需要做好准备在合适的时候重新协商。此外，家长想要看到的行为，家长也必须做到。

诺亚是约书亚的爸爸，约书亚今年 11 岁。诺亚正头疼如何给儿子的个人卫生问题设立底线。“我已经很多次在坚持底线了，”他说，“但约书亚完全不听我的。我实在厌倦继续做坏人了。”

感受到他的沮丧，我表达了我的理解：“要是你把自己的角色定义为坏人，那么你难免会心怀怨恨。然而，要是你的规矩在某种程度上是在拯救和提升他的生命，你需要把你自己看作好人。”

诺亚想象着自己是通过他的规矩去达到更高的目标，他说：“我理解到这条规矩所能实现的更高目标。我感觉到我做的事情是对的。在我的生命中我也是这样做的。但是约书亚就是不听我的。我该如何去做？”

我向他解释，孩子的反抗是自然的。我们倾向于去相信孩子不应该违背我们的意愿。然而如果我们不鼓励他们这样做，可能会让他们变成百依百顺的小绵羊。我经常问家长：“你的孩子为什么不应该反抗？这难道不是健康心智和勇气的标志吗？你为什么要孩子盲目地跟随你的指使？你难道不应该跟他们说理，让他们接受你对他们的期望吗？我们不希望抚养一个无法独立思考的孩子。”

真正的问题在于，我们该如何回应孩子的反抗。“现在更难的部分来了，那就是长期的坚持。”我对诺亚说，“这就是考验你的地方，看你有多愿意尽力用最觉悟和充满爱心的方式，在家里培养这个行为习惯。这是关于你如何践行诺言的艺术。这并不是件容易事，因为它意味着你要坚持下去直到你所期待的行为发生。孩子看到事情完全没有回旋余地，他们就会顺服。这就是为什么他们在学校比在家里更容易遵守规矩的原因，因为学校里的规矩都需要严格执行，没有变通，普遍适用，绝无例外。这也取决于你到底要严肃到什么程度，才能让约书亚重视起来。孩子长得越大，他们会越不把我们的话当回事，因为他们看到我们这么长时间以来都在忽视自己的承诺。因此，你也许需要牺牲一些他测验复习的时间，或者棒球练习的时间，直到他意识到你的确是认真的。”

诺亚需要练习才能明白坚守规矩意味着什么。诺亚给约书亚做了一个计划：先洗澡，然后上床睡觉。当他开始执行时，约书亚粗鲁无礼，完全无视爸爸让他洗澡的指示。

这种方式在诺亚看来有点极端，因为它有点像去控制孩子。我鼓励他继续坚定立场。与其“不许”孩子做某事，他需要直截了当地说：“只有你洗了澡，我和你才能睡觉。不这样我们俩都别睡。”约书亚看到爸爸的确是言出必行后，他终于答应了。诺亚终于能由衷地和儿子谈论他的卫生问题。他们达成了一项协议，同意帮助彼此去遵守规矩。一个星期的调整期过后，他们家里再也没有洗澡方面的问题了。

必须说清楚一点，坚守规矩，并不意味着我们要惩罚孩子。它仅仅意味着让孩子知道这些规则是不可打破的。这就是为什么我们必须仔细思考清楚所有的规矩，并且只挑那些我们完全相信的去坚持遵守。时间越久，行为就越难改变，这要求我们在孩子生命的早期就为他们培养那些不可改变的习惯。

再一次，我们看到了，解决我们内心的矛盾，可以减少我们与孩子之间的矛盾。随着我们不断的言传身教，我们会越来越容易与孩子步调一致，我们和孩子也都越来越知道自己前面的方向。

自然和符合逻辑的后果怎样起作用？

认清了孩子行为的原因，并开始在家里定下清晰的规矩和界限时，我们就可以进行下一步：引出后果。许多家长觉得很难看清某种具体行为的自然和符合逻辑的后果。然而，像我之前提到的，行为的后果总是自然地或符合逻辑地与行为中所表达出来的需求联系在一起。通常我们都是被行为本身所迷惑，而忘记去问自己："为什么我的孩子会有这样的反应？他们现在有什么感受？他们现在需要学习一项技能吗？还是现在他们需要从我这里得到其他的东西？"

让我们来看几个典型行为的例子，看看它们所表达的需求，以及它们自然和符合逻辑的后果。

行为：孩子没有准时关电视。

需求：控制冲动，遵守规矩，以及对时间的尊重。

后果：

1. 问问题：我要怎样做才能帮助孩子实现他们的需求？
2. 尝试教育孩子要尊重时间。你也许想给他们一个秒表，或制作一张图表来记录他们每天看电视的时间，或者你可以让他们制定出一个看电视时间的协议。最后一招，还可以把电视调到定时自动关闭的模式。
3. 让孩子知道，要是他们不能好好地做到第二点，你就没有别的选择，只能把电视搬走，直到他们学会珍惜时间的价值，并表

孩子出现的所有纪律问题，都是由于家长缺乏纪律。

现出他们的责任心。

还有另一个例子：

行为：总是把东西忘在学校里。

需求：组织能力，长期记忆，注意力。

后果：

1. 问问题：我要怎样做才能帮助孩子实现他们的需求？
2. 尝试教育孩子了解事情的因果关系。办法是不帮他们把东西拿回来，而是任由他们第二天在学校面对和感受健忘的自然后果；或者回到学校拿遗留的物品，但让孩子也要有一些付出，这样他们才能吸取教训；又或者是，鼓励孩子给老师写信，解释他们的失误，并请教补救的方法。
3. 让孩子知道，要是他们不能好好做到第二点，你就得亲自教他们这项技能。从检查他们的日常日程安排开始，想办法帮助他们安排时间、整理书桌，以及帮助他们集中注意力。也许还可以教他们一些正念技巧，或者找专业人员来帮他们学习整理技巧。

还有一个例子：

行为：总是不能按时起床上学。

需求：更有动力去上学，有更多休息时间，帮助他们克服焦虑或悲伤，支持他们的社交活动。

后果：

1. 问问题：我要怎样做才能帮助孩子实现他们的需求？
2. 要是孩子需要更多的睡眠，作为家长的你就要坚持前一天晚上按时睡觉；要是孩子叛逆、不听话，那你的工作就是想办法拿走他们房间里的干扰物；要是拿走了干扰物他们还是继续晚睡，他们就得学习承受自然后果：第二天上学时的疲劳。

3. 假如这些方法都不行，很有可能你的孩子正在经受着更深层的问题，例如抑郁，那意味着他们需要接受专业的评估。总有某些原因，使孩子不愿意起床开始新的一天。要是他们被生活中的某些压力弄得喘不过气来，那他们生活的乐趣就被剥夺了。

惩罚孩子，只会给家长与孩子制造更大的隔阂。在以上的每个例子中，挖掘出孩子的深层需求，使父母可以发现需要采取什么样的行动。对问题追根溯源，不是件容易的事，它不仅要求耐心和投入，还要求父母认可我们的孩子是值得被当作独立的个体去对待的。我们有幸与他们的生命交汇，他们不是生来被我们羞辱或责骂的。

孩子举止粗鲁无礼，是个典型的常见问题。“要是我的孩子对我很没礼貌，我该怎么做？”家长问。“这个问题会带来什么自然后果？”有时家长们觉得回应孩子很困难，尤其是当孩子对自己无礼的时候。看待孩子的粗鲁无礼并不能只看表面，关键是找到是什么潜在需求造成了这种行为。孩子可能觉得有压力喘不过气来，或者权利被剥夺了，对某件事感到不解，或者他们觉得自己有资格这样做。这些原因都来自父母的错误引导。当孩子毫无忌惮地对人粗鲁无礼时，问题的根源在于家长没有好好和孩子沟通，也没有给孩子定下统一的规矩。因此，戒掉粗鲁行为并不是简单的两三步就能做到。它要求家长多管齐下，并且理所当然地要从家长自身开始。

“那么当我的孩子对我无礼的时候，我该怎么做？”家长们坚持追问。我这样回答：“当孩子对你无礼时，你的第一个本能反应是觉得他们是在针对你个人。这是我们常犯的第一个错误。所以自然的，我们也无礼地回应他们。这立刻就会引发一轮恶性循环。相反，聪明的做法是家长深呼吸并暂时走开。当你平静下来，能把自己从事件中抽离出来时，你可以问，‘透过他们无礼的言语和行为，其实孩子是想告诉我什么呢？’你就能够对他们感同身受了。也许不会马上做到，当你把即时的怒火平息下来后，你总会做到的。”

我给家长解释说，在觉醒式教养的所有方面，解决方法都在于改变我们自己。一旦我们意识到我们就是子女无礼的原因——因为我们在方法上不坚持，或者是疏忽，或者是耳软心活——我们便会意识到，我们有能力去改变双方之间的僵局。我们知道一旦我们改变了，他们也会改变。

一旦我们按下了暂停的按钮，拒绝参与权力斗争，双方之间的争持局面就会开始发生改变。我们完全停止反应后，就可以由衷地内省，自问，“我是怎么让孩子觉得这样对待我是可以的？”以及，“为什么我没有让我的孩子学会尊重别人？”

把焦点转移到我们身上，会给整个家庭带来新的相处模式。也许意识到我们一直太过顺从孩子的意思，总对他们的要求让步，而且定下的规矩也朝三暮四，从而使他们觉得一切都理所当然。也许我们在家里什么事情都管，像直升机一样围着孩子打转，让孩子感到愤怒和窒息。我们发现的任何导致孩子行为的原因都是可以改变的。这需要我们承担起自己的责任，转移我们的精力去创造我们想要的结果。

穆拉与她 17 岁的儿子杰克逊关系的改变，就是一个完美的例子。穆拉不让儿子晚上外出，这造成了双方持久的冲突。每次穆拉下达宵禁令，杰克逊总是不听话。为了与儿子套近乎，穆拉总是违反坚守规矩的诺言，因为她想给儿子补救的机会。要不是因为会引发争吵吼叫，而且儿子其实还小，根本不适宜在外面一直待到凌晨这两个原因，她的方法还算得上开明。我对穆拉说：“你给他定下规矩，比起你们整天争吵更加有效果。”我让她看到，儿子之所以不尊重她的禁令仅仅是出于一个原因——就是她允许他违反。

穆拉一开始依然愤愤不平：“但我不想用把他关在家里来惩罚他呀。”她分析说，“我努力做到不惩罚孩子。”

我理解穆拉的困惑。要努力做一位觉醒的家长，她觉得自己应该要尽可能远离一切哪怕与惩罚有一点点关系的东西。我解释说：“当我们出于盲目反应而剥夺孩子身上的特权时，我们是在惩罚他们。然而，当我们剥夺他们的某项特权，是因为他们未能履行与之匹配的义务，并危及他们的生命安全时，我们是在教育他们，自由天生是有底线的。你的儿子还不够成熟，还没到能在凌晨时分单独在外的年纪。单凭这个原因，他就应该按时回家。不教会他这一点，他便会沾沾自喜，狂妄自大。当他认识到夜晚不许外出，原因在于他自己的行为时，他就会学会尊重你在安全方面的考虑。”

穆拉了解到事情可以从这个角度去看待后，她改变了方式。她坚决不让杰克逊晚上外出，直到最后他同意了她的新规定。杰克逊看到妈妈严肃起来，动了真格，要是违反宵禁令以后都别再想出门，他便妥协了。

穆拉惊讶地发现原来可以这么容易使儿子服从。我解释说：“因为杰克逊看到你不是在花时间惩罚他，而是专注于保护他的人身安全；而且你严肃对待你的这个角色，他注意到了你的努力，并且因此尊重你的决定。”

当家长明白，我们有能力转变我们的努力方向，令孩子以新的方式回应我们时，我们就能够促成新的变化。我们不再陷入憎恨、牢骚与争吵的恶性循环，而是通过以强有力的方式采取行动来解放自己。只要我们坚定不移，坚持我们所重视的价值，我们的孩子也会自然而然地跟随我们。

你的“以身作则力”如何？

孩子不听话，我们期望能够通过语言的指示甚至责骂来教导他们人生的道理。这绝不是好的教导方式，因为它违反了我们学习新行为的最佳方式。我们学习的最佳方式是吸收，那是个耳濡目染的过程。要让孩子们充分吸收我们的教诲，我们需要在生活中以身作则践行自己的价值观，活出自己价值观的光彩熠熠，让别人看到。

有些人采用了模范公民的方法，努力在孩子面前说对的话、做对的事。很快我们就会发现，要长期坚持下去，即使不是完全不可能，但确实非常困难。因为我们并不能百分百践行“好行为”，我们也会疲倦。例如，我们也许会谈到珍爱生命，然而我们的实际生活习惯又会发出另一种信息。于是，孩子看到的不是我们享受每一天，包括把工作看作增进人生经验的好事，而是对工作的抱怨，对家务事的拖延，以及对承诺的厌恶。他们关注的并不是我们说了什么。他们看到的是我们没精打采，愁眉苦脸，也听到我们声音里的疲惫不堪。

换句话说，他们接收到的是从我们的生活中发出的非语言信号，告诉他们应该享受生活，还是抗拒生活。

与其要按照条条框框来打理家庭事务，不如找到一个聪明的做法，确保整个家庭都共同践行一种生活方式。有了这种方法，冲突就会减少，因为孩子知道该从父母身上期待什么，也知道家庭是如何运转的。孩子决定参与不是出于顺从，而是被家里的能量吸引。这种自然流动的能量是父母创造的。

那么，现实中的以身作则是什么样子呢？我们拿之前讨论过的个人护理作为例子，来看看如何以身作则地坚持底线和践行我们想制定的规矩。

帮助生命长进的规矩：个人护理——洗澡、刷牙、睡觉

评估你的以身作则力的问题

- 你是否每天坚持这些个人护理习惯？
- 你是否展示出这些习惯在你的生活中是多么神圣？
- 你是如何表达它们的重要性的？
- 你如何展示这些习惯能带来的更高目标？
- 你有没有通过自己展示这个目标，让孩子看到呢？
- 你有没有每天都致力于教育孩子这些习惯的重要性？
- 你是否不惜一切代价坚持这个原则呢？

要孩子吸收到我们的正能量，领悟到我们的教诲，这要求我们高度坚持我们的承诺。要是我们致力于做到这一点，孩子就能更加容易理解家庭运转的方式，并且找到他们自己的位置。这并不代表他们不会偶尔违抗我们。只是，他们不会对事情的运作感到疑惑。

要是父母已经厌倦了时时敦促孩子养成良好的生活习惯，例如洗澡或准时睡觉，我总是会建议他们运用以身作则的原则。与其继续对孩子的不合作感到沮丧，不如充分发挥内心永不枯竭的能量，用自己的生命活出他们理想中的家庭生活的样子。

司各特正在头疼如何让他 5 岁的儿子杰罗米乖乖洗澡。“我怎么也不能把他弄进浴缸里。一开始我耐心地等待他做完自己的事情，盼着他最终会自觉地洗澡。后来我发现，我得一直等下去，但我真的努力保持着耐心。”

我马上感受到了司各特的口不对心：“你说你有耐心，但事实上你心里是不是很生气？这种时候你丝毫不感到快乐，对吗？”

司各特愤然抗辩：“但我已经很有耐性了，我完全没有发火呢！”

我解释说，要真正以身作则地展现我们对价值观的热情非常重要，哪怕是对像洗澡这种枯燥单调的事情。“你想让孩子爱上洗澡，不是吗？你希望他能立刻跳进浴缸里，享受清洁的过程，对吗？好，那么你自己是如何展现出你对这件事的热情的？你告诉我，你只是坐在那儿，急急忙忙，既毛躁又生气。这哪里是你希望孩子要体会到的享受呢？要是你希望他接受洗澡，你也进到浴缸里去，用你的例子给他展示你有多喜欢洗澡，还有洗完澡你感到有多么舒服。当然，你不需要一直这样做，只是做几天他就会明白你的用意。就跟你教孩子游泳一样。你难道不是跟他们一样跳进水中，向他们展示游泳有多好玩吗？”

司各特开始明白了这种方法与他现在所做的有多么不同。以前他的关注点很明确，并通过理性的方式去和儿子沟通。直到现在他意识到了，光是嘴上说，和投入身心去做出来，两者之间有多大的区别。

和许多家长一样，司各特需要认识到，我们身上发出的任何能量，孩子都会吸收到。在这个例子中，他发出了焦虑和愤怒的信号，这是在惹怒孩子，而不是使他平静下来。杰罗米接收到的信息，就是洗澡是充满压力的一件事。这就是为什么他对洗澡退避三舍。

对于读小学的孩子来说，以身作则尤其重要，因为他们在学习如何投身他们的世界时，尤其需要我们的引领。我们告诉一个孩子去做某事，并不意味着他们会像个机器人一样去做。要是我们希望他们去做运动，我们也必须积极锻炼；要是我们希望家里保持干净整洁，我们自己首先必须干净整洁。这样一来，我们的行动就成了模范，在未来许多年都对孩子具有指导意义。

以身作则的力量，可以改变我们与孩子之间的互动。要记住“罗马并非一天建成的”，行为模式要经过很长时间才能深入孩子的心里。但改变会随之而来，我们的孩子也将在其中发现自己行为的指南针，来为他们的一生指引方向。

不再虚伪

我的女儿明白“伪君子”这个词的那天真叫我后悔，因为她现在一抓到我言行不一，就会用这个词称呼我。她会像这样说：“妈妈，你叫我别玩社交软件，但你自己却一直在玩。你这样不就是虚伪吗？”或者她会发表评论：“那天你把钱包忘在家里，我们不得不一路开车回来拿。而如今你却骂我把文件夹忘在学校里了？”虽然我讨厌她对我的缺点那么警觉，我依然感激她提醒我，要我学会原谅孩子。

在我们教给孩子道理并做出示范时，我们才会意识到自己一直以来是多么虚伪。去问你的孩子你有多虚伪，他们会迅速地列出一整张清单！很自然，我们也许不爱这样做，因为这样让我们感到被人评判。我相信我们应该邀请孩子对我们的言行给出反馈，但也提醒他们在这个过程中既要坦诚，也要仁慈和体贴。当我的女儿发现了我的言行不一，并提醒我注意时，我觉得很激动。我需要知道。我需要改变。我需要过一种表里如一的生活。我为什么要为自己是一个有局限的人而感到尴尬或羞耻呢？当我接受自己的不完美时，我不仅给了自己成长的机会，同时也教会女儿不要在成长面前退缩，不管它有多么痛苦。

如果我们允许孩子以开放和互惠的方式与我们交流，他们很可能会说诸如此类的话：

- “你要我们去收拾卧室，但看看你的房间有多乱。”
- “你要我们要多运动、多锻炼身体，但你一点运动也不做呀。”
- “你对我们说，整天对着电脑有多不好，但你总是在看手机或手提电脑。”
- “你不许我们在背后说别人坏话，但你总是在谈你朋友的八卦呢。”
- “你不许我们喝酒，但你每天都喝。”

- “你不许我们开车时发短信，但我们看到你也是这样做的。”
- “你不许我们冲着人大声说话，但你总是对我们大吼大叫。”
- “你不许我们说脏话，但我们听到你在骂人，尤其是当你以为我们不在的时候。”
- “你不许我们丢失东西，但要是你自己丢了东西，却无所谓。”

在谈论如何让孩子保持有条理和整洁的时候，我的客户克莱尔发现孩子是如何有样学样的。在一次咨询中，她尤其激动，说：“我带菲尔去儿童心理学专家那里评估他是否有注意力缺陷障碍。他到处乱跑。他总是找不到他需要的东西——而且他总是在丢东西。我受够了处处要给他收拾残局。你应该看看他的房间——简直乱透了！”

听着家长抱怨孩子是如何集中不了注意力的时候，我总是会打听一下家长的整洁程度。于是我问：“你能不能告诉我，到你们家作客的客人，通常要花多久才能在你家里找到一支铅笔和一块橡皮擦呢？”

克莱尔被我的问题吓住了，她结结巴巴地说：“那个，你是知道的，我有份全职工作，家里又有两个儿子，所以，很难把家里收拾得整整齐齐的。到处都乱糟糟的。我一直想着清理一下所有杂物，但一直没有机会。要在家里找到一支铅笔可得花点时间，尤其是找块橡皮擦，因为到处都是东西。”

我无须向克莱尔再解释我们的对话要怎么继续下去，她马上明白了。像很多家长一样，她总幻想着，孩子会自然学会他们所需的技能，只因为她希望如此，并且强迫他们这样做。但儿子实际接收到的信息，正好与她嘴上说的相反。他接收到的，是家里乱，不收拾也没关系。

你认识多少父母整天烦着他们的孩子去练习钢琴、大提琴或小提琴？乐器和学费越贵，老师来得越频繁，家长唠叨得越多。

当我让女儿开始学钢琴时，我认识到那是因为我小时候也弹钢琴，于是希望女儿也像我一样喜爱它。唯一的问题是，我不再弹琴了。我知道，要是我想身体力行、以身作则地告诉女儿音乐能怡养心灵，我必须重新开始弹琴。

我花了整整两个月去上钢琴课。在那个短暂的时期，我有好几个感悟，最重要的是，我亲身体会到了每天练琴有多么不容易。要是我每周能投入 20 分钟，我就能弹得不错，但我也不大愿意。演奏乐器要求我们保持正确的心态。我们需要从内心深处感受到这种愿望。于是我发誓，永远不强迫我的孩子去练习任何东西。我不再逼她去练习，而是告诉她，按她的心意去练习钢琴，当心中升起想弹琴的愿望时再去弹，而不是因为其他外部压力。

结果就是，玛雅不仅连续弹了 5 年的钢琴，她还拉大提琴。的确，她几乎不怎么练习，但无论她做什么，都已经足够了，因为这让她每周都保持着强烈的学习愿望。更重要的是，她认识到对这些乐器的投入需要基于她的热爱，而不是基于要做一个完美的人，或者是要实现一项未来的目标。

我感觉到，大部分孩子放弃了某种乐器，或者停止了某项兴趣，不是因为他们不再喜欢，而是因为大人们插手进来，不断唠叨练习的重要性，或是不断强调要从兴趣中取得成绩，最后把事情给搞砸了。孩子收到的信息是，他们与兴趣爱好之间的关系不再是健康的、个人的，而是需要建立在某些外部的成功标准之上的。这绝对会浇熄孩子的兴趣之火。要是我们让孩子自己去决定与爱好之间的关系，他们很可能会继续坚持下去直到长大成人，而无须他人的劝诱或逼迫。

拿冲浪做例子，虽然也会有例外，但我想不会有孩子要“被迫”每周上课学习冲浪。那些热爱海上运动的人们会花数个小时待在冰冷的海水里，只为追逐最完美的浪花，全然享受自我。

以身作则要从感受的层面开始。我们希望孩子对某些事物有所感受，而我们却没有这种感受，他们就会接收到我们自相矛盾的信号。要是我们的行动表现出任何程度的恐惧或抵抗，他们也会立马感受到。另一方面，家长在以身作则的时候，他们会面对自己内心的障碍物，这也增进了他们对孩子的理解和共情——这是我每周弹 20 分钟钢琴所发现的道理。

身体力行带给我们同理心。我们知道了自己是如何学习的，就能与孩子建立起深层的默契，像个旅伴一样，在人生的旅途上和他们携手前行。我们是与他们并肩前进，而不是在他们身后推推搡搡。

重新定义纪律

现在我们看到，我们对恐吓和惩罚条件反射般的依赖，是传统教养方式的遗俗。只要我们还在家里延续着这等级森严的教条，哪怕不是那么明显，我们就等于默许孩子变成独裁制度的奴隶。如果我们希望下一代成为敢于站出来与无知、压迫和暴力抗争的斗士，我们就需要在恰当的时候允许他们站起来与我们对抗。我们需要面对因我们缺乏坚实的自我感而造成的恐惧。

一旦升华了觉悟，明白了对待孩子应该像我们希望他人对待我们的那样——将他们视作独立自主的人，值得带着尊严而成长——我们就会放弃过去那些以纪律为主的陈旧管教模式，找到新的方式去教育子女。这些新的方式比起任何旧的奖惩制度都更具教育意义，更加智慧，更具创新性，也更加有效。

更新承诺，放下纪律

不再受到恐吓、责骂、惊怕和其他规条的束缚，
我把自己从控制你的欲望中释放出来。
不再做你的操纵者或老板。
如今我选择换一种方式与你相处：

从对你显示权威，到帮助你找到自己的力量；
从由我来领导你，到唤醒你的领导能力；
从由我来管理你，到启发你自我管理。

当我记起你是个独立自主的人时，
我不再需要对你颐指气使。
这样一来，我不仅唤醒了我的人性一面，
也给了你应得的空间去茁壮成长。

第22章

从战场到谈判桌

我们的恐惧，已经养成的情绪模式，以及打破旧教养模式面临的困难，使我们害怕去平等对待孩子。当然，我并不是说孩子在人生阅历上和我们平等，虽然他们也许远比我们成熟。我指的平等，是指他们同样有被当作独立自主的个体来对待的愿望，他们渴望自己的声音被清晰地听见，甚至在必要时有决定权。我们对他们主权的否定，制造了亲子之间的许多战争。只有当我们能够扔掉高人一等的姿态，才能和子女建立起互惠互利的共识，全然觉悟到每个人只有在被倾听、被理解和被认可的状态下才能做最好的自己。只有当我们认识到我们的孩子正在我们眼前展现他们将怎样长大，我们才能从命运的被动参与者转变成为活力四射的合伙人。随着觉醒的提升，我们开始看到，孩子所表达出来的独立自主的愿望是他们健康成长的标志，而不是在反抗我们或者行为不当。

随着我们学会尊重内心的独立自主权，我们也必然会尊重子女的权利。我们日益增长的觉悟指导我们自然而然地学会放手，因此我们能让孩子清晰明确地表达自己的声音。我们不再以抵触的态度不假思索地对孩子说不，而是在一种接纳的氛围中与他们相处。我们不再动不动就和孩子争吵，而会越来越倾向于寻求建设性的解决方案。

以下是一些促进这个过程的指导。

倾听没有表达出来的愿望

没有什么事情比孩子颐指气使地下命令更让我们头疼了。正如这本书从头到尾都在讨论的一样，我们难以接受的原因是因为它们使我们想起自己的成长过程，因为我们就是在处处被管制、事事受约束之下长大的。毫无疑问，孩子们确实会时不时颐指气使地下命令。但我相信，我们需要用一种不同的方式来处理他们的要求。我提议的这种方式，不仅可以使我们在他们对事物的愿望中更关注那些正面积极的部分，同时也使我们帮助他们远离特权和贪婪的破坏性力量。

孩子无论处在哪个年纪，都有各种对他们重要的愿望，和大人无异。的确，他们小的时候，愿望通常都过于梦幻，但无论如何这就是他们的愿望。无论是想飞到月球去，或是成为一头狮子，他们都触碰到了一种人类固有的能力无边的感觉，只不过大部分大人都感受不到了。

许多父母害怕让他们的孩子表达自己的愿望。他们害怕这会导致溺爱孩子，他们同样害怕孩子会有不切实际的期望，最终在现实生活中触礁。

一想到孩子有权利去营造自己的生活，有人也许会觉得脊背发凉。我们并不习惯去认为孩子拥有和大人一样多的表达自己，以及表达愿望的权利。我想大部分人都害怕给孩子太多权利，他们觉得这会冲昏孩子的头脑。我理解家长的这种保留心态。然而，这种心态的价值并不在于它告诉我们关于我们孩子的事情，而在于它揭示出我们还没有牢牢地根植于我们自己的本质。要是我们自己根基稳固，我们不会觉得受到威胁。相反，我们会觉得自己更有力量。这种变强的感觉，使我们得以支持孩子表达自己，说出自己的愿望，帮助他们创造通往梦想的道路。

这也许需要多年的努力付出，但我们常常能找到方法实现我们一部分或大部分的愿望。我们寻求梦想的能力会大大促进我们实现梦想的能力。同样，我们的孩子也有梦想，并有能力实现真正有意义的愿望。然而，如果我们不去激发孩子有创造生活的能力的信念，我们便会不可避免地削弱他们能掌握自己命运的信念。

要想帮助孩子激发心中的愿望，你也许想和他们围绕以下问题展开对话：

- 你对自己的明天有什么设想吗？
- 我能如何帮你实现你明天的计划吗？
- 在你计划里的哪个部分我可以提供帮助？
- 你觉得今天能够实现自己的一部分愿望吗？
- 有什么东西阻碍你认为自己就是生活的主人？
- 你想改变你生活中的哪些部分，为什么？
- 我能如何帮你更好地做自己生活的主人？

与孩子们谈愿望，不代表我们需要以任何形式去纵容孩子。这只是意味着我们肯定孩子有梦想的权利。我们来思考一下以下的例子在现实生活中的情景：

孩子：我真的很想要一双新鞋子。

家长：它们看起来真的好酷。我们来做个计划帮你得到它们。我不能给你买，但要是你真的想要，我可以支持你自己给自己买。

孩子：我喜欢蓝色的头发。我现在就要染蓝色的头发。

家长：蓝色的头发真好看！我希望我也有勇气把我的头发染成蓝色。但我觉得几天后我就会后悔的。要不你把明年想染的发色先列出来，要是你能选出一个不会后悔的，我们就讨论一下以后怎么染这种发色。

孩子：我希望家里有更大的房子，我还要一台新手机。我所有的朋友都住大房子，都有新手机。

家长：完全明白。你为什么喜欢这些东西？说给我听听，让我能从你的角度看问题。我很希望现在就能把这两样礼物送给你，但是我不能。可是，你知道你可以为这两样东西存钱，对吗？要不要我帮你做个计划？

孩子：我讨厌你，因为你不让我养狗。我真的好想养一只小狗。

家长：你真的很喜欢小狗，对吗？哎呀，看到你对它们的爱真让我惊叹。我希望我也有你那样的爱心！现在我不能给你一条小狗，因为我不会像它所需要的那样爱它。但相信我，到你开始独立生活的那一天，我一定会送一条小狗给你做礼物，因为每个爱狗的人，都该拥有一条小狗。你只需要等几年。哪些朋友家里有你喜欢的小狗，也许我们可以每周或每月去他们家一次？

通过这样或那样的方法，我们可以顺着孩子的愿望去引导他们，却不会因为屈从于他们的要求而感到有压力。这样去做，我们可以教导他们，只要他们愿意投入时间、精力和努力，他们能够实现自己的愿望。关键是要记住，别一开始就对孩子说教，为什么他们的某个想法是不好的，更别指出他们的想法有多“自私”。重点是要支持孩子天性中的渴望。

当再深入思考时，我们很可能会发现，孩子的许多愿望，其实是内心深处对拥有感、快乐、乐趣和沟通的渴求。支持孩子的愿望，而不是劝他们放弃愿望，这让孩子能安心表达自己的愿望，也知道他们的奇思妙想会得到尊重。我们无须纵容孩子，只需要给他们空间，让他们的探索之旅起航。

尊重孩子的愿望，是解决冲突、创造解决方法的关键。如果我们一听到孩子说要某些东西的时候就发作，并把他们误读为贪心，或者好像他们有权利那样做，争执很可能会被迅速引发，最终导致双方的疏远。

远离盲目的溺爱

当我们学习倾听孩子内心的愿望时，我们开始辨别出哪些是出自他们的“自我”，哪些是对真我更深层东西的表达。我们进入深度倾听的状态，并不意味着我们会自然而然地溺爱孩子，无论是单纯由“自我”滋生的对某双特别的鞋子的渴求，或者是由内心深处对与另一个生命建立联系的需要而滋生的养一条小狗的渴求。

和我们觉醒式生活的所有方面一样，我们首先允许这些愿望进入我们的觉悟中，然后把它放在我们觉醒的洞察力的聚光灯下进行检验。我们聆听，我们辨识，我们肯定，我们允许孩子去决定他们如何实现自己的愿望，尤其是那些来自“自我”的愿望。例如，与其马上给孩子买双鞋子，我们不如让他们学着去检验自己是否真正需要这双鞋子，原因是什么，然后帮助他们找出方法来挣钱买下这双鞋，尤其是他们有办法并且有责任心的话。

如果我们看到孩子的愿望代表他们真我的需求，我们可以更主动地帮助他们去实现。然而，即使在这种情况下，假如这个愿望超过了我们的经济能力，我们也不需要节衣缩食来马上实现它。有时，我们所需要做的，就是用我们的觉醒去检视孩子的愿望。

例如，我女儿想在暑期长期租一匹马，并表明这个愿望出于她对马的真心喜爱，我并没有感到要马上帮助她实现这个愿望。我们仅仅是倾听了她的愿望，并用我们的觉醒去检视它。我对她说：“这么大的一个事情，现在就去办有点操之过急。让我们先把这个美好的愿望放在心里，然后看生活会把我们推向它，还是让我们远离它。如果几个月或一年后，你这个愿望还是十分强烈，我们可以一起想办法去实现。”

我的女儿同意了。现在几乎一年过去了，我们还把这个愿望放进我们的愿景中。她对我说过几次：“我不知道我是否可以把精力花到马身上。”而在其他几次场合又说：“请今天就给我一匹马吧！”因此我看到了她还没有在心中拿定主意，我继续留心观察着她的这个愿望。我是这样向她表达我对她愿望的认同的：“我完全明白你的感受。你犹豫不定，这是很正常的。你正在经历一个重大事情在你内心引起的真切的斗争。让我们耐心等待，直到你对于这个愿望的感受持续稳定下来。那个时候，我们可以谈谈具体的安排。我可以满足你，但你必须让我看到你对自己在这件事情中的责任是清楚的。”

当我们教导孩子，他们无须冲动地满足他们的每个愿望时，他们就能学到自己可以拥有内心的富足，而无须额外的装饰；他们同样学到，愿望并不一定等同于坚定的责任。这就是为什么许多家长都陷入了给孩子报芭蕾舞或网球班，或是给孩子买昂贵的宠物或乐器的陷阱，到头来只发现他们反应太快了，把孩子的一时的心血来潮误认为是深厚的热爱。急于满足孩子的每个愿望，这样做的危险在于，它剥夺了孩子将愿望存在心中，慢慢对其进行检视的珍贵过程。我们拒绝匆忙满足孩子的每个需求，可以让他们学会处理自己的愿望，并培养对它的责任。这能让孩子懂得努力工作、制定计划去实现目标是个什么感觉。这要比仅仅把他们当下想要的东西给他们更有价值。

当然，这要求我们切切实实地认识到，孩子是完完整整的人。当我们体会到生命的丰盛，相信我们的孩子完全有能力在时机成熟时去实现他们的愿望时，我们就给孩子们传达了这样的信息：他们的愿望只是生命中美好的附加物，而不是他们的核心。当我们深切地觉悟到，我们渴求的事物，永远不能满足内心的需求时，我们的孩子就会慢慢学会转向探求他们内心的完整。物质永远不能让我们自我感觉更好，只有深刻地了解自我和自我价值才能够做到。

从单赢到双赢

我们开始看到，对某些事情的重新解读，可以改变我们与孩子之间的互动。当冲突发生时尤其如此。像前文提过的，对大部分人来说冲突就是一个热点话题。很少有人知道如何用健康的方式处理冲突。孩子盛气凌人，我们也以同样的态度做出反应，心里怀着在他们提出强硬要求时我们感受到的恐惧。我们觉得他们在向我们施压，于是诉诸控制手段。接下来，孩子会变得更咄咄逼人或者是对我们不理不睬。

我们没有意识到的是，只要我们关注的是如何去赢，我们最终只会输掉与孩子的关系。只有我们抛弃高高在上的感觉，充分投入到争取双赢局面里去，孩子才会因我们而强大，最终也会向我们敞开心扉，接受我们的意见。

有意思的是，我们眼中孩子表现出来的攻击性，其实可能只是一种面对我们时自我保护、自我防卫的反应。因此，当我们对孩子的攻击行为进行重新解读时，我们就使自己用一种正念的心态与他们交流。让我来分享一些需要融入我们日常生活的洞见，帮助我们把用于冲突的能量转变为合作的能量：

- 孩子的激烈行为，其实是一种防卫。
- 我们的孩子通过反击来抵抗我们攻击的能量。
- 两强相遇时，冲突是不可避免的。
- 互相关爱的人住在同一屋檐下，发生冲突是自然的。
- 冲突也可以是健康的——在于我们如何处理它：

  它可以带来对话的机会。

  它让双方表达自己的感受。

  它帮助重新调整双方的关系。

不把冲突、要求和攻击当作人身攻击，并感到受威胁，重要的是把这些孩子表达的意愿看作是信任、开放、真诚和勇气的信号。当我们这样去看待冲突时，我们可以更好地利用它的能量来增进亲子联系。

我们下面看一下，面对一个常见冲突，传统的看法和重新定义的看法引起的处理办法有什么差别：

冲突：青少年孩子想在外待着晚些回家，家长不同意。

传统的看法：

家长实施禁足令，孩子发怒、生闷气。家长要不就坚持立场，要不就放弃，随后又感受到后悔、难过、沮丧、愤怒和关系疏离。

重新定义的看法：

家长抓住这个机会与孩子谈心。家长说："也许我们最后达不成一致，但我们都要尊重双方的意见表达。然后，我们需要商量一些双方都感到满意的具体条款。我们每个人都需要找出哪些是对彼此真正重要的、哪些不是。最后，我们都会有所收获，因为我们创造了一个双赢的局面，双方都感到满意。"然后他们来回讨论，每个人都说明了自己的观点，每个人也都明白了对方的观点，哪怕并不认同。最后，经过长久的辩论，这个孩子同意早一个小时回家，而且离家之前必须完成他要做的家务。家长同意延长孩子在外逗留时间一个小时。

急于满足孩子的每个愿望，这样做的危险在于，它剥夺了孩子将愿望存在心中，慢慢对其进行检视的珍贵过程。

再看另一个例子：

冲突：孩子想再看一个电视节目，家长不同意。

传统的看法：

家长说，是时候关电视了。孩子不关，家长拿来遥控器把电视关掉。孩子气得捶胸顿足，家长也气得捶胸顿足。其中一方赢得战争。

重新定义的看法：

家长很快看到，这是一个教育孩子谈判艺术的好机会，说："你想要 A 计划。我想要 B 计划。那么，我们来做一个让我们都开心的 C 计划吧。你有什么想法吗？我们都要努力创造一个我们都能接受的双赢方案。这得花点时间和精力，但我很乐意和你一起做这件事。我想我可以同意你再多看 10 分钟，你也应该同意。或者也许我可以同意你把整个节目看完，但你得同意今晚不能再看电视。或者我可以同意你把节目看完，但你得同意阅读半个小时。你觉得怎样？"孩子喜欢自己能参与抉择，想了一想，然后选择了其中一个选项，或者再提出另一个解决方案。无论是哪种选择，双方都对结果感到满意。

当分歧发生时，与其陷入争夺控制权的斗争中，不如鼓励孩子用合作的态度与我们一起找出解决方法。注意到我用的词是"合作的"态度，而不是"妥协的"态度。当我们妥协时，我们往往是或多或少地向对方屈服。虽然几乎每个人都认为，人是应该做出妥协的，但这样做却远远背离了双赢的解决方案。其实只要双方都放下战斗和控制的策略，通过单纯的合作就可以实现双赢。

妥协，需要我们做出牺牲，放弃某些可能对我们很重要的事情。相反，以合作的态度谈判是要找出各方共赢的解决方案。其中的差异，在于妥协是尽可能地逼对方让步，而合作是让我们寻找每个人都能最大获益的方法。无须任何一方投降，因为合作的出发点就是要尽可能多地满足每个人的愿望。

妥协是出于一种匮乏感，而合作性的谈判要求我们接受这样一个认识，即生活赐予了我们无尽的可能性。当我们为某事而合作时，我们不会感受到资源匮乏，相反，我们的出发点是，宇宙有足够资源令所有人满意，我们仅仅是要找出实现它的方法。从一种宇宙有无限可能的感受出发，我们很快便会发现有各种选项可供选择。

合作性的谈判并不是“保卫和平”，这通常是人们妥协的原因。进行合作性的谈判，并没有使冲突消失，我们越早学会接受彼此不同的观点，我们就越早可能创造出一种使各方满意的解决方案。正如我在《父母的觉醒 2》里所说的:“如果我们不能忍受冲突，直到找到令人满意的解决方法为止，我们就会放弃一些对我们来说很重要的东西——最终，是放弃我们自身的一个方面。”

冲突必然是各方的对立，这其实是个错误的想法。在最基础的层面，它只是意味着两个独立的个体产生了意见分歧。这怎么会是坏事呢？对事情有不同观点，这不是世界上最自然的事情吗？为什么人们会觉得冲突就意味着隔阂呢？事实上，它正好可以带来相反的效果，只要我们重新思考我们的处理方式就可以。一旦我们安下心来，便可以用一种尊重每个人的声音、确保每个人都被倾听的方式参与进来。这样反过来增进了所有各方的独立和自主权。

在我的咨询生涯中，我留意到那些在重要事情上无法捍卫自己的立场的人，总会倾向于使用要么对抗、要么妥协的方式。妥协使我们不得不接受自己不喜欢的解决方案，因此是一条软弱的道路。争论、斗争都是自信心不足的表现，它来自于我们没有觉悟到内心其实蕴藏着丰盛的资源。

合作性的谈判是双方从有力的立场出发去谋求共同决定，这让彼此都可以心平气和，而不是剑拔弩张。如果我们要解决冲突，无论是大人还是孩子，都需要为自己挺身而出，不能轻易屈服。与其在谈判桌上提出诸多要求，不如双方都凭借彼此内心的丰盛资源进行合作。正是与丰盛的内心保持联系，使我们把谈判真正置于一个公平的环境里，而自我过盛则会使人热衷于竞争。

一旦我们从自己的内在本质出发，我们就不再愿意牺牲自己的诚实。然后，我们就可以建设性地去对付困难。注意我说的是对付“困难”，而人们往往习惯对付对方！当我们把注意力放在问题上，而不是放在人的身上，我们便开始取得了一些进展。我们无须依赖于一个固定的角色来增强自己的自我感觉。无欲则刚，我们便不会轻易屈服，也不会对孩子提出无理的要求。我们是在真诚地寻找一条双方都行得通的道路，自由讨论以集思广益，而不会感觉受到威胁，直到找到一个富有创意的解决方法。这样做时，我们会惊讶地发现，问题的解决方法会在原本我们完全想象不到的地方涌现出来。

但是，万一问题没有折中的处理方法呢？正如我之前对界限所做出的说明，当一条规矩没有商量余地时，它也就没有讨论的空间。在这种情况下，父母践行并坚持这个界限的能力至关重要。然而，对于所有其他的情况，父母们需要学习如何把冲突变成一种沟通方式，一种促成双赢的艺术。

当父母采取这种处理方法时，他们就会把以下的宝贵经验教给孩子们。其中最重要的是双方都有得到幸福的平等权利：

- 人生不总是公平的。
- 为了得到某些东西，我们需要忍受失去另一些东西的不快。
- 人际关系是相互合作，而不是一方独裁。
- 人际关系不断需要双方互相迁就。
- 在人际关系中，我们能安心表达我们的分歧。
- 分歧不一定必然导致隔阂，其实可以带来完全相反的结果。
- 每个人的声音——包括孩子的——都是重要的，都需要被倾听，无论这个声音要传达什么内容。

谈判的艺术，是我们能传授给孩子的最重要的一课。当孩子学会不被冲突吓跑时，面对不同的意见他们也能够游刃有余，不会因害怕而崩溃。他们学会不把分歧理解成人身攻击，而是接受每个人对生活的理解都不同这个事实。

终结兄弟姐妹之间的战争

每个家长都知道，孩子打闹是再平常不过的事。然而，很少有事情比看着他们怒目相对、欺凌霸道更让我们生气的了。不可避免的，往往是无意识的，我们让一个孩子和另一个对立，给一个贴上“好”，给另一个贴上“坏”的标签。自然，这种往孩子身上贴标签的方法不能杜绝坏行为，只会继续增强它。

要终结孩子之间的战争，第一步要从家长开始。它要求我们摒弃指责其中一方的倾向，从而避免孩子们觉得这是一场竞赛。我们怎么回应孩子之间的争斗，是决定他们变得更亲密还是更疏远的关键。最重要的是要记住，孩子会观察我们如何建立与伴侣以及朋友之间的关系，并拿来作为自己处理人际关系的榜样。

孩子看到家长在人际关系中不慌不忙、不偏不倚，制造矛盾的力量就会自然消散。要实现这一点，家长必须克制控制局面的冲动。要是兄弟姐妹中的一个持续表现出粗野和冲动的行为，家长需要单独处理这个孩子的问题，把他与其他兄弟姐妹分开。觉醒的家长是谨慎的，他不会选择站到任何一方去，而是会尊重每个孩子的美，使孩子彼此团结、彼此保护和彼此关爱。

家长通常都会反对我提出的置身事外的建议，他们会说："要是其中一个孩子总是打另一个呢？我该怎么做？"他们把情况描述得非黑即白，把其中一个孩子描绘成恶霸，而另一个就是受害者。我向家长们解释说，冰冻三尺非一日之寒，这种模式是在家里慢慢演化而成的，得到了各方的默认，最重要的是来自父母的首肯。我再三向父母保证："如果你能回头细想，不怀偏见地看待自己的角色，就会明白自己是如何成为孩子战争问题的一部分的。不知不觉中，你就会偏袒某个孩子，让他扮演受害者的角色。这个孩子很有可能是你最感到同情的那一个，因为他跟你更像，而且不会经常惹恼你。"

我明白，对于家长来说，意识到这一点并不容易。没人愿意感觉到自己是某个孩子霸凌的帮凶。然而，当我一再向家长们说明这是无数家庭中常见的现象时，他们更愿意去面对这种现象。然后我再解释说："一旦你愿意做出改变，你必须对自己和孩子宣布你的立场，那就是你不会再参与到他们的争吵中，不会再从谁手中拯救谁。无论在什么情况下，你都会同等对待双方。要是问题涉及双方，那就是双方都有责任。"

一旦孩子们开始明白，你的注意力不会有偏差，坏行为很有可能会自然消失。要是有一个孩子的确比另一个更霸道，你需要进行另一次干预来解决他的攻击性行为，包括教导他新的技巧，也许甚至需要全家人一起参加心理辅导。

无论如何，解决兄弟姐妹之间战争的关键，就是家长从中抽身出来。

当家长担心小孩子在大孩子身边不安全时，我总是对他们说："你的大孩子没有义务去当小孩子的保姆。要是你把这个责任扔给大孩子，要他们当个负责任的好孩子，他们会反抗你的。要是你觉得大孩子还不够成熟，不能让他们在小孩子身边，你的责任是把他们安全地隔离开来。你不能期望大孩子会控制不成熟带来的冲动——他就是做不到。"

很多家长都会自然地对大孩子抱有更高的要求。这本身就会在孩子之间制造妒忌和怨恨，造成他们的敌对。同样，家长通常也会强迫孩子之间要守望互助。这也会给他们制造抵触情绪，尤其当他们还没自然预备好的时候。我们希望孩子之间要相亲相爱的愿望是那么急切，通常却把他们之间的距离拉得更远。与其强行拉近孩子们的关系，不如让孩子在彼此亲近的基础上自然地发展起手足之情。

最后，要记住孩子之间的同胞之争其实很普遍。说到底，他们给了我们机会去教导他们什么是合作和怎样解决冲突。孩子需要学习怎样与他人相处，无论是一对一还是在团体中，这需要我们给予指导和通过角色扮演去演示。当然，还需要每天的勤奋投入。当我们敏锐地在孩子的幼年期就在他们心里种下同理心的种子，我们就能鼓励他们在我们的注意和认可之下发出各自的光芒，从而也培养起他们与身边的兄弟姐妹在亲密无间中成长的愿望。

减少离婚的冲击

有时，夫妻双方发现他们走到了婚姻关系中的十字路口，觉得除了分道扬镳，别无选择。尽管我一直倡导夫妻应该尽最大努力解决彼此之间的问题，但这并不总是最好的或最可行的方法。有时，为了整个家庭，也许夫妻分开才是好事。重要的是认识到，某些与我们所爱的人的"合约"是有保质期的，那就是当它们不仅在我们的生活中失去意义，反而化作苦涩的消极力量的时候。到了这个节骨眼，聪明的人会懂得放手，然后继续生活，彼此不记恨、不遗憾。

在这种情况下，以觉醒的方式来结束婚姻关系的第一步，就是每一方都要接受自己在已经发生的事情中的角色和责任。虽然互相责备的做法很有诱惑力，但这种冲动会滋生彼此间的轻视，使家庭进一步破裂。相反，如果每一方都承认日子的确不能持续下去，他们就会接受这样一个事实，那就是虽然夫妻关系已经结束，但这并不意味着他们的整个合作关系就是失败的。

当我们用“失败”去形容一段婚姻时，其实是忽略了所有曾经成功的时光。与其把分开看作是消极的，不如把它看作一个许多夫妻都会经历的痛苦但正常的过渡阶段。正如世事无常，我们的友谊和感情也是会变化的。更明智的做法是接受事情的结束，学会以优雅、宽恕和感恩的心放手，而不是留恋已经行不通的过去。

那些觉醒的家长，不管是分居还是离异，都能够为了孩子更大的幸福，把彼此间的分歧放到一边。为了让孩子能够顺利调整过来，与他们谈心，让孩子表达他们对父母分开的各种感受是非常重要的。更理想的是，全家人可以一起参加家庭辅导，让孩子看到，虽然人与人之间可以有很多差异，但这并不代表着人们渴望联系、渴望做完整的自己的愿望已经消失。

离婚一个最常见的副作用，就是父母一方的负罪感，和孩子一方因困惑而产生的憎恨。双方通常都是不自觉地在这个基础上行事，糊里糊涂中又制造了更多没必要的失调和混乱。当孩子对新的生活环境感到困惑，表现出沮丧甚至绝望时，这种恶性循环就开始了。他们也许会说这样一些话：“我讨厌现在这个样子，我要和奶奶一起住。”他们甚至会有更过激的行为，例如旷课、离家出走，甚至考试不及格。这些情绪都是离婚的创伤带来的余波。除非大人帮孩子很好地处理掉这些情绪，否则一定会愈演愈烈。

当孩子有这样或类似的行为时，本来已经充满负罪感的家长也很容易发作。家长觉得是自己造成了孩子生活中的创伤，也许会以某种形式对孩子进行过度补偿。常见的就是过度溺爱孩子，或是对孩子任何的错误行为都视而不见。当然，这种缺乏规矩、缺乏底线的教养方式只会使孩子进一步失去控制。在不知不觉中，整个家庭都会陷入情绪崩溃、人人心碎的境地。

家长有必要严肃对待这场家庭巨变，并为家庭提供正确的支持。要是家长认为凭他们自己能处理好这一切，那真是太幼稚了。无论离婚最终是否能够治愈这个家庭，对孩子来说，这都是一个巨大的创伤，会在未来几年他们形成世界观的过程中留下深深的印记。如果家长从一开始就能认识到这一点，他们就可以与专家们合作，来引导家庭走出这段动荡的时光。

当家长比孩子提前觉悟到他们的需求时，就会制造时间和空间来建立起必要的应对机制，帮助孩子一步一步走出这个过渡期。觉醒的家长会一边按照不同时期的要求安抚孩子，一边保持风度来处理大人之间的事情，而不会立刻陷入冷战。家长以身作则地向孩子展示如何保持冷静，告诉孩子虽然不是所有的婚姻都能白头到老，但整个家庭一定会撑过去，并永远坚定地团结为一个整体。

红旗警报：驶上新的道路

虽然觉醒式教养中的每一个时刻都是在修正航道，调整我们的方式来满足孩子的需求，但有时仅仅修正航道还远远不够。

有些时候，无论我们的出发点有多好，我们的孩子还是会做出破坏性的事情，此时就要求我们对教养方式进行重大调整。也许一夜之间，孩子就可能会让事情变得很极端，让我们措手不及，慌忙寻找变化的原因。有时，换一所学校，或者结识一群新朋友，都可以使孩子急剧偏离航道。这些时候，我们的生存本能就会被激发，并促使我们做最擅长的事情，那就是怀着强烈的情绪做出反应。而这正是这种情况下我们最不应该做的事情。要抵制住冲动做事的习惯需要勇气。

这些时候，我们和孩子一样感到迷惘，新的挑战让我们猝不及防。也许是孩子第一次尝试抽大麻被撞见了，或是在他们足够成熟之前进行性行为，或是学校里的新变化或新朋友让他们恐慌。所有这些都足以把我们推下疑惑和恐惧的深渊。

正是在这些情况下，我促请家长要往回退一步，明白这些事情都不是无风起浪，而是一连串的失衡累积起来造成的。正因如此我们必须停下来，改变家里的气场。有时，这要求让孩子从某所学校转学，或者整个家庭寻求辅导。无论是什么事情引发了家庭变化，一家人都需要明白，事情需要彻底改变。他们需要勇敢地迎接这个挑战，不能有被打败、愧疚、羞耻或后悔的感觉。

我敦促家长与子女保持紧密沟通，确保不可预计的情况只是偶尔出现的反常现象。要留意孩子与什么人交朋友。注意他们心情的变化，他们的饮食习惯，还有他们的个人卫生情况。我提醒家长千万不能被动或大意，而必须要对孩子保持警觉和关注。如果一个孩子连续两晚没有吃晚饭，没有做功课，或者过多地把自己关在房间里，这些都是给家长树起的红旗警报。要注意子女生活中有什么习惯模式，注意这些模式什么时候出现了改变。那些对子女了如指掌的家长很少会措手不及，他们更有可能在问题恶化前进行干预。当然，这要求父母们必须集中精力，持之以恒，而且要是情况需要，不怯于向孩子提出尖锐的问题，或者订立严格的规矩。

接受家庭辅导通常是开启这个过程的唯一方法，不要把这看作是软弱的标志。我鼓励家长认识到，走这些弯路，对于一家人的幸福安康有着紧要的影响。要是家长勇敢地接受觉醒的呼唤，他们就能够在损失无法挽回之前掌管局面。

改变生活道路是生活的内容之一。寻找新的路线，是生命创造性进程的一部分。如果旧的道路变得太过拥挤，或再也不能带领我们抵达目的地，而我们对此只是心怀怨恨，那就是我们情感不成熟的信号。真正的人生赢家看见路快走到终点了会主动转向。他们心里明白，即使通向下条道路的桥梁可能让人觉得危险，但它最终会通向一条更顺畅的道路，使我们的心变得越来越清澈和丰盈。

成为和平斗士的勇气

我们一再看到，要体会生命真正的快乐和美丽，我们必须能够拥抱当下，全身心投入我们丰盛的生命中，觉悟到我们拥有共同创建心中乐土的能力，尤其是面对我们的子女，我们有能力创造快乐和自由的亲子关系。只要摆脱那些受到盲目推崇的教养方法教给我们的陈旧的迷思，我们就能运用这种能力，接受尊重所有人都拥有自主权和尊严的民主原则。

做一名觉醒的父母需要勇气。觉悟的家长认识到他们拥有影响未来的能力，能够勇敢而谦逊地承担起这份责任。一个觉悟的家庭，仅仅通过日常的生活体验就能够引发一场革命。要做的只是在孩子的心中播下快乐的种子。它从最平常的事物开始发生——也许是在饭桌上大家分享的一个笑话，一个充满爱的拥抱和珍贵的睡前时光。

父母全心投入当下，他们的孩子就学会了利用宇宙源源不绝的丰盛资源。看到父母以强大的内心去面对挑战、伤痛和目标，他们学会了要相信自己的坚韧。我们越是能坚持自己的独特个性，我们的孩子也越能坚持他们的个性。我们越是从心出发地生活，孩子们也越能够做到这样。

觉悟，以及它带来的智慧，是世上通往和平的道路。它从家庭开始，来自父母与子女觉醒的心。

更新承诺，告别冲突

过去，我看见的是你对我的无礼和反叛，
如今，我看见的是勇气和真诚。
过去，我只想控制你，压制你，
如今，我想和你合作，平等共处。

我的恐惧引诱我去支配你，
为了赢不惜一切代价，
为了证明自己对不惜去伤害，
为了掩盖自己的痛，不惜让你受苦。

如今，我明白了过去的错误，
恐惧是多么把人误导，
愤怒是多么使人抓狂，

控制欲是多么令人疯狂。

我已经准备好转向新的方式，
你的健康才是最重要的，
你的自主权才是最神圣的，
你的真诚才是最无价的。

我明白，只有当我释放你自由做自己，
我才能获得自由。

尾　声

脱胎换骨，迎来曙光

创可贴掉落，结痂的死皮脱落，
觉醒的过程似乎越来越难。
使我分心、否定自我的诡计，一层又一层地暴露出来，
我的伤口前所未有地袒露着，刺痛又脆弱。

越来越少的地方可以让我逃离、藏匿，
我与恐惧直面，使我喘不过气来，
我想象着自己会在它的魔爪之下粉碎。
镜子上照出了一位陌生人。

既非旧我，也非新我，
我处在脱壳的状态中。
看着旧的模式闲置而生锈，
我赤裸裸地躺着，等待着新的伪装。

像钟摆一样来回摇摆，
我的觉醒之心和我玩着藏猫猫。
今天它是多么的清晰，让我如同站在巅峰，
而下一天它却让我陷入迷惘的阴沟。

我想要放弃，承认自己的无能，
然后事情发生了一些改变。
起初寂然无声，继而呼啸轰鸣，
我期盼已久的宁静，终于来临。

突然间我已踏上新的征程，
生锈的零件早已散落土里。
我不再前瞻，而是转向凝视内心，
终于看到，也许是第一次，我自己。

附录

提升觉悟的30条日常提示

每一种觉醒式教养的技能，都像我们身上的肌肉一样，需要常常锻炼才会变强。以下是30条帮助你锻炼这些肌肉的有用提示。拿出一个月来，每天践行一条，慢慢把它们融入你的觉悟之中。

1. 高唱欢迎的赞歌

我欢迎一切生儿育女所带来的疯狂，
我知道是我邀请自己踏上这个改变自己的旅程。
我欢迎它带来的
狂野与浪费，
混乱与迷惘，
脏乱与分神，
郁闷与吵闹，
未知与难测，
无助与破坏，
焦虑与怒火，
乏味与紧张。
我欢迎一切生儿育女所带来的疯狂，
我知道当我真正拥抱它，活在当下时，
它会向我展示它的辉煌华美，使我惊叹。

2. 尊重内心的本质

专注于你的孩子今天是谁，而不是今天他做了什么。

不要执着于他们的学业表现，测验成绩，成就或功课。

引导你的孩子和你自己聆听自己的内心，可以这样说：

“今天你与你自己好好交流了吗？”

“今天你感受到自己的内心了吗？”

“今天你有没有好好去感受自己有什么感觉？”

“今天你有没有聆听自己内心的指示？”

“今天你的内心的声音对你说了什么？”

3. 敞开心扉

让孩子睡觉时的模样印在自己的心房。感受你的心正在敞开。走进这片温暖的源泉。发自内心与孩子分享你自己。

还记得当孩子生病，在急诊室或医院的时候吗？还记得认识的另一个孩子生病或被疾病折磨的时候吗？为什么突然间，一切你曾认为是重要的，都变得不重要了呢？这些回忆让你意识到此时此地的你是多么有福气。抓住这种感觉，告诉你的孩子，让他们知道他们对你意味着什么。

体会孩子的心情起伏、生闷气或发脾气。他们只在很短的一段时间内是个孩子。接受他们的眼泪、恐惧、吵闹，还有摔跤。童年不会永久持续。

4. 创造交流

抚摸孩子的脸，告诉他们今天他们对你意味着什么。

身体靠近孩子，持续一些时间，仅仅让这种亲密联系的感觉在你们身上蔓延。要是他们又高又大，不容易依偎，也照样挨到他们身上去。

深深凝望孩子的脸，注意观察你看到的和听到的一切。让自己沉浸在他们的话语中，接收他们传来的能量。

5. 走进当下

抛掉今天要问孩子哪怕是一个问题的冲动。仅仅是单纯地观察，并跟随他们的带领。

让孩子投入你的怀中，无须言语或评价，仅仅是心心相印就可以。

今天就为孩子**创造**“做自己”的空间。观察他们做自己的时候的模样。留意他们的身体语言。尝试在语言之外体会他们的感受。对自己也这样做。

6. 不做评判

承诺今天不对任何人和事做出评判，无论什么东西触发了你。

保持好奇心。别因为仓促的评判而得出结论。

停下来，退后一步。在你想做出任何评判之前，问:“长期而言，这件事真的那么重要吗？”

7. 安心地表达感觉

通过观察，**打开**话题，别提问；舒服地交谈，而不是去控制谈话。

邀请孩子与你谈心，让他们知道他们不必非说话不可。

确保他们在任何时候都能感受自己内心的真切感受。

8. 接受不完美

提醒孩子每个人都有自己的局限，培养孩子的谦逊。

鼓励他们接受自身的不完美而不是去改变它。

教他们接受自己每天表现出来的样子，从而让他们关注进步，而不是完美。

9. 受点苦

当孩子流泪时，**安慰**他们，让他们的眼泪洁净灵魂。

鼓励孩子，让他们不把伤痛视为软弱的标志，而是与内心相连的表现。

让他们懂得他们的经历是**正常**的，提醒他们恐惧能帮他们建立对他人的同情和同理心。

10. 学会宽恕

请孩子写下过去一周以来，你曾经伤害过他们的感受的 5 件事。承认你做过的事情，接受孩子的指出，并且道歉。

欢迎孩子告诉你，怎样才能做个更好的家长。

摒弃一直引发冲突的事情，为治愈和修补关系开辟道路。

11. 创造回忆

抓住当下，创造能被孩子一辈子珍惜的回忆。今天你能做哪些简单的事情，可以深深刻进孩子的脑海里？

寻找一种你可以和孩子一起做的有特色的活动。让孩子发表他们的想法，并为实现该活动安排计划。

承诺今天要拿出 5 分钟与孩子分享、团聚、微笑和交流。养成某种习惯，在每天晚上的某个时刻都与孩子们一起实践它。

12. 唤醒内心的指引

抵制所有的意见、建议和说教。

创造空间，让孩子聆听和领悟自己内心的智慧。

倾听孩子的引导，帮助他们探索自己的人生路。

13. 注入化解负面能量的解毒剂

发挥能量解毒剂的威力，用正能量消解负能量。要是孩子很吵闹，你就表现出温柔；要是他们很焦虑，你就表现出沉着；要是他们很生气，你就表现出平静。

利用他们**感受**起起伏伏的能量，而不是去抗拒它或者攻击它。

相信通过你的正能量的注入孩子就会发生改变。

14. 练习觉醒式的索求和接受

释放孩子的力量，让他们敢于索求自己的真心所需。

给自己时间去欣赏他们，培养感恩之心。

放纵灵魂对于交流的渴望，抵抗“自我”破坏交流的企图。

15. 一分为二

今天，在每件事上都**找出**它积极的一面：

要是孩子集中不了精神学习，对他们说：“哇，你真是活力十足呀！”

要是孩子老是发脾气，对他们说：“你今天一定过得不顺吧，那么好好享受一下你的个人空间吧。”

要是孩子对人无礼，对他们说：“哎呀，你一定是发生了什么事。让我们停下来，深呼吸。”

突出孩子做的事情或说的话里的积极方面，无论你自己的想法是怎样的。

从今天开始**发掘**生活的多姿多彩。从你的身体、你的厨房、你的家务事、你的花园、你的家、你的家人中找出一些让你觉得感恩的事情。

16. 停止唠叨

别老调重弹了！与其不断重复自己的话，不如发挥你的沉着，凝望他们的眼睛，寻求与他们合作。

达成共识，对今天所做的一切事情都共同行动。要是没有达成共识，别急着行动。

优先考虑双方的交流，别急着要去修正他人。

17. 让孩子们领头

给孩子自己安排今天日程的**权力**，你做他们的副手。

让孩子为家庭做出符合他们成熟程度的决定，**增强**孩子内心的领导力。

放手让孩子自己安排他们的零碎时间，今天让他们自己做主。

18. 成为镜子，面对镜子

要像镜子一样真实地接收孩子所说的话，而不是只接收你以为你听到的话或是你想听的话。

留意孩子给你反馈的信号。要是他们对你关闭心房，要问自己：“现在孩子给我的反馈是什么？”

提升自己的沉着、关注力和觉悟。持续专注于他们的本质如何在你身上体现出来。

19. 教孩子去领悟

每天都**跟踪**孩子的感受。告诉他们，觉察自己的感受，与学校的学习一样重要。

有觉悟地**处理**他们的感受，做投射孩子内心世界的镜子。

在与孩子交流时，也**聆听**自己的感受，好让孩子学着这样去做。

20. 停止抱怨

把你的抱怨**转化**为行动。与其去抱怨，不如问自己，要做些什么才可以扭转局面。

从责怪孩子，**转变**到承担自己的角色应负的责任，并持续这么做。

相信自己有能力去改变。把消极的抱怨转化为强有力的、决断的行动。

21. 改正束缚手脚的信念

认识到你的选择，或来自你内心的匮乏感，或来自丰富感。

观察哪些想法能帮助你拾起勇气和力量，哪些令你变得消极和恐惧。教孩子也这样做。

授权孩子按照他们的信念做选择，教他们去质疑信仰体系，而不是盲目地去遵循。

22. 玩耍时保持童心

放下手头的工作，加入到孩子正在做的事情当中——无论是玩 iPad、玩电脑，还是做功课。只要坐到他们身边，走进他们的世界里一会儿吧。

邀请孩子选择一个游戏，或者在某项活动中带头——烘焙蛋糕、做曲奇饼、贴图画、散步、投球——让他们选择除了在屏幕前进行的任何活动。花上 15 到 30 分钟，从头到尾陪伴在场。

全神贯注一会儿，与孩子们一起笑，无论引发笑声的是一个笑话、对某件事的回忆，还是一个谜语。创造欢笑和美好时光的黏合剂，明白这些记忆会持续一生。

23. 安排自我时间、共处时间、玩耍时间、工作时间

帮助孩子安排好他们的时间，让他们学会珍惜独处的时间、家庭的时间、玩乐的时间和工作的时间，把每段时间都看为神圣的。

引导孩子在枯燥的工作中寻找乐趣，正如他们在玩耍时那样；珍惜“共处时间”，正如他们珍惜“自我时间”；倒过来也一样。

以身作则，向孩子**展示**各种时间之间的神圣平衡。

24. 练习日常自我护理

在生活中**优先安排**自我护理。体会良好的自我护理如何令自己感觉良好。

为身体**提供营养**。只吃清洁食物，每天锻炼身体。

清洁身体，也洗掉自我批评的陋习，为自己能拥有一个身体来照顾、有一副好牙齿来每天清洁而感到惊讶。今天就对自己的身体表达感恩。

25. 对自己的选择负责

鼓励孩子知道，只要他们愿意，他们总会有办法解决他们的问题。

赋予孩子自主权，为他们提供尽可能多的选择。

让他们从错误的选择中学习，认识到失败是远比成功更加有效的老师。

26. 制定神圣的规矩

知道每条规矩背后的原因，一旦你心里清晰了，带着自信地把它制定出来。

创造条件让孩子接受规矩，并谨慎地建立规矩。

将规矩**转化**成为生活方式，耐心地让它慢慢渗入到整个家庭中。

27. 在冲突里找和平

允许冲突发生和表现出来，明白真实常常看起来像是冲突。

把权力的斗争**转化**为权力的分享。

把冲突背后的力量**引导**到如何解决问题、使人变强上。

28. 安心活在当下

接受当下这一刻的你和你的孩子。

不再执着于期望孩子和自己成为你幻想里应该有的模样。

安心接受孩子的优点和缺点，对自己也是如此。

29. 拥抱今天

别抱着昨天犯下的错误，或者是过去你能做得更好的事情不放。相反，要在此时、此刻、此地做出改变。

今天就**践行**一种新的觉悟，致力于一步一步地做出改变。

放下事情本来可以什么样、应该什么样的想法，而去想它现在是什么样。

30. 做自己

放下你的担忧、恐惧和对一切人和事的控制欲。

跟着孩子的节奏而动，尽可能少地干扰他们。

关注本质，拿掉那些非本质的事情。

扫码立即获取

30 张觉醒式教养技巧卡片，方便查阅

致 谢

珍妮弗·沃尔什（Jennifer Walsh），我在WME出色的经纪人——感谢你从未失去对本书中的信息所拥有的力量的远见。你不仅是我的经纪人，你更是我心中的好姐妹。

布莱恩·塔特（Brian Tart），维京的主席和出版人——谢谢你的清晰、信念和远见。你高超的管理能力会让这本书帮助全球的父母和家庭做出改变，得到治愈。我对你永远心存感激。

我的父母——谢谢你们让我去探索，不畏惧，追求梦想。我的勇气、创造力和使命感都来自你们对我的教养。我对你们感激不尽。

感谢使我觉醒的最大功臣，我的丈夫奥兹（Oz），还有我的女儿玛雅（Maia）——正是你们对我的不离不弃，持久陪伴，我才能够敞开自我，摆脱束缚，实现改变。